Nicky Gumbel
FRAGEN AN DAS LEBEN

Nicky Gumbel

Fragen an das Leben

*Eine praktische Einführung
in den christlichen Glauben*

Edition Alpha

Projektion J

Titel der Originalausgabe:
Questions of Life

© 1993 by Nicky Gumbel
Published by Kingsway Publications Ltd.
Lottbridge Drove, Eastbourne, E. Sussex BN23 6NT

© 1993 der deutschen Ausgabe
by Projektion J Verlag, Asslar

ISBN 3-89490-010-5

Übersetzung: Beate Peter, M. A.
Umschlaggestaltung: Büro für Kommunikationsdesign
Wolfram Heidenreich, Haltern am See
Zeichnungen: Charlie Mackesy
Satz: Projektion J Verlag
Gesamtherstellung: Ebner Ulm

5   99

INHALT

VORWORT

Der Zeitpunkt für dieses Buch hätte gar nicht günstiger sein können. Es füllt eine seit mehreren Jahren bestehende Lücke in der christlichen Literatur. Einerseits hat die Kirche in England, wie kürzlich eine umfassende Erhebung dokumentierte, während der letzten zehn Jahre rund eintausend Mitglieder pro Woche verloren – das sind etwa eine halbe Million Menschen, von denen über achtzig Prozent nicht einmal zwanzig Jahre alt sind! Gleichzeitig läßt sich überall ein wachsendes Interesse an geistlichen Dingen feststellen, ein großes Nachholbedürfnis in Sachen religiösem Wissen gepaart mit der Hoffnung, irgendwo, irgendwann eine moderne Antwort auf die uralte Frage »Was ist Wahrheit?« zu bekommen, meldet sich an. Gemeinden, die diesen Mangel erkannt haben, verzeichnen oft ein erstaunliches Wachstum. Nicky Gumbels Gemeinde gehört zu diesen Ausnahmeerscheinungen. Seine Glaubensseminare (»Alpha-Kurse«), die wir hiermit endlich auch in Buchform vor uns haben, konnten schon für viele Suchende eine große Hilfe sein.

Fragen an das Leben ist ein einfühlsam geschriebenes, fesselndes und außerordentlich lesenswertes Buch für alle, die Jesus Christus näher kennenlernen wollen – nach wie vor die lohnendste Bekanntschaft, die man in diesem Leben machen kann. Durch sein solides Hintergrundwissen und seine reiche Gesprächserfahrung sorgt Nicky Gumbel dafür, daß wir auf dieser Suche nach dem, was Wahrheit wirklich ist, nicht nur mit unserem Verstand, sondern auch mit unseren Herzen bei der Sache sind.

Ich freue mich sehr darüber, daß Nickys intensive Arbeit mit Glaubenskursen hier vor Ort, die für viele Menschen lebensverändernd waren, nun noch viel mehr Suchende erreichen kann. Deshalb kann ich dieses Buch nur empfehlen und ihm von Herzen wünschen, daß es sich segensreich auswirkt.

Sandy Millar
Holy Trinity Brompton Church

GELEITWORT

Ein neues Interesse am christlichen Glauben, besonders an der Person Jesu selbst, geht zur Zeit durchs Land. Fast zweitausend Jahre nach seiner Geburt hat er nahezu zwei Milliarden Nachfolger. Christen werden den Gründer ihres Glaubens und den Herrn ihres Lebens immer mit Faszination betrachten, doch neuerdings interessieren sich auch mehr und mehr Menschen für ihn, die keiner Kirche angehören. Viele stellen Fragen über Jesus. War er nur ein gewöhnlicher Sterblicher oder der Sohn Gottes? Trifft letzteres zu, welche Auswirkungen bringt dies für unseren Alltag mit sich?

Dieses Buch will einige der Kernfragen an den christlichen Glauben beantworten. Es basiert auf dem »Alpha-Kurs«, der an Holy Trinity Brompton für eine interessierte Zielgruppe veranstaltet wird, für solche Menschen nämlich, die mehr über den christlichen Glauben wissen möchten, und solche, die erst kürzlich zum Glauben an Jesus Christus gekommen sind. Der Kurs besteht nun schon seit mehreren Jahren und ist enorm angewachsen. Hunderte von Männern und Frauen jeden Alters sind voller Fragen über das Christentum zu dem Kurs gekommen und haben dort Gott als ihren Vater, Jesus Christus als ihren Retter und Herrn und den Heiligen Geist als ihre innere Kraftquelle gefunden.

Ich danke allen, die meine Manuskripte gelesen und konstruktive Vorschläge dazu gemacht haben, auch und besonders Cressida Inglis-Jones, die das ursprüngliche Manuskript sowie fast alle Revisionen zügig, sachverständig und mit viel Geduld getippt hat.

Nicky Gumbel

Kapitel 1

Christsein – uninteressant, unwahr und unbedeutend?

Viele Jahre lang hatte ich am christlichen Glauben drei Dinge auszusetzen. Erstens hielt ich ihn für langweilig. Die Andachten in der Schule fand ich äußerst eintönig. Ich hatte großes Verständnis für Robert Louis Stevenson, der einmal in sein Tagebuch schrieb, als handele es sich um ein weltbewegendes Ereignis: »Heute war ich in der Kirche, und ich bin nicht deprimiert.« In die gleiche Richtung zielte der amerikanische Humorist Oliver Wendell Holmes, als er schrieb: »Ich wäre ja eventuell Pfarrer geworden, wenn gewisse Geistliche nicht das Aussehen und Gebaren eines Bestattungsunternehmers gehabt hätten.« Meinem Eindruck zufolge war der christliche Glaube fade und einschläfernd.

Zweitens schien er mir nicht der Wahrheit zu entsprechen. Ich hatte intellektuelle Einwände gegen den christlichen Glauben und nannte mich recht hochtrabend einen logischen Deterministen. Mit vierzehn Jahren schrieb ich im Religionsunterricht einen Aufsatz, in dem ich versuchte, das gesamte Christentum in Stücke zu reißen und die Existenz Gottes zu widerlegen. Zu meiner eigenen Überraschung erntete ich großes Lob! Ich hatte schlagende Argumente gegen den christlichen Glauben ins Feld geführt und meine Debatte mit Christen regelrecht genossen; ich glaubte, einen großen Sieg errungen zu haben.

Drittens hielt ich ihn für unbedeutend. Ich konnte einfach nicht einsehen, warum etwas, das vor zweitausend Jahren und zweitausend Meilen entfernt in Palästina geschehen war, von Belang für mein Leben im Großbritannien des 20. Jahrhunderts sein sollte. Wir sangen damals oft den beliebten Choral »Jerusalem«, in dem es heißt: »Und schritten diese Füße je auf Englands Bergen so grün?« Wir wußten natürlich alle die Antwort auf diese Frage: »Nein, kein einziges Mal!« Für mein Dasein erschien mir das Christentum vollkommen unwichtig.

Im nachhinein ist mir klar, daß dies zum Teil meine eigene Schuld war, weil ich mir nie die Mühe gemacht hatte, wirklich zuzuhören, und absolut nichts über den christlichen Glauben wußte. In unserer heutigen säkularisierten Gesellschaft gibt es viele Menschen, die nicht viel über Jesus Christus, sein Wirken und das Christentum wissen. Ein Krankenhausgeistlicher machte einmal eine Liste der Antworten, die er auf die Frage »Wünschen Sie das heilige Abendmahl?« erhielt. Hier ein paar Beispiele:

»Nein danke, ich bin Anglikaner.«

»Nein danke, ich habe Cornflakes bestellt.«

»Nein danke, ich bin doch gar nicht beschnitten.«[1]

Christsein ist alles andere als langweilig, es ist nicht unwahr, und es ist nicht ohne Bedeutung für uns Menschen heute. Ganz im Gegenteil: es ist packend, wahr und lebenswichtig. Jesus hat einmal gesagt: »Ich bin der Weg und die Wahrheit und das Leben« (Joh 14,6). Wenn er recht hatte, und ich bin davon überzeugt, daß das so ist, dann kann es nichts Wichtigeres in diesem Leben geben als unsere Reaktion auf seine Aussagen.

Wegweiser für eine verlorene Welt

Die Menschen sind zu dem Zweck erschaffen worden, in einer Beziehung zu Gott zu leben. Ohne diese Beziehung wird immer ein Hunger bestehen, eine Leere, ein Gefühl, daß etwas fehlt. Prinz Charles hat kürzlich einmal von seiner Ansicht gesprochen, trotz aller wissenschaftlichen Fortschritte verbleibe »tief in der Seele (wenn Sie mir gestatten, dieses Wort zu gebrauchen) ein beständiges, unbewußtes Angstgefühl, daß irgend etwas fehlt, irgendein Bestandteil, der das Leben lebenswert macht.«

Bernard Levin, der vielleicht glänzendste Kolumnist unserer Zeit, schrieb einmal einen Artikel mit dem Titel: »Das Leben, ein

einziges Fragezeichen – und keiner hat Zeit, der Sache auf den Grund zu gehen.« Darin äußerte er die Befürchtung, trotz seiner außerordentlich erfolgreichen zwanzigjährigen Karriere als Kolumnist »die Realität bei der Jagd auf Träume« vergeudet zu haben. Er schrieb:

> *Um es knallhart auszudrücken: Habe ich Zeit zu entdecken, warum ich überhaupt geboren wurde, bevor ich sterbe? ... Bisher ist es mir noch nicht gelungen, diese Frage zu beantworten, und egal, wie viele Jahre ich auch noch vor mir haben mag, so sind es mit Sicherheit weniger, als ich hinter mir habe. Es besteht die offensichtliche Gefahr des Aufschiebens, bis es zu spät ist ... und warum muß ich unbedingt wissen, warum ich geboren wurde? Natürlich deshalb, weil ich einfach nicht glauben kann, daß meine Geburt ein Zufall war; und wenn sie keiner war, dann muß ein Sinn dahinterstecken.*[2]

Er ist kein Christ; kürzlich hat er geschrieben: »Zum vierzehntausendsten Mal: Ich bin kein Christ.« Dennoch scheint er nur zu gut zu wissen, wie unzureichend die üblichen Antworten auf die Frage nach dem Sinn des Lebens sind. Vor einigen Jahren schrieb er:

> *Länder wie unseres sind voller Leute, die sämtliche Luxusgüter ihrer Träume besitzen, dazu solche nichtma-*

*teriellen Segnungen wie eine glückliche Familie, und
dennoch leben sie ein Leben der stillen – und manchmal
lautstarken – Verzweiflung, wobei sie nur das eine begreifen: daß sie innerlich ein Loch mit sich herumtragen, und egal, wieviel Essen und Getränke sie auch hin-
einschütten, egal, wie viele wohlerzogene Kinder und
treu ergebene Freude sie um den Rand des Kraters auf
Parademarsch schicken ... der Schmerz bleibt.[3]*

Manche Leute verbringen einen großen Teil ihres Lebens mit der
Suche nach etwas, was dem Leben einen Sinn und Zweck verleiht. Leo Tolstoi, der Autor von *Krieg und Frieden* und *Anna Ka-
renina*, schrieb 1879 ein Buch mit dem Titel *Meine Beichte*, in
dem er seine Suche nach dem Sinn und Zweck des Lebens nach-
zeichnet. Als Kind hatte er sich vom Christentum abgewendet. Er
verließ die Universität mit der Absicht, das Leben in vollsten Zügen auszukosten. Er schloß sich den Moskauer und Petersburger
gesellschaftlichen Kreisen an, trank viel, hatte mehrere Verhält-
nisse, spielte um Geld und führte ein ausschweifendes Leben.
Doch das alles befriedigte ihn nicht.

Dann wurde Geld zum Ziel seiner Ambitionen. Er war durch
einen Nachlaß reich geworden und hatte mit seinen Büchern viel
Geld verdient. Doch auch dies befriedigte ihn nicht. Er wollte Erfolg, Ruhm und Einfluß. Auch diese Dinge erlangte er. Eins seiner Bücher wird in der *Encyclopaedia Britannica* als »eins der
zwei oder drei besten Romane der Weltliteratur« aufgeführt. Trotz
allem mußte er sich fragen: »Schön und gut – na und?« Eine Antwort darauf hatte er nicht.

Dann galt sein Ehrgeiz seiner Familie, der er das bestmögli-
che Leben bieten wollte. Er heiratete 1862 und hatte eine guther-
zige, liebe Frau und dreizehn Kinder (von denen er sagte, daß sie
ihm jegliche Gelegenheit raubten, nach dem eigentlichen Sinn des
Lebens zu forschen!). Sämtliche Ziele, die er sich gesteckt hatte,
waren erreicht, und sein Glück war scheinbar vollkommen. Und
dennoch trieb ihn diese eine Frage an den Rand des Selbstmords:
»Gibt es einen Sinn in meinem Leben, der nicht durch die Unvermeidlichkeit meines Todes zunichte gemacht wird?«

In allen Gebieten der Wissenschaft und Philosophie suchte er nach der Lösung des Rätsels. Die einzige Antwort auf die Frage: »Warum lebe ich?«, die er entdecken konnte, lautete jedoch: »In der Unendlichkeit des Alls und der Unendlichkeit der Zeit verändern sich unendlich kleine Teilchen mit unendlich komplizierter Vielschichtigkeit.«

Wenn er sich unter seinen Zeitgenossen umsah, merkte er, daß sich niemand den vorrangigen Fragen des Lebens stellte: »Woher komme ich?«, »Wohin führt mich mein Weg?«, »Wer bin ich?«, »Was ist der Sinn des Daseins?« Schließlich entdeckte er, daß die Bauersleute Rußlands diese Fragen aufgrund ihres christlichen Glaubens beantworten konnten, und er begriff, daß die Antwort wohl ausschließlich in Jesus Christus zu finden sei.

Über ein Jahrhundert später hat sich nichts geändert. Freddie Mercury, Star der Rockgruppe Queen, der Ende 1991 starb, schrieb in einem seiner letzten Songs in dem Album *The Miracle*: »Weiß hier einer, wozu wir eigentlich leben?« Trotz der Unmengen von Geld und Tausenden von Fans, die er angesammelt hatte, mußte er in einem Interview kurz vor seinem Tod zugeben, verzweifelt einsam zu sein. Er sagte: »Du kannst alles auf der Welt haben und trotzdem wahnsinnig einsam sein, und das ist die bitterste Art der Einsamkeit. Mein Erfolg hat mich zum Idol der Welt gemacht und mir Millionen eingebracht, aber er hat mir das eine vorenthalten, das wir alle brauchen: eine dauerhafte Beziehung, in der es echte Liebe gibt.«

Mit seiner Behauptung, daß wir alle eine »dauerhafte Beziehung« brauchen, hatte er recht. Dennoch kann uns keine zwischenmenschliche Beziehung restlos zufriedenstellen. Irgend etwas fehlt immer. Ebensowenig kann sie hundertprozentig dauerhaft sein. Dies ist so, weil wir dazu erschaffen wurden, in einer echten Verbindung mit Gott zu leben. Jesus sagte: »Ich bin der Weg.« Er allein kann uns in eine Beziehung mit Gott bringen, die bis in die Ewigkeit hinein andauert.

Als ich ein Kind war, hatten wir einen alten Schwarzweiß-Fernseher zu Hause. Der Empfang war schlecht; das Bild war immer voller Schnee und Streifen. Da wir nichts anderes kannten, waren wir recht zufrieden mit dem Gerät. Eines Tages erfuhren wir, daß wir eine Dachantenne brauchten! Plötzlich empfingen wir klare, deutliche Bilder. Unser Fernsehgenuß hatte eine neue

Dimension. Ein Leben ohne eine Beziehung zu Gott durch Jesus Christus ist wie dieses antennenlose Fernsehgerät. Manche Leute machen einen einigermaßen glücklichen Eindruck, weil sie nicht wissen, daß es etwas Besseres gibt. Wenn wir aber eine Beziehung zu Gott eingegangen sind, dann wird uns der Sinn und Zweck des Lebens glasklar. Wir erkennen Zusammenhänge, die unseren Blicken bisher verborgen waren, und es wäre töricht, wenn wir zu unserem alten Leben zurückkehren wollten. Endlich begreifen wir, warum wir existieren.

Wirklichkeit in einer konfusen Welt

Manchmal wird behauptet: »Es ist egal, was man glaubt, wenn man es nur aufrichtig meint.« Aber manch ein Aufrichtiger befindet sich gründlich auf dem Holzweg. Adolf Hitler war aufrichtig und trotzdem im Irrtum. Seine Ansichten führten zu dem Tod von Millionen. Der Mörder von Yorkshire glaubte, Gottes Willen zu tun, als er Prostituierte ermordete. Auch er irrte sich in aller Aufrichtigkeit. Sein Tun war die Folge seiner irrigen Überzeugung. Dies sind extreme Beispiele, doch sie machen deutlich, daß es durchaus von Bedeutung ist, was wir eigentlich glauben, denn unsere Ansichten steuern unser Handeln.

Eine andere Antwort, der sich ein Christ gegenübersehen könnte, ist diese: »Für dich mag das vielleicht eine prima Sache sein, aber nicht für mich.« Diese Haltung ist unlogisch. Wenn der

christliche Glaube auf Wahrheit beruht, dann ist er von höchster Bedeutung für uns alle. Tut er das nicht, dann machen sich die Christen nur etwas vor, und das ist alles andere als »prima« für uns; es ist tragisch, und je eher wir davon loskommen, desto besser.

Der Schriftsteller und Geisteswissenschaftler C. S. Lewis drückte es so aus: »Das Christentum ist eine Behauptung, die, wenn sie falsch ist, *keinerlei* Bedeutung hat; ist sie aber wahr, so ist sie von *zwingender allgemeiner* Bedeutung. Was sie dagegen absolut nicht sein kann ist: halbwegs bedeutsam.«[4]

Ist das Christentum wahr? Gibt es Belege? Jesus sagte: »Ich bin ... die Wahrheit.« Läßt sich diese Aussage beweisen? Auf diese Fragen werden wir später in diesem Buch noch genauer zurückkommen. Das ganze Christentum steht und fällt mit der Auferstehung Jesu Christi, und dafür gibt es reichlich Beweise. Professor Thomas Arnold, der als Direktor der Rugby School das Konzept des britischen Schulwesens revolutionierte, wurde auf den Lehrstuhl für moderne Geschichte an der Universität Oxford berufen. Dieser Mann war durchaus mit dem Wert von Belegen für die Bestimmung historischer Fakten vertraut, und er schrieb:

> *Viele Jahre lang habe ich die geschichtlichen Hintergründe vergangener Zeiten untersucht und die Belege derer, die darüber schrieben, geprüft und gewertet, und mir ist keine Tatsache in der Geschichte der Menschheit bekannt, die dem Verständnis eines objektiven Fragestellers durch bessere und umfangreichere Belege jeglicher Art dokumentiert wäre, als das große Zeichen, das Gott uns in dem Tod und der Auferstehung Christi gegeben hat.*

Wie wir später in diesem Buch sehen werden, gibt es allerhand Belege dafür, daß das Christentum auf Wahrheit gründet. Als Jesus jedoch sagte: »Ich bin ... die Wahrheit«, meinte er damit mehr als nur gedankliche Wahrheit. Das ursprüngliche Wort für Wahrheit meint mehr, es bezieht sich auf das Handeln ebenso wie auf das Erfahren von Wahrheit. Es geht um mehr, als nur gedanklich zuzustimmen, daß das Christentum wahr ist; es geht darum, Jesus Christus selbst zu kennen, der *die* Wahrheit ist.

Angenommen, ich hätte ein Buch über meine Frau Pippa gelesen, bevor ich sie persönlich kennenlernte. Nach seiner Lektüre hätte ich mir gesagt: »Diese Frau scheint ja super zu sein. Die will ich heiraten.« Es wäre ein himmelweiter Unterschied, wenn ich sie aufgrund meiner durchs Lesen gewonnenen Überzeugung für einen Prachtsmenschen hielte, oder wenn ich jetzt, nach vielen Ehejahren, von ihr sagen kann: »Ja, ich weiß aus eigener Erfahrung, was für ein großartiger Mensch sie ist.« Wenn ein Christ von seinem Glauben sagt: »Ich weiß, daß Jesus die Wahrheit ist«, dann meint er damit nicht nur, daß er verstandesmäßig weiß, daß Jesus die Wahrheit ist, sondern auch, daß er Jesus als die Wahrheit erlebt hat. Wenn wir eine Beziehung mit ihm eingehen, der doch die Wahrheit selbst ist, dann fällt es uns wie Schuppen von den Augen, und wir begreifen die Wahrheit über die Welt, in der wir leben.

Leben in einer dunklen Welt

Jesus sagte: »Ich bin ... das Leben.« In Jesus finden wir Leben, wo bislang Schuld, Sucht, Angst und der Ausblick auf den Tod herrschten. Es stimmt durchaus, daß wir alle nach Gottes Bild erschaffen wurden, und deshalb haben alle Menschen etwas Edles an sich. Andererseits sind wir aber auch allesamt Abgefallene – wir haben die angeborene Neigung, Böses zu tun. In jedem Menschen ist das Bild Gottes durch Sünde mehr oder weniger entstellt und in manchen Fällen fast völlig ausgelöscht. Gut und Böse, Kraft und Schwäche bestehen in allen Menschen nebeneinander. Der russische Schriftsteller Alexander Solschenizyn schrieb: »Die Grenze zwischen Gut und Böse verläuft weder durch Staaten, noch durch gesellschaftliche Klassen, noch politische Parteien ..., sondern mitten durch jedes und alle Menschenherzen.«

Ich hatte mich immer für einen einigermaßen anständigen Menschen gehalten, weil ich keine Banken ausgeraubt hatte oder sonstige Schwerverbrechen begangen hatte. Erst als ich mein Leben im Licht des Lebens Christi sah, wurde mir klar, wieviel im argen lag. Die gleiche Erfahrung haben viele andere gemacht. C. S. Lewis schrieb: »Zum ersten Mal nahm ich mich selbst aus ernsthaft praktischen Erwägungen heraus unter die Lupe. Und was ich dort vorfand, war erschreckend: ein Zoo der Lüste, ein Chaos der Ambitionen, eine Kinderstube voller Ängste, ein Harem voller sorgsam gehegter Haßgefühle. Mein Name war Legion.«[5]

Wir alle sind auf Vergebung angewiesen, und diese ist ausschließlich bei Christus zu finden. Die Humanistin Marghanita Laski machte bei einer Fernsehdebatte mit einem Christen ein überraschendes Eingeständnis. Sie sagte: »Was ich an euch Christen am meisten beneide, das ist eure Vergebung.« Dann fügte sie ziemlich kleinlaut hinzu: »Ich habe niemanden, der mir vergibt.«

Als Jesus für uns ans Kreuz genagelt wurde, bezahlte er damit die Strafe für alles Unrecht, das wir getan haben. In Kapitel 3 werden wir dieses Thema näher beleuchten. Wir werden sehen, daß er starb, um unsere Schuld zu bereinigen und uns von Sucht, Angst und dem endgültigen Seelentod zu befreien. Er starb an unserer Stelle.

Am 31. Juli 1991 wurde ein eindrückliches Ereignis gewürdigt. Am letzten Julitag 1941 schlugen die Sirenen in Auschwitz Alarm: Ein Gefangener war ausgebrochen. Als Vergeltungsmaßnahme mußten zehn seiner Mitgefangenen sterben, indem sie bei lebendigem Leib in einen speziell zu diesem Zweck gebauten Bunker gesperrt wurden, ein langsamer, qualvoller Hungertod.

Den ganzen Tag lang warteten die Männer in der Hitze, hungrig und um ihr Leben bangend, während der deutsche Kommandant mit seinem Assistenten von der Gestapo zwischen den Reihen umherging, um willkürlich eine Auswahl von zehn Opfern zu treffen. Als der Kommandant auf einen Mann namens Francis Gajowniczek zeigte, rief dieser verzweifelt: »Meine arme Frau und Kinder!« Im nächsten Moment trat ein unscheinbar wirkender Mann mit eingesunkenen Augen und runder Drahtbrille aus der Reihe hervor und nahm die Kappe ab.

»Was will dieses Polenschwein?« herrschte der Kommandant ihn an.

»Ich bin katholischer Priester; ich möchte für diesen Mann sterben. Ich bin alt, aber er hat Frau und Familie ... ich habe niemanden«, sagte Pater Maximilian Kolbe.

»Genehmigt«, sagte der Kommandant und ging weiter.

An diesem Abend wurde ein Priester mit neun anderen Männern in den Hungerbunker gesperrt. Normalerweise hätten sie einander wie Kannibalen in Stücke gerissen. Doch diesmal war es anders. Solange sie noch Kraft hatten, beteten und sangen sie, während sie nackt auf dem Boden dalagen. Nach zwei Wochen waren drei Männer und Pater Maximilian noch am Leben. Da der Bunker für andere gebraucht wurde, wurden die vier Überlebenden aus dem Weg geschafft. Um 12 Uhr 50, nach zwei Wochen im Hungerbunker und dennoch bei Bewußtsein, bekam der polnische Priester eine Phenolspritze verabreicht und starb. Er war siebenundvierzig Jahre alt.

Am 10. Oktober 1982 wurde Pater Maximilians Tod auf dem Petersplatz in Rom ins rechte Licht gerückt und gewürdigt. Bei einer Menschenmenge von 150 000 war auch Francis Gajowniczek anwesend, dazu seine Frau, seine Kinder und Enkelkinder. Der Tod dieses einen Mannes hatte das Leben vieler Menschen ermöglicht. Der Papst sagte über Pater Maximilians Tod: »Dieses war ein Sieg, der über alle Systeme von menschlicher Verachtung und Haß hinweg errungen wurde – ein Sieg, der an den unseres Herrn Jesus Christus erinnert.«[6]

Der Tod Jesu war in der Tat noch bedeutsamer, denn Jesus starb nicht nur für einen einzigen Mann, sondern für alle Menschen auf der Welt. Wären Sie oder ich der einzige Mensch auf der Welt, dann wäre Jesus Christus dennoch für uns gestorben, um unsere Schuld zu bereinigen. Wenn unsere Schuld bereinigt ist, haben wir ein neues Leben.

Jesus starb nicht nur für uns, sondern er stand auch für uns von den Toten auf. Damit besiegte er den Tod. Die meisten rational denkenden Leute sind sich der Unausweichlichkeit des Todes bewußt, obwohl heutzutage manche Leute bizarre Versuche machen, ihn zu umgehen. Die *Church of England Newspaper* beschrieb einen solchen Fall:

> *Der kalifornische Millionär James McGill hinterließ ausführliche Anweisungen, wie seine Leiche konserviert und tiefgefroren werden sollte; dies geschah in der Hoffnung, daß Wissenschaftler eines Tages ein Mittel gegen seine derzeit unheilbare Krankheit entdecken würden. In Südkalifornien gibt es Hunderte von Leuten, die von der*

Hoffnung beseelt sind, durch diesen Prozeß, der mensch-
liche Leichen konserviert und tiefgefriert, eines Tages
weiterzuleben. Das Neuste in der Kryotechnik ist ein
Verfahren namens Neurosuspension, durch das lediglich
der menschliche Kopf konserviert wird. Ein Grund, wes-
halb es sich immer größerer Beliebtheit erfreut, ist die
Tatsache, daß es wesentlich kostensparender ist, als den
gesamten Körper zu konservieren und zu versorgen. Dies
erinnert an Woody Allen in dem Film Sleeper, wo er sei-
ner Nase Unsterblichkeit verleiht.[7]

Solcherlei Versuche, der Unvermeidlichkeit des Todes zu entkommen, sind schlichtweg absurd und zudem unnötig. Jesus kam,
um uns »ewiges Leben« zu bringen. Ewiges Leben ist eine Lebensqualität, die aus einer persönlichen Beziehung zu Gott und
Jesus Christus heraus erwächst (Joh 17,3). Jesus hat niemandem
je ein problemloses Leben versprochen, aber er hat die Fülle des
Lebens versprochen (Joh 10,10). Diese neue Lebensqualität beginnt jetzt, in der Gegenwart, und reicht bis in die Ewigkeit hinein. Unsere Zeit auf der Erde ist relativ kurz, aber die Ewigkeit
ist grenzenlos. Durch Jesus, der gesagt hat: »Ich bin … das Leben«, kommen wir nicht nur in den Genuß eines ausgefüllten Lebens hier, sondern wir haben auch die Gewißheit, daß es niemals
enden wird.

Christsein ist alles andere als uninteressant; es bedeutet, das
Leben zur Fülle auszukosten. Es ist nicht unwahr; es ist *die* Wahr-

heit schlechthin. Es ist nicht unbedeutend; es verändert unser Leben von Grund auf. Der Theologe und Philosoph Paul Tillich beschrieb das menschliche Dasein als eine Existenz mit drei Ängsten: die Angst vor der Sinnlosigkeit, die Angst vor dem Tod und die Angst der Schuld. Jesus Christus begegnet jeder dieser Ängste. Er ist lebenswichtig für einen jeden von uns, weil er »der Weg und die Wahrheit und das Leben« in Person ist.

Kapitel 2

Wer ist Jesus?

Eine Missionarin, die im Nahen Osten unter Kindern arbeitete, war mit ihrem Jeep unterwegs, als ihr plötzlich das Benzin ausging. Leider hatte sie keinen Kanister bei sich, weshalb sie zu Fuß zur nächsten Tankstelle ging, um ein Kindertöpfchen mit Benzin füllen zu lassen. Während sie gerade das Benzin in den Tank goß, kam ein großer Cadillac mit zwei steinreichen Ölscheichs des Wegs. Die Scheichs sahen gebannt zu, wie sie den Inhalt des Töpfchens in ihren Tank schüttete. Schließlich ließ der eine von ihnen das Fenster herunter und rief ihr zu: »Wissen Sie, mein Freund und ich teilen Ihre Religion zwar nicht, aber wir bewundern Ihren Glauben!«

Manche Leute meinen, Christ zu werden sei wie ein blinder Sprung ins Ungewisse, eben diese Art von Glauben, mit dem man hofft, sein Auto von dem gewohnten Inhalt eines Kindertöpfchens in Gang zu bringen. Christ zu werden erfordert tatsächlich einen Glaubensschritt, doch dieser ist keineswegs ein Schritt ins Ungewisse, sondern ein Schritt, der auf handfesten historischen Belegen basiert. In diesem Kapitel möchte ich einige dieser Belege genauer unter die Lupe nehmen.

Jemand erzählte mir von einem kommunistischen russischen Wörterbuch, in dem Jesus Christus als »mythische Gestalt, die nie existierte« definiert sei. Kein ernstzunehmender Historiker kann diese Position heutzutage aufrechterhalten. Es gibt zahlreiche Beweise für die Existenz Jesu, und zwar nicht nur aus den Evangelien, sondern auch aus nichtbiblischen Quellen. Die römischen Geschichtsschreiber Tacitus und Sueton erwähnen ihn direkt bzw.

indirekt. Der jüdische Geschichtsschreiber Josephus, geboren 37 n. Chr., sagt folgendes über Jesus und seine Nachfolger aus:

> *Zu dieser Zeit lebte Jesus, ein weiser Mann, falls es rechtens sei, ihn einen Mann zu nennen, denn er war ein Täter von Wundern – ein Lehrer jener, welche die Wahrheit mit Freuden annehmen. Er gewann nicht nur viele Juden, sondern auch viele Nichtjuden für sich. Er war [der] Christus; und als Pilatus ihn auf Verlangen unserer führenden Männer zum Kreuz verurteilte, wichen jene, die ihm anhingen, nicht von seiner Seite, denn er erschien ihnen am dritten Tag, wieder zum Leben erwacht, wie die göttlichen Propheten dies neben zehntausend anderen wunderlichen Dingen über ihn vorausgesagt hatten; und der Stamm der Christen, die so nach ihm benannt sind, ist bis zum heutigen Tag nicht untergegangen.*[8]

Es gibt also auch außerhalb des Neuen Testaments Belege für die Existenz Jesu. Zudem sind die Belege im Neuen Testament sehr überzeugend. Manche Leute fragen: »Das Neue Testament wurde vor langer Zeit geschrieben. Wer garantiert uns, daß es nicht im Laufe der Jahre verfälscht wurde?«

Die Antwort darauf lautet, daß wir wissen – und zwar durch die wissenschaftliche Textkritik sehr genau –, was die Schreiber des Neuen Testaments niedergeschrieben haben. Grundsätzlich gilt, daß, je größer die Anzahl der erhaltenen Texte ist, desto weniger Zweifel am Original besteht. Der inzwischen verstorbene Professor F. F. Bruce, der Professor für Bibelkritik und Exegese an der Universität Manchester war, stellt dar, wie reich das Neue Testament an Manuskriptstützen ist, indem er die Texte mit anderen historischen Werken vergleicht.

Die folgende Tabelle listet die jeweiligen Zahlen auf und macht deutlich, wie solide das Neue Testament belegt ist.

Werk	Abfassungs-datum	früheste Abschrift	Zeitspanne in Jahren	Anzahl der Abschriften
Herodot	488-428 v.Chr.	900 n. Chr.	1300	8
Thukydides	460-400 v.Chr.	900 n. Chr.	1300	8
Tacitus	100 n.Chr.	1100 n. Chr.	1000	20
Cäsar: Gallischer Krieg	58-50 v. Chr.	900 n. Chr.	950	9-10
Livius: Römische Geschichte	59 v.-17 n. Chr.	900 n.Chr.	900	20
Neues Testament	40-100 n. Chr.	130 n. Chr.	ca. 70	Textteile
Vollständige Handschrift		350 n. Chr.	280	5 000 griech. 10 000 latein. 9 300 andersspr.

Wie F. F. Bruce bemerkt, sind von Cäsars *Gallischem Krieg* neun oder zehn Exemplare erhalten, von denen das älteste 900 Jahre nach Cäsars Tod geschrieben wurde. Von Livius' *Römischer Geschichte* haben wir höchstens zwanzig Exemplare, von denen das älteste ebenfalls etwa aus dem Jahr 900 n. Chr. stammt. Von Tacitus' vierzehn Geschichtsbüchern sind nur zwanzig Exemplare erhalten; von den sechzehn Büchern seiner Annalen stützen sich zehn Teile seiner beiden großen historischen Werke ausschließlich auf zwei Manuskripte, das eine aus dem 9. und das andere aus dem 11. Jahrhundert. Die Chronik von Thukydides kennen wir fast ausschließlich aus acht Manuskripten aus der Zeit um 900 n. Chr. Das gleiche gilt für die Chronik von Herodot. Trotz der langen Zwischenräume und der relativ geringen Anzahl an Manuskripten bezweifelt kein Altphilologe die Echtheit dieser Werke.

Was das Neue Testament betrifft, haben wir dagegen einen reichen Schatz an Material. Das Neue Testament wurde vermutlich zwischen 40 und 100 n. Chr. geschrieben. Die frühsten vollständigen Manuskripte stammen aus dem Jahr 350 n. Chr., was eine Zeitspanne von nur dreihundert Jahren ergibt. Zudem existieren Papyri aus dem 3. Jhdt. mit den meisten der neutestamentlichen Texte sowie ein Fragment des Johannesevangeliums von 130

n. Chr. Es gibt über fünftausend griechische Manuskripte, über zehntausend lateinische sowie neuntausenddreihundert weitere Manuskripte und darüber hinaus über 36 000 Schriftzitate in den Texten der frühen Kirchenväter. Einer der namhaftesten Textkritiker aller Zeiten, F. J. A. Hort, schrieb:

> *In der Vielfalt und Fülle der Belege, auf die er sich stützt, ist der Text des Neuen Testaments absolut unantastbar und damit einzigartig unter den Prosaschriften des Altertums.*[9]

F. F. Bruce zitiert Sir Frederic Kenyon, einen führenden Experten auf diesem Gebiet:

> *Die Zeitspanne zwischen der ursprünglichen Niederschrift und dem ältesten erhaltenen Exemplar wird damit so gering, daß sie als unbedeutend gelten kann, und dem letzten Zweifel daran, daß die Heilige Schrift im wesentlichen so überliefert wurde, wie sie geschrieben wurde, ist damit jeglicher Boden entzogen worden. Sowohl die Echtheit als auch die generelle Unversehrtheit der neutestamentlichen Bücher können als endgültig erwiesen gelten.*[10]

Die Existenz Jesu ist sowohl durch Quellen innerhalb als auch außerhalb des Neuen Testaments belegt.[11] Aber wer ist er? Ich hörte Martin Scorcese am Fernsehen sagen, daß er mit seinem Film *The Last Temptation of Christ* zeigen wollte, daß Jesus ein Mensch aus Fleisch und Blut war. Doch darum geht es mir gar nicht in erster Linie. Heutzutage zweifelt kaum jemand daran, daß Jesus als ein Mensch existiert hat. Er hatte einen menschlichen Körper; manchmal war er müde (Joh 4,6) und hungrig (Mt 11,15-17), er empfand Liebe (Mk 10,21) und Kummer (Joh 11,35). Er erlebte alltägliches Menschsein; er wurde versucht (Mk 1,13), er lernte (Lk 2,52), er arbeitete (Mk 6,3), und er gehorchte seinen Eltern (Lk 2,51).

Nein, was man heute eher hört, das ist die Behauptung, Jesus sei eben nur das gewesen: ein Mensch, wenn auch einer, der als großer religiöser Anführer gegolten hat. Der Komiker Billy Connolly machte sich zum Sprachrohr vieler, als er sagte: »Christentum? Nein danke. Obwohl ... ein patenter Kumpel ist er ja gewesen, dieser Jesus.«

Welche Beweise haben wir dafür, daß Jesus mehr als nur ein »patenter Kumpel« oder ein »religiöser Anführer« war? Wie wir sehen werden, gibt es eine große Anzahl hervorragender Argumente für die Behauptung des Christentums, Jesus sei der Sohn Gottes, eine der drei Personen in der »Dreifaltigkeit«.

Jesus über Jesus

Schon mal das Argument gehört: »Jesus hat nie behauptet, Gott zu sein«? Und es stimmt durchaus, daß Jesus nicht durch die Dörfer und Städte gezogen ist und wortwörtlich verkündet hat: »Ich bin Gott.« Schaut man sich aber alles, was er gelehrt und für sich beansprucht hat, im Zusammenhang an, dann kann es keinen Zweifel daran geben, daß er sich seines Gottseins voll und ganz bewußt war.

Mittelpunkt seiner Aussagen – er selbst

Es ist faszinierend, festzustellen, daß so vieles von dem, was Jesus lehrte, ihn selbst betraf. Er sagte den Leuten sinngemäß: »Wer eine Beziehung zu Gott haben möchte, muß zu mir kommen« (Joh 14,6). Nur durch unsere Beziehung zu Jesus können wir Gott begegnen.

Tief in jedem Menschenherzen nagt ein Hunger. Die führenden Psychologen unseres Jahrhunderts haben dies alle erkannt. Freud sagte: »Der Mensch hungert nach Liebe.« Jung sagte: »Der Mensch hungert nach Geborgenheit.« Adler sagte: »Der Mensch hungert nach Anerkennung.« Jesus sagte: »Ich bin das Brot des Lebens.« Anders ausgedrückt: »Wenn ihr euren Hunger stillen wollt, dann kommt zu mir.«

Viele Menschen sind von Dunkelheit, Depression, Enttäuschung und Verzweiflung umgeben. Sie suchen eine Lebensrichtung. Jesus sagte: »Ich bin das Licht der Welt. Wer mir folgt, hat das Licht, das zum Leben führt, und wird nicht mehr im Dunkeln tappen« (Joh 8,12). Jemand erzählte mir einmal: »Als ich Christ geworden war, hatte ich auf einmal das Gefühl, als sei ein Licht angeknipst worden – mit einem Schlag konnte ich vieles zum ersten Mal klar erkennen.«

Manche fürchten sich vor dem Tod. Eine Frau hat mir einmal erzählt, daß sie manchmal nicht schlafen könne oder aus Angst vor dem Tod schweißgebadet aus dem Schlaf aufschrecke, weil sie nicht wisse, was nach dem Tod mit ihr geschehen werde. Jesus sagte: »*Ich* bin die Auferstehung und das Leben. Wer mich annimmt, wird leben, auch wenn er stirbt, und wer lebt und sich auf mich verläßt, wird niemals sterben« (Joh 11,25-26).

So viele Menschen zerbrechen sich über alles den Kopf, stöhnen unter der Last der Sorgen, Ängste und Schuldgefühle. Jesus sagte: »Kommt doch zu mir; ich will euch die Last abnehmen!« (Mt 11,28).

Diese Menschen wissen einfach nicht, wie sie ihr Leben leben sollen oder wen sie sich zum Vorbild nehmen sollen. Ich kann mich gut an die Zeit erinnern, bevor ich Christ wurde; damals imponierte mir bald der eine, bald der andere, und wer mir imponierte, dem wollte ich alles nachmachen. Jesus sagte: »Geht mit *mir*« (Mk 1,17; Hervorhebung durch den Autor).

Er sagte, ihn aufzunehmen bedeute, Gott aufzunehmen (Mt 10,40; Mk 9,37), und ihn gesehen zu haben bedeute, Gott gesehen zu haben (Joh 14,9). Ein kleiner Junge malte einmal ein Bild, und seine Mutter fragte ihn, was er denn da Schönes male. »Ein Bild von Gott«, antwortete das Kind, worauf die Mutter sagte: »Unsinn! Du kannst kein Bild von Gott malen. Niemand weiß, wie er überhaupt aussieht.« Ihr Sohn war um eine Antwort nicht verlegen: »Wenn mein Bild fertig ist, wissen sie's aber.« Jesus sagte sinngemäß: »Wer wissen will, wie Gott aussieht, der soll mich anschauen.«

Indirekte Ansprüche

Jesus machte einige Aussagen, in denen er zwar nicht wörtlich für sich in Anspruch nahm, Gott zu sein, aus denen jedoch hervorgeht, daß er sich als ranggleich mit Gott betrachtete. Dazu ein paar Beispiele:

Es ist hinreichend bekannt, daß Jesus in Anspruch nahm, Sünden vergeben zu können. Zu einem gelähmten Mann sagte er: »Deine Schuld ist dir vergeben« (Mk 2,5). Die Gesetzeslehrer waren empört: »Wie kann er es wagen, so zu reden? Das ist eine Gotteslästerung! Niemand außer Gott kann uns unsere Schuld vergeben!« Daraufhin stellte Jesus seine Fähigkeit, Sünden zu vergeben, unter Beweis, indem er den gelähmten Mann heilte. Dieser Anspruch, Sünden vergeben zu können, ist in der Tat höchst bemerkenswert. C.S. Lewis hat dies mit anschaulichen Worten dargestellt:

Ein Teil dieses Anspruchs rutscht oft unbemerkt an uns vorüber, weil wir ihn so oft gehört haben, daß wir uns seine Bedeutung nicht mehr klarmachen. Ich meine den Anspruch, Sünden zu vergeben: Sünden jeglicher Art. Käme dieser Anspruch von jemand anders als Gott höchstpersönlich, so wäre er so absurd, daß man nur lachen könnte. Daß einer ein Vergehen verzeiht, das gegen ihn selbst begangen wurde, ist uns nichts Unbegreifliches. Sie treten mir auf die Zehen; ich verzeihe Ihnen.

Sie stehlen mein Geld; ich verzeihe Ihnen. Aber was würden wir von einem halten, den niemand überfallen hat und dem niemand auf den Fuß getreten hat, aber der Ihnen verkündet, Ihnen vergeben zu haben, daß sie einem Dritten auf den Fuß getreten sind oder dessen Geld gestohlen haben? Edelquatsch hoch drei wäre noch milde geurteilt. Doch genau das ist, was Jesus tat. Er teilte Menschen mit, ihre Sünden seien vergeben, ohne erst jene um ihre Meinung zu fragen, die durch die jeweilige Sünde zu Schaden gekommen waren. Ohne zu zögern trat er als der Hauptbetroffene auf, als derjenige also, gegen den sich sämtliche Vergehen gerichtet hatten. Dies läßt sich jedoch nur dadurch erklären, daß er in der Tat jener Gott war, dessen Gesetze gebrochen wurden und dessen Liebe einen Schlag ins Gesicht erhalten hatte. Aus dem Mund eines Sprechers, der nicht Gott wäre, würden diese Worte aber nur eine Torheit und eine Überheblichkeit bergen, wie ihresgleichen in der Geschichte der Menschheit nicht leicht zu finden sein dürfte.[12]

Einen weiteren Anspruch von ungewöhnlichem Ausmaß machte Jesus, als er sagte, eines Tages werde er die Welt richten (Mt 25,31-32). Er sagte, er werde zurückkehren und in seiner Herrlichkeit auf seinem königlichen Thron sitzen (Vers 31). Alle Nationen würden sich vor ihm versammeln, und er werde sie richten. Einige würden ein Erbe erhalten, das seit Erschaffung der Welt für sie bereitstehe, während andere die Strafe leiden müßten, auf ewig von ihm getrennt zu existieren.

Jesus sagte, er werde entscheiden, was mit jedem von uns am Ende der Zeit geschehen solle. Er werde nicht nur der Richter sein, sondern auch der Maßstab aller Rechtsprechung. Was am Tag des Gerichts mit uns geschehen werde, hänge davon ab, wie wir in diesem Leben auf Jesu Aussagen reagieren (Mt 25,40.45). Angenommen, der Pfarrer Ihrer Gemeinde würde sich auf die Kanzel stellen und behaupten: »Am Tag des Jüngsten Gerichts werdet ihr euch allesamt vor mir versammeln, und ich werde über euer ewiges Schicksal entscheiden. Was mit euch geschieht, hängt

davon ab, wie ihr mich und meine Nachfolger behandelt habt.«
Sollte ein gewöhnlicher Sterblicher einen solchen Anspruch stellen, so wäre dies geradezu grotesk. Hier haben wir einen weiteren indirekten Anspruch Jesu, in einer ganz eigenen Weise Gott gleich zu sein.

Direkte Ansprüche

Als er gefragt wurde: »Bist du der versprochene Retter? Bist du der Sohn Gottes?«, antwortete Jesus: »Ich bin es ... und ihr werdet sehen, wie der Menschensohn an der rechten Seite des Allmächtigen sitzt und mit den Wolken des Himmels kommt!« Der Hohepriester zerriß sein Gewand. »Wir brauchen keine Zeugen mehr! Ihr habt seine Gotteslästerung gehört! Wie lautet euer Urteil?« (Mk 14,61-64). Hier wird Jesus zum Tode verurteilt, weil er eine Aussage über sich selbst gemacht hat, die aus jüdischer Sicht Gotteslästerung darstellte und die Todesstrafe verdiente.

Bei einer anderen Gelegenheit, nämlich als die Juden Jesus zu steinigen begannen, fragte er sie, warum sie ihn töten wollten. Sie antworteten ihm, daß sie ihn wegen Gotteslästerung steinigten: »Du *gibst dich als Gott aus*, obwohl du nur ein Mensch bist« (Joh 10,33; Hervorhebung durch den Autor). Seine Feinde waren eindeutig der Meinung, daß er sich selbst als Gott bezeichnete.

Als Thomas, einer seiner Jünger, vor Jesus niederkniete und ausrief: »Mein Herr und mein Gott!«, wies Jesus ihn keineswegs zurecht, indem er sagte: »Nein, nein, so darfst du mich nicht nennen; ich bin nicht Gott.« Statt dessen sagte er: »Bist du jetzt überzeugt, weil du mich gesehen hast? Freuen dürfen sich alle, die mich nicht sehen und mir trotzdem vertrauen!« (Joh 20,29). Er tadelte an Thomas, daß er so lange dazu gebraucht hatte, die Wahrheit zu begreifen.

Wenn jemand eine solche Behauptung macht, muß diese nachprüfbar sein. Zahllose Leute behaupten die verschiedensten Dinge. Die bloße Tatsache, daß jemand sich als eine bestimmte Person ausgibt, bedeutet noch längst nicht, daß dies den Tatsachen entspricht. Es gibt genug Leute, manche davon in psychiatrischen

Anstalten, die in einer Wahnvorstellung leben, sie seien Napoleon oder der Papst oder sonst jemand.

Wie können wir nun prüfen, daß Jesu Anspruch, der alleinige Sohn Gottes zu sein, der Wahrheit entspricht? Nun gibt es drei logische Möglichkeiten: Ist der Anspruch unberechtigt und er wußte es, dann würde ihn das zu einem Hochstapler der übelsten Sorte machen. Wußte er es nicht, wäre Jesus ein bedauernswerter Fall für die Psychiatrie. Bleibt noch eine Möglichkeit: Sein Anspruch ist die reine Wahrheit. C. S. Lewis bringt es auf seine Weise auf den Punkt:

> *Ein Mann, der als normaler Sterblicher so geredet hätte wie Jesus, wäre keineswegs ein bewunderter religiöser Lehrmeister gewesen. Er wäre entweder ein Schlafwandler, ein Verrückter, der sich selbst für ein Spiegelei hält, – oder er wäre der leibhaftige Satan. Wir müssen uns entscheiden. Entweder war und ist dieser Mann der Sohn Gottes, oder ein Verrückter, oder etwas noch Schlimmeres ... aber lassen wir doch bitte nicht diesen herablassenden Unsinn gelten, daß er ein gewöhnlicher Sterblicher in der Rolle eines großartigen Lehrers gewesen sei. Diese Möglichkeit hat er uns nicht gelassen. Er hatte sie niemals beabsichtigt.[13]*

Womit lassen sich seine Aussagen belegen?

Um herauszufinden, welche dieser drei Folgerungen zutrifft, müssen wir uns die Fakten, die wir über das Leben Jesu besitzen, einmal genauer anschauen.

Seine Lehren

Die Lehren Jesu gelten weithin als die bedeutendsten, die es je gegeben hat. Selbst manche, die sich nicht als Christen bezeichnen würden, sagen: »Die Bergpredigt bedeutet mir ungeheuer viel;

nach ihr lebe ich.« Nebenbei bemerkt, wenn sie diese tatsächlich aufmerksam lesen würden, dann würden sie feststellen, daß dies leichter gesagt als getan ist, aber immerhin gestehen sie der Bergpredigt zu, Weltklasse zu sein.

Der amerikanische Theologieprofessor Bernard Ramm äußerte sich folgendermaßen über die Lehren Jesu:

> *Sie werden mehr gelesen, mehr zitiert, mehr geschätzt, mehr geglaubt und mehr übersetzt, weil sie die bedeutendsten Worte aller Zeiten sind ... Ihre Größe liegt in ihrer reinen, anschaulichen Geistlichkeit, mit der sie unmißverständlich und maßgeblich die schwerwiegendsten Probleme des Menschenherzens ansprechen ... Kein anderer Mensch hat je Worte hervorgebracht, die sich mit den Worten Jesu messen könnten, weil niemand diese fundamentalen Fragen so wie Jesus beantworten konnte. Seine Worte und Antworten sind von der Vollkommenheit, wie wir sie von Gott erwarten würden.*[14]

Seine Lehren bilden die Grundlage unserer gesamten westlichen Zivilisation. Viele Gesetze unseres Landes beruhten ursprünglich auf den Lehren Jesu. In praktisch allen Gebieten der Wissenschaft und Technologie verzeichnen wir Fortschritt. Wir bewegen uns mit immer rasanteren Geschwindigkeiten fort und wissen mehr denn je, und dennoch hat es seit fast zweitausend Jahren niemanden gegeben, der die Lehren Jesu übertroffen hätte. Wäre ein Schwindler oder ein Geistesgestörter wirklich zu solchen Lehren in der Lage gewesen?

Seine Werke

Jesus sagte, daß seine Wunder in sich selbst bewiesen, »daß der Vater in mir lebt und ich im Vater lebe« (Joh 10,38).

Jesus muß der ungewöhnlichste Zeitgenosse gewesen sein, den man sich nur vorstellen konnte. Manche Leute behaupten, das Christentum sei eine langweilige Angelegenheit. Das Gegenteil war der Fall für jene, die sich in seiner Nähe aufhielten.

Auf einer Party verwandelte er Wasser in Wein (Joh 2,1-11). Mit einem kleinen Picknickproviant ließ er Tausende satt werden (Mk 6,30-44). Er hatte Gewalt über die Elemente und stillte einen Sturm, indem er dem Wind und den Wellen befahl, Ruhe zu geben (Mk 4,35-41). Er vollbrachte Wunderheilungen aller Art: Blinde machte er sehend, den Gehörlosen und Stummen gab er ihren Hörsinn und ihre Sprache zurück und verhalf den Gelähmten dazu, wieder gehen zu können. Als er eine Krankenanstalt besuchte, heilte er einen Mann, der seit achtunddreißig Jahren gelähmt gewesen war; der Mann hob seine Liegematte auf und fing an umherzugehen (Joh 5,1-9). Er befreite Menschen von bösen Mächten, die ihr Leben beherrscht hatten. Er erweckte sogar einige Tote zum Leben (Joh 11,38-44).

Es waren jedoch nicht nur seine Wunder, die so beeindruckend an ihm waren. Seine große Liebe, mit der er auch und besonders den Unliebsamen der Gesellschaft begegnete, schien die Triebkraft hinter seinem Handeln zu sein. Diese Liebe gipfelte in dem, was am Kreuz geschah. Hierin lag, wie wir im nächsten Kapitel sehen werden, der Grund seiner Menschwerdung. Als er gefoltert und ans Kreuz genagelt wurde, sagte er »Vater, vergib ihnen! Sie wissen nicht, was sie tun« (Lk 23,34). Paßt ein solches Verhalten zu einem Betrüger oder Geistesgestörten?

Sein Charakter

Der Charakter Jesu hat schon Millionen von Menschen imponiert, die sich selbst nicht als Christen bezeichnen. Bernard Levin schrieb beispielsweise über Jesus:

> *Ist das Wesen Christi, wie es auf den Seiten des Neuen Testaments dargestellt ist, nicht genug, um die Seele eines jeden anzurühren, der eine Seele sein eigen nennt? ... noch immer verbleibt sein Schatten über der Welt, noch immer besteht seine Botschaft in aller Klarheit, noch immer verbleiben sein grenzenloses Erbarmen, sein spürbarer Trost, seine Worte voller Herrlichkeit, Weisheit und Liebe.[15]*

Eins meiner Lieblingszitate über das Wesen Jesu stammt von dem ehemaligen Lordkanzler Lord Hailsham. In seiner Autobiographie beschreibt er, wie ihm während seines Studiums das Wesen Jesu lebendig wurde:

> *Zuerst müssen wir uns klarmachen, welch eine magnetische Anziehungskraft er besaß. Jesus war einfach hinreißend in seinem Wesen ... Wen sie damals kreuzigten, war ein junger Mann, vital, randvoll mit Leben und Lebensfreude, ja, der Herr des Lebens in Person, doch mehr noch: der Herr des Lachens, jemand, der so grenzenlos unwiderstehlich war, daß die Leute ihm aus lauter Begeisterung nachliefen ... das Zwanzigste Jahrhundert hat die wunderbar glückliche Dimension dieses Mannes aus dem Blick verloren, dessen schiere Anwesenheit seine Mitmenschen aufleben ließ. Kein fader Galiläer war er, sondern ein Rattenfänger von Hameln, scharenweise umgeben von lachenden Kindern, die vor Vergnügen und Freude quietschten, wenn er sie in die Arme nahm.[16]*

Hier ist einer, der das Höchstmaß an Selbstlosigkeit verkörperte, doch niemals Selbstmitleid; Demut, aber nicht Schwäche; Frohsinn, doch niemals auf Kosten anderer; Sanftmut, doch keine rückgratlose Nachgiebigkeit. Hier ist einer, an dem seine Feinde keinerlei Angriffsfläche finden konnten und von dem seine Freunde sagten, er sei ohne Sünde. Kann man von einem Mann mit einem solchen Charakter etwa behaupten, er sei ein Scharlatan oder geistesgestört gewesen?

Seine Erfüllung der alttestamentlichen Prophetie

Der amerikanische Schriftsteller und Theologe Wilbur Smith hat herausgebracht:

> *Die Antike kannte viele unterschiedliche Methoden der sogenannten Weissagung, um die Zukunft zu ergründen,*

doch in der gesamten griechischen und lateinischen Literatur, selbst dort, wo Begriffe wie Prophet oder Prophetie verwendet werden, findet sich nirgends eine bestimmte Weissagung eines großen historischen Ereignisses, das in ferner Zukunft stattfinden sollte, auch keine prophetische Äußerung über einen künftigen Retter der Menschheit ... Der Islam kann keine prophetischen Aussagen über die Geburt Mohammeds vorweisen, die Jahrhunderte zuvor gemacht wurden. Ebensowenig können die Gründer sämtlicher Sekten in diesem Land echte, alte Texte vorweisen, in denen ihre Existenz vorausgesagt wurde.[17]

Jesus dagegen erfüllte über dreihundert Prophezeiungen, die über einen Zeitraum von fünfhundert Jahren hinweg gemacht wurden, darunter neunundzwanzig Kernaussagen, die an einem einzigen Tag erfüllt wurden, nämlich an dem Tag seines Todes. Obschon einige dieser Voraussagen auf einer bestimmten Ebene schon zu Lebzeiten des jeweiligen Propheten in Erfüllung gingen, fanden sie ihre höchste Erfüllung erst in Jesus Christus.

Nehmen wir einmal an, das Argument würde ins Feld geführt, Jesus sei ein cleverer Hochstapler gewesen, der absichtlich diese Voraussagen in die Tat umsetzte, um behaupten zu können, der im Alten Testament prophezeite Messias zu sein.

Die erste Schwachstelle an diesem Arguments ist die Tatsache, daß es schon allein von der großen Anzahl der Voraussagungen her äußerst schwierig gewesen wäre, sie allesamt in die Wirklichkeit umzusetzen. Zweitens hatte er, vom menschlichen Standpunkt aus betrachtet, keine Möglichkeit, viele der Faktoren zu manipulieren. Beispielsweise finden sich im Alten Testament Einzelheiten über seinen Tod (Jes 53), über den Ort seines Grabes und sogar seinen Geburtsort (Mi 5,2). Angenommen, Jesus wäre ein Hochstapler gewesen, der diese Voraussagungen allesamt erfüllen wollte. Bis er merkte, wo er eigentlich hätte geboren werden sollen, wäre es reichlich spät gewesen!

Seine Auferstehung

Die leibliche Auferstehung Jesu Christi von den Toten ist der Eckpfeiler des Christentums. Aber welche Beweise gibt es dafür, daß diese auch tatsächlich stattgefunden hat? Ich fasse die Belege in vier Bereiche zusammen.

1. Sein leeres Grab

Es gibt eine ganze Reihe von Theorien zur Erklärung der Tatsache, daß seine Leiche an diesem ersten Ostertag nicht in seinem Grab aufzufinden war, doch keine ist sehr überzeugend.

Erstens heißt es, Jesus sei gar nicht am Kreuz gestorben. Eine Schlagzeile in der Zeitung *Today* lautete: »Jesus starb nicht am Kreuz.« Dr. Trevor Lloyd Davies behauptete, Jesus sei noch am Leben gewesen, als er vom Kreuz genommen wurde, und habe sich später von seinen Verletzungen erholt.

Jesus war auf römische Art ausgepeitscht worden, ein Folterverfahren, das viele nicht überlebt haben. Er war sechs Stunden lang am Kreuz festgenagelt gewesen. Konnte ein Mann in dieser körperlichen Verfassung einen Stein wegrollen, der schätzungsweise anderthalb Tonnen wog? Die Soldaten waren eindeutig davon überzeugt, daß er tot war, denn sonst hätten sie seine Leiche nicht vom Kreuz genommen. Hätten sie einem Gefangenen zur Flucht verholfen, so hätten sie dies womöglich mit dem Tod bezahlt.

Hinzuzufügen ist noch, daß einer der Soldaten, als sie merkten, daß Jesus schon tot war, ihm die Seite aufstach, und aus der Wunde flossen Blut und Wasser (Joh 19,34). Dies läßt darauf schließen, daß sich das Blut schon in seine festen Bestandteile und das Serum zersetzt hatte, was, wie wir heute wissen, aus medizinischer Sicht einen schlagkräftigen Beweis dafür liefert, daß Jesus tatsächlich tot war. Natürlich hat Johannes das nicht erwähnt, um Beweise für den Tod Jesu zu liefern. Aber für uns heute ist seine Beobachtung äußerst hilfreich.

Zweitens hat man die These aufgestellt, die Jünger hätten die Leiche gestohlen. Sie hätten den Leichnam entwendet und das Gerücht unters Volk gebracht, Jesus sei von den Toten auferstanden. Ganz abgesehen von der Tatsache, daß das Grab bewacht war, ist diese Theorie aus psychologischen Erwägungen unwahrscheinlich. Die Jünger waren zu dem Zeitpunkt, als Jesus hinge-richtet wurde, verängstigt, mutlos und enttäuscht. Es mußte schon ein umwerfendes Ereignis gewesen sein, das den Apostel Petrus zu dem Mann machte, der an Pfingsten predigte und dreitausend Menschen zum Glauben führte.

Wenn man zudem bedenkt, welche furchtbaren Konsequenzen sie für ihren Glauben in Kauf nehmen mußten – Auspeitschen, Folter und in einigen Fällen sogar den Tod –, ist es unvorstellbar, daß sie bereit waren, diese Dinge für einen manipulierten Sach-verhalt auf sich zu nehmen. Ein Freund von mir, ein Wissen-schaftler an der Universität Cambridge, wurde Christ, weil er bei der Überprüfung der Argumente zu dem Schluß kam, daß die Jün-ger niemals den Tod für etwas riskiert hätten, von dem sie wuß-ten, daß es eine Lüge war.

Einer dritten These zufolge sollen die zuständigen Behörden die Leiche entfernt haben. Dies halte ich für die schwächste Theo-rie von allen. Wenn die Behörden die Leiche gestohlen hatten, warum haben sie diese dann nicht als Beweis gegen die Behaup-tung vorgeführt, Jesus sei von den Toten auferstanden?

Vielleicht das faszinierendste Beweisstück im Zusammenhang mit dem leeren Grab Jesu ist Johannes' Beschreibung der Grab-tücher. In gewisser Weise ist der Begriff »das leere Grab« irre-führend. Als Petrus und Johannes das Grab erreichten, sahen sie die Leichentücher, die, wie der christliche Apologetiker Josh Mc-Dowell es ausdrückte, »einem leeren Kokon glichen, aus dem der Schmetterling schon entschlüpft war«.[18] Es war, als habe Jesus die Leichentücher einfach durchdrungen. Es überrascht nicht, daß Johannes von sich selbst schreibt: »Er sah alles und kam zum Glauben« (Joh 20,8).

2. Seine Jünger sahen ihn

Handelte es sich hier um Halluzinationen? Eine Halluzination ist dem *Concise Oxford Dictionary* zufolge »eine augenscheinliche Wahrnehmung eines externen Objekts, das nicht real gegenwärtig ist«. Halluzinationen beschränken sich normalerweise auf äußerst reizbare, phantasiereiche und nervlich gestreßte Menschen sowie auf solche, die klinisch krank sind oder unter Drogeneinfluß ste-hen. Die Jünger passen in keine dieser Kategorien. Kräftige

Fischersleute, Zöllner und Skeptiker wie Thomas neigen nicht zu Halluzinationen. Halluzinationen brechen normalerweise nicht abrupt ab. Jesus erschien seinen Jüngern elf verschiedene Male, und zwar über einen Zeitraum von sechs Wochen hinweg. Die Anzahl dieser Vorkommnisse und das plötzliche Ende machen die Halluzinationstheorie äußerst unglaubwürdig.

Zudem sahen über fünfhundertundfünfzig Menschen den auferstandenen Jesus. Möglich, daß ein einzelner halluziniert. Vielleicht nicht ausgeschlossen, daß zwei oder drei die gleiche Halluzination haben. Aber fünfhundertundfünfzig?

Abschließend gesagt, sind Halluzinationen etwas Subjektives. Es gibt keine objektive Wirklichkeit – man glaubt, ein Gespenst zu sehen. Jesus dagegen war fühlbar gegenwärtig, er aß ein Stück gebratenen Fisch (Lk 24,42-43), und einmal bereitete er den Jüngern ihr Frühstück (Joh 21,1-14) zu. Petrus sagt: »Nach seiner Auferstehung aßen und tranken wir mit ihm« (Apg 10,41). Er führte lange Gespräche mit ihnen und lehrte sie viele Dinge über das Reich Gottes (Apg 1,3).

3. Ein Ereignis, das Wellen schlug

Wir können uns wohl nur schwer vorstellen, welche Auswirkung die Auferstehung Jesu auf die ganze Welt hatte und hat. Dies war die Geburtstunde der Kirche, die mit Windeseile an Anhängern gewann. Michael Green, der Autor vieler wissenschaftlicher und populärwissenschaftlicher Bücher, schreibt:

> [Die] Kirche ..., die mit einer Handvoll ungebildeter Fischer und Zöllner begonnen hatte, erreichte während der nächsten dreihundert Jahre die gesamte damals bekannte Welt. Was wir hier vor uns haben, ist eine friedliche Revolution, die in der Weltgeschichte ihresgleichen sucht. Sie ereignete sich, weil Christen ihren Fragestellern antworten konnten: »Jesus starb nicht nur für dich – er lebt! Du kannst ihn persönlich kennenlernen und dich mit eigenen Augen von der Wirklichkeit überzeugen, von der wir reden!« Die dies taten, reihten sich in die Kirche ein, und die Kirche, die an diesem Ostergrab ihre Anfänge genommen hatte, verbreitete sich überall.[19]

4. Praktische Erfahrungen mit Jesus

Der auferstandene Jesus ist Millionen von Menschen im Laufe der Jahrhunderte persönlich begegnet, Menschen jeder Hautfarbe, Rasse, Herkunft und Nationalität, Menschen aus allen wirtschaftlichen, sozialen und intellektuellen Schichten. Was sie miteinander verbindet, ist die Begegnung mit dem auferstandenen Jesus. Wilson Carlisle, der die Church Army in England leitete, predigte einmal im Hyde Park. »Jesus lebt auch heute noch«, sagte er. »Woher willst du das denn wissen, du Schlauberger?« spottete ein Zwischenrufer. »Weil ich heute morgen eine halbe Stunde mit ihm gesprochen habe!« lautete Wilson Carlisles Antwort.

Millionen Christen auf der ganzen Welt leben heute in einer Beziehung mit dem auferstandenen Jesus. Auch ich habe während der letzten achtzehn Jahre die Erfahrung gemacht, daß Jesus lebt. Ich habe seine Liebe, seine Macht und seine Lebendigkeit in dieser Beziehung so erfahren, daß ich überzeugt bin: Er lebt wirklich!

Die Anhaltspunkte dafür, daß Jesus von den Toten auferstanden ist, sind sehr umfangreich. Lord Darling, ein ehemaliger Oberrichter von England, faßt zusammen:

> *Für seine Echtheit sprechen eine derartig überwältigende Fülle von Belegen, sowohl positiver wie auch negativer Art, Fakten sowie Rückschlüsse aus Indizien, daß kein intelligentes Schöffengericht der Welt darum herumkönnte, den Auferstehungsbericht für wahr zu erklären.*[20]

Bei unserer Betrachtung dessen, was Jesus über sich selbst gesagt hat, waren wir zu dem Schluß gekommen, daß es nur drei realistische Möglichkeiten gibt: Entweder war und ist er Gottes Sohn, oder er war geistesgestört, oder er war ein Hochstapler. Die Tatsachen sprechen dagegen, daß er ein Geistesgestörter oder Krimineller war. Das gesamte Gewicht seiner Lehre, seiner Taten, seines Charakters, seiner Erfüllung der alttestamentlichen Prophetie und seines Sieges über den Tod machen diese beiden Theorien absurd, unlogisch und unglaubwürdig. Ganz im Gegenteil liefern gerade diese Fakten die stärksten Argumente für das, was Jesus über sich selbst aussagte: nämlich daß er ein Mann war, der sich in unvergleichlicher Weise mit Gott eins wußte. C. S. Lewis sagt es auf seine Art:

> Wir stehen vor einer ernüchternden Entscheidung. Der Mann, von dem die Rede ist, war (und ist) entweder derjenige, der er zu sein behauptet, oder geistig umnachtet, oder ein Lügner; daher muß ich nun, so seltsam oder erschreckend oder unerwartet es auch klingen mag, die Tatsache akzeptieren, daß er Gott war und ist. Gott ist auf dieser feindbesetzten Erde in menschlicher Form gelandet.[21]

Kapitel 3

Warum starb Jesus?

Ohrringe, Armbänder und Halsketten mit einem Kreuz daran sind zur Zeit anscheinend beliebte Schmuckstücke. Der Anblick ist uns so vertraut, daß wir keineswegs schockiert sind. Wir wären es schon eher, wenn wir jemanden mit einem Galgen oder einem elektrischen Stuhl als Halsschmuck sehen würden; dabei stellt das Kreuz genau wie sie ein Hinrichtungsmittel dar. Es war sogar eine der grausamsten Formen der Hinrichtung, welche die Menschheit je gekannt hat. Die Kreuzigung wurde 315 n. Chr. abgeschafft, weil selbst die Römer sie für menschenunwürdig befanden.

Dennoch ist das Kreuz seit jeher das Symbol der Christenheit gewesen. Ein großer Teil der Evangelien beschäftigt sich mit dem Tod Jesu. Die übrigen Texte des Neuen Testaments enthalten viele Passagen zur Erläuterung dessen, was am Kreuz geschah. Der zentrale Gottesdienst der Kirche, der Abendmahlsgottesdienst, hat den gebrochenen Leib und das vergossene Blut Jesu zum Gegenstand. Viele Kirchen haben einen kreuzförmigen Grundriß. Als der Apostel Paulus nach Korinth kam, sagte er: »Ich hatte mir vorgenommen, euch nichts anderes zu bringen als Jesus Christus, und zwar Jesus Christus, den Gekreuzigten« (1 Kor 2,2). Die meisten berühmten Persönlichkeiten, die ganze Völker beeinflußt oder sogar die Welt verändert haben, werden wegen ihres Lebenswerks in Andenken gehalten. Jesus dagegen, der die Weltgeschichte wie kein zweiter veränderte, hat sich nicht nur durch sein Leben, sondern auch und besonders durch seinen Tod ein bleibendes Denkmal gesetzt.

Warum nimmt der Tod Jesu eine derartig zentrale Stellung ein? Worin unterscheidet sich sein Tod von dem Tod des Sokrates, von dem Tod eines der Märtyrer oder eines Kriegshelden? Warum starb er? Welches Ziel wurde dadurch erreicht? Was hat es mit der neutestamentlichen Aussage auf sich, daß er »für unsere Sünden« starb? Auf diese und andere Fragen möchte ich in diesem Kapitel eingehen.

Das größte Minus der Menschheit

Manche Leute sagen: »Ich komme auch ohne das Christentum aus.« Sie erklären ihre Einstellung mit Worten wie: »Ich bin eigentlich ganz glücklich, mein Leben ist ausgefüllt, und ich bemühe mich, anderen zu helfen und ein guter Mensch zu sein.« Um begreifen zu können, warum Jesus starb, müssen wir einen Schritt weiter gehen und uns fragen, wo das größte Problem, mit dem jeder Mensch konfrontiert wird, eigentlich liegt.

Wenn wir ehrlich sind, müssen wir alle zugeben, daß wir Dinge tun, von denen wir wissen, daß sie nicht gut sind. Paulus drückt dies folgendermaßen aus: »Alle sind schuldig geworden und haben die Herrlichkeit verscherzt, die Gott ihnen geschenkt hatte« (Röm 3,23). Anders gesagt, hinken wir alle ein riesiges Stück hinter dem Standard hinterher, den Gott gesetzt hat. Wenn wir uns mit Raubmördern oder Kindesschändern oder sogar unseren Nachbarn vergleichen, denken wir vielleicht, daß wir gar nicht so schlecht dastehen. Vergleichen wir uns dagegen mit Jesus Christus, dann wird uns klar, wie groß unsere Unzulänglichkeit ist. Somerset Maugham sagte einmal: »Wenn ich jeden Gedanken aufschreiben würde, den ich je gedacht habe, und jede Tat, die ich je getan habe, dann würde man mich eine Bestie der Verderbtheit nennen.«

Die eigentliche Ursache der Sünde ist eine zerbrochene Beziehung zu Gott (Gen 3), und die Folge ist, daß wir von ihm getrennt sind. Wie der verlorene Sohn (Lk 15) fristen wir unser aus den Fugen geratenes Dasein weit von dem Haus unseres Vaters entfernt. Manche Leute fragen: »Was macht das schon aus, wenn wir sowieso alle im selben Boot sitzen?« Die Antwort lautet, daß es sehr wohl etwas ausmacht, weil Sünde schwerwiegende Folgen für unser Leben hat, die sich unter vier Gesichtspunkten zusammenfassen lassen.

Verunreinigung durch Sünde

Jesus hat gesagt: »Aber das ..., was aus dem Menschen selbst kommt, macht ihn unrein. Denn aus ihm selbst, aus seinem Herzen, kommen die bösen Gedanken, und mit ihnen Unzucht, Diebstahl, Mord, Ehebruch, Habsucht und andere schlimme Dinge wie Betrug, Lüsternheit, Neid, Verleumdung, Überheblichkeit und Unvernunft. All das kommt aus dem Innern des Menschen und macht ihn unrein« (Mk 7,20-23). Diese Dinge verschmutzen unser Leben.

Vielleicht sagen Sie: »Solche Dinge lasse ich mir meistens sowieso nicht zuschulden kommen.« Aber schon ein einziges dieser Dinge reicht aus, um unser Leben aus dem Gleichgewicht zu werfen. Wir wünschen uns vielleicht, die Zehn Gebote glichen einem Klausurbogen mit der Anweisung: »Bearbeiten Sie drei beliebige dieser Aufgaben!« Im Neuen Testament heißt es aber, daß wir, sobald wir das Gesetz in nur einem einzigen Punkt übertreten haben, das gesamte Gesetz auf dem Gewissen haben (Jak 2,10). Beispielsweise ist es ein Ding der Unmöglichkeit, ein »einigermaßen tadelloses« polizeiliches Führungszeugnis zu haben. Entweder ist es tadellos oder nicht. Eine einzige Eintragung genügt, um aus einem makellosen Führungszeugnis eins mit Vorbehalten zu machen. Genau das meint Jakobus. Eine einzige Sünde reicht aus, um unser Leben zu verunreinigen.

Macht der Sünde

Die schlechten Dinge, die wir tun, haben etwas Süchtigmachendes an sich. Jesus sagte: »Jeder, der sündigt, ist ein Sklave der Sünde« (Joh 8,34). Bei einigen Sünden ist uns dies auf Anhieb einsichtig. Wir brauchen ja nur an jemanden zu denken, der seine Freiheit mißbraucht, harte Drogen zu nehmen: er wird abhängig und Sklave der Sucht.

Es gibt aber auch andere Dinge, von denen man nicht mehr loskommt: Wutausbrüche, Neid, Arroganz, Egoismus, Verleumdungen, sexuelle Sünden etc. Wir können von Denkschemas oder Verhaltensmustern abhängig werden, von denen wir uns aus eigener Kraft nicht befreien können. Dies ist das Sklaventum, das Jesus meinte und das einen so zerstörerischen Einfluß auf unser Leben hat.

Bischof J. C. Ryle, ein ehemaliger Bischof von Liverpool, hat einmal geschrieben:

> *Jede Form der Sünde hat ganze Scharen unglücklicher Gefangener an Händen und Füßen an sich festgekettet ... Die elenden Gefangenen ... brüsten sich manchmal damit, fürstliche Freiheit zu genießen ... Keine andere Form des Sklaventums gleicht dieser. Die Sünde ist der übelste aller Sklaventreiber. Elend und Enttäuschung, wohin man sieht, Verzweiflung und am Ende die Hölle: dies ist der einzige Lohn, der die Sünde ihren Dienern zahlt.*[22]

Strafe für Sünde

Wir Menschen haben ein angeborenes Bedürfnis nach Gerechtigkeit. Wenn wir von Kindern erfahren, die mißbraucht wurden, von alten Leuten, die man in ihrer Wohnung überfallen hat, oder von Babys, die brutal geschlagen wurden, dann verlangen wir, daß die Täter gefaßt und bestraft werden.

Oft sind unsere Motive dabei gemischt; es könnte uns unter anderem um Rache gehen. Doch es gibt durchaus eine Form der Empörung, die gerechtfertigt ist. Zu Recht finden wir, daß Leute, die zu solchen Vergehen fähig waren, nicht unbestraft entkommen dürften.

Aber nicht nur die Sünden anderer verdienen eine gerechte Strafe. Unsere eigenen verdienen dies genauso. Eines Tages werden wir alle von Gott gerichtet werden. Paulus schreibt: »Die Sünde zahlt ihren Lohn: den Tod« (Röm 6,23).

Getrenntsein aufgrund von Sünde

Der Tod, von dem Paulus spricht, ist nicht nur der körperliche. Paulus meint einen geistlichen Tod, ein ewiges Getrenntsein von Gott. Diese Trennung beginnt schon jetzt, in diesem Leben. Der Prophet Jesaja verkündet: »Meint ihr, der Arm des Herrn sei zu kurz, um euch zu helfen, oder der Herr sei taub und könne euren Hilferuf nicht hören? Nein, sondern wie eine Mauer steht eure Schuld zwischen euch und eurem Gott; wegen eurer Vergehen hat er sich von euch abgewandt und hört euch nicht!« (Jes 59,1-2). Unser unrechtes Handeln verursacht diese Trennmauer.

Gottes Eingreifen

Wir müssen uns alle ausnahmslos dem Problem Sünde in unserem Leben stellen. Je klarer uns unsere Bedürftigkeit ist, desto dankbarer werden wir Gott gegenüber für sein Eingreifen. Der Lordkanzler Lord Mackay von Clashfern bekennt:

> *Das zentrale Thema unseres Glaubens ist das Selbstopfer unseres Herrn Jesu Christi für unsere Sünden ... Je mehr wir uns unserer Unzulänglichkeit bewußt sind, desto brennender ist unsere Liebe und folglich auch unser Wunsch, ihm zu dienen.*[23]

Die gute Nachricht des Christentums besteht darin, daß Gott uns liebt und daß er uns nicht in dem unglücklichen Chaos gelassen hat, das wir aus unserem Leben gemacht haben. Er kam auf die Erde, und zwar in der Person seines Sohnes Jesus, um an unserer Stelle zu sterben (2 Kor 5,21; Gal 3,13). John Stott, der Autor zahlreicher Bücher und emeritierte Rektor der *All Souls Hochschule,* bezeichnet dies als die »Stellvertretung durch Gott«. In den Worten des Apostels Petrus: »Alle *unsere* Sünden hat *er* am *eigenen* Leib ans Kreuz hinaufgetragen ... Durch *seine* Wunden sind *wir* geheilt worden« (1 Petr 2,24; Hervorhebungen durch den Autor).

Was bedeutet diese »Stellvertretung durch Gott«, dieser Austausch, den Gott vornimmt? In seinem Buch *Wunder am River Kwai* erzählt Ernest Gordon die wahre Geschichte von einer Gruppe Kriegsgefangener, die während des Zweiten Weltkriegs an der Birmesischen Eisenbahn arbeiteten. Am Ende jedes Tages wurden die Werkzeuge und Geräte eingesammelt. Dabei stellte sich einmal heraus, daß eine Schaufel fehlte. Der ungehaltene japanische Aufseher wollte wissen, wer sie gestohlen hatte. Er schrie sich derartig in Rage, daß es an Wahnsinn grenzte, und verlangte, daß der Schuldige nach vorn kam. Niemand regte sich. »Dann sterbt ihr eben alle! Allesamt!« schrie er, entsicherte sein Gewehr und richtete es auf die Gefangenen. In dem Moment trat ein Mann nach vorn, und der Aufseher schlug mit seinem Gewehr auf die wehrlosen Gefangenen ein, bis er tot war. Als die Truppe zum Lager zurückkehrte, wurden die Geräte noch einmal nachgezählt. Keine einzige Schaufel fehlte. Dieser Mann war einfach nach vorn gegangen, um durch seinen Tod das Leben seiner Kameraden zu retten.

Genauso verhält es sich mit dem stellvertretenden Tod Jesu. An unserer Stelle ließ er sich ans Kreuz nageln. Cicero beschrieb die Kreuzigung als »die grausamste und widerlichste aller Foltern«. Man nahm Jesus die Kleidung ab und fesselte ihn an einen eigens verankerten Pfahl. Er wurde mit vier oder fünf Lederriemen ausgepeitscht, an denen scharfe Knochensplitter und Blei befestigt waren. Eusebius, ein Geschichtsschreiber aus dem 3. Jahrhundert, beschrieb die römischen Auspeitschungen folgendermaßen: »Die Adern lagen bloß und ... die unverhüllten Muskeln, Sehnen und Därme der Opfer waren zu sehen.« Anschließend wurde er zum Prätorium geführt, wo ihm eine Dornenkrone auf den Kopf gepreßt wurde. Dann zwang man ihn, einen schweren Kreuzbalken auf seinen blutenden Schultern zu tragen, bis er zusammenbrach und Simon von Zyrene dazu genötigt wurde, den Balken für ihn zu tragen.

Als sie den Kreuzigungsort erreicht hatten, zog man ihm wieder die Kleidung aus. Er wurde auf das Kreuz gelegt, und fünfzehn Zentimeter lange Nägel wurden oberhalb der Handgelenke in seine Unterarme gehämmert. Seine Knie wurden seitwärts gedreht, damit die Fußgelenke zwischen dem Fersenbein und der

Achillessehne festgenagelt werden konnten. Er wurde mitsamt dem Kreuz aufgerichtet, welches in einer Versenkung im Boden verankert wurde. Dort überließ man ihn der sengenden Hitze, seinem unerträglichen Durst und dem Spott der Menschenmenge. Sechs Stunden lang hing er so da und ertrug unvorstellbare Schmerzen, während sein Leben langsam zu Ende ging.

Doch die größte Qual war nicht etwa das körperliche Trauma, die Folterungen und die Kreuzigung, nicht einmal der seelische Schmerz, von der Welt wie ein Krimineller verstoßen und von seinen Freunden aufgegeben zu sein, sondern die geistliche Qual, um unseretwillen von seinem Vater getrennt zu sein, als er unsere Sünden auf sich nahm.

Welche Auswirkungen hat sein Tod?

Wie ein Brillant viele Schliffebenen hat, so hat das Kreuz viele inhaltliche Aspekte: Am Kreuz wurden die Mächte des Bösen entwaffnet (Kol 2,15). Der Tod und die dämonischen Mächte wurden besiegt. Das Kreuz war Schauplatz der größten Liebeskundgebung Gottes. Er zeigte uns, daß er kein Gott ist, dem alles Leiden fremd oder gleichgültig ist. Er ist der »gekreuzigte Gott«, eine Wendung des deutschen Theologen Jürgen Moltmann. Er ist zu uns in unsere Welt gekommen und kennt Leid und Elend aus eigener Erfahrung. Am Kreuz verkörperte Jesus aufopfernde Liebe in ihrer reinsten Form (1 Petr 2,21). Jeder dieser Aspekte hätte ein Kapitel für sich allein verdient, was aus Platzgründen jedoch nicht möglich ist. Ich möchte mich hier auf vier Metaphern beschränken, durch die das Neue Testament uns verdeutlichen will, was Jesus am Kreuz für uns getan hat. Wie John Stott bemerkt, sind sie vier verschiedenen Bereichen des Alltagslebens entnommen.

Das erste Bild kommt aus dem Bereich der *Rechtsprechung*. Paulus schreibt, daß wir durch den Tod Jesu gerechtfertigt seien (Röm 5,1). Rechtfertigung ist ein juristischer Begriff. Wer vor Gericht freigesprochen wurde, war gerechtfertigt.

Zwei gute Freunde gingen zusammen zur Schule und später auf die gleiche Universität. Danach trennten sich ihre Wege, und sie verloren den Kontakt zueinander. Der eine wurde Richter, während der andere auf die schiefe Bahn geriet. Eines Tages wurde der Kriminelle dem Richter vorgeführt. Er hatte ein Verbrechen begangen und war geständig. Der Richter erkannte seinen Jugendfreund wieder und stand nun vor einem Dilemma. Als Richter mußte er Recht walten lassen; er konnte den Mann nicht einfach laufenlassen. Andererseits hätte er dem Mann die Strafe am liebsten erspart, weil er doch sein Freund war. Letzten Endes verhängte er eine Geldstrafe, die der Schwere der Tat angemessen war. Das ist Gerechtigkeit. Dann kam er von seinem Richterstuhl zu ihm und schrieb einen Scheck über den Betrag der Geldstrafe. Den Scheck gab er seinem Freund und sagte ihm, er werde die Strafe für ihn bezahlen. Das ist Liebe.

Diese Geschichte ist eine Illustration dessen, was Gott für uns getan hat. In seiner Gerechtigkeit spricht er uns schuldig, weil wir es sind, doch dann kommt er aus Liebe in der Person seines Sohnes Jesus Christus zu uns Menschen und bezahlt die Strafe für uns. Auf diese Weise ist er sowohl »gerecht« – der Schuldige kommt nicht straflos davon – als auch »gerechtmachend« (Röm 3,26): indem er die Strafe in der Person seines Sohnes auf sich selbst nimmt, ermöglicht er uns die Freiheit. Er ist unser Richter und unser Retter in einer Person. Er ist kein unbeteiligter Dritter, der uns rettet, sondern Gott selbst. Bildlich gesprochen, reicht er uns einen Scheck und stellt uns vor die Wahl: Wollen wir, daß er die Strafe für uns bezahlt, oder ziehen wir es vor, die Strafe Gottes für unsere Missetaten selbst auf uns zu nehmen?

Der Vergleich, den ich hier angeführt habe, hinkt aus drei Gründen. Erstens ist unsere Lage sehr viel ernster. Die Strafe, die uns droht, ist keine Geldstrafe, sondern die Todesstrafe. Zweitens verbindet uns mehr als eine Freundschaft mit Gott: Er ist unser Vater im Himmel, der uns inniger liebt, als ein menschlicher Vater es je könnte. Drittens war der Preis höher: Unsere Errettung kostete Gott keine Geldsumme, sondern seinen einzigen Sohn, der *die Strafe für unsere Sünde* mit seinem Leben bezahlte.

Das zweite Bild kommt aus dem *Wirtschaftsleben der Antike.* Verschuldung ist kein modernes Phänomen; auch vor 2000 Jahren konnte man ein Lied davon singen. Nur, wenn damals jemand sich bis über die Ohren verschuldet hatte, konnte es passieren, daß er sich auf dem Sklavenmarkt wiederfand, um verkauft zu werden.

Angenommen, ein Mann steht auf dem Markt und wird von vielen Interessenten wie eine Ware begutachtet. Voller Angst zittert er dem Moment entgegen, wo irgendein brutaler Mensch sagen würde »Den nehm' ich.« Vielleicht hat einer Erbarmen mit ihm und fragt ihn: »Wie hoch sind denn deine Schulden?« Der Verschuldete sagt: »Zehntausend Mark.« Angenommen, der Fremde bezahlt die zehntausend Mark und läßt den Mann frei laufen. Damit hätte er ihn »losgekauft«, indem er das »Lösegeld« bezahlte.

Von einer solchen »Erlösung« ist in Römer 3,24 die Rede. Durch seinen Tod am Kreuz bezahlte Jesus das Lösegeld (Mk 10,45). Nun sind wir von der Macht der Sünde befreit. Dies ist echte Freiheit. Jesus sagte: »Wenn der Sohn Gottes euch frei macht, dann seid ihr wirklich frei« (Joh 8,36). Das bedeutet nicht unbedingt, daß wir nie wieder sündigen werden, doch unsere Abhängigkeit von der Sünde ist durchbrochen.

Billy Nolan ist achtundfünfzig. Fünfunddreißig Jahre lang war er Alkoholiker. Zwanzig Jahre lang saß er betrunken vor den Türen von Holy Trinity Brompton und bettelte um Geld. Am 13. Mai 1990 sah er in den Spiegel und sagte: »Du bist nicht der Billy Nolan, den ich einmal gekannt habe.« Er bat den Herrn Jesus Christus, in sein Leben zu kommen, und versprach ihm, nie wieder Alkohol zu trinken. Seitdem hat er keinen Tropfen mehr angerührt. Sein Leben ist völlig umgekrempelt. Er strahlt die Liebe und Freude Christi spürbar aus. Ich sagte einmal zu ihm: »Billy, du siehst einfach rundherum glücklich aus!« Darauf antwortete er mir: »Ich bin glücklich, weil ich frei bin. Das Leben ist wie ein Labyrinth, und durch Jesus Christus habe ich endlich den Weg nach draußen gefunden.« Durch seinen Tod am Kreuz hat Jesus diese Freiheit von *der Macht der Sünde* ermöglicht.

Die dritte Metapher kommt aus dem Bereich des *Tempels*. Das Alte Testament schreibt in seinen umfangreichen gesetzlichen Bestimmungen vor, was man im Fall einer sündigen Handlung zu tun hatte. Ein ganzes System von Opfergaben verdeutlichte den gravierenden Ernst von Sünde und die Notwendigkeit der Reinigung von ihr.

Im typischen Fall nahm der Sünder ein Tier. Das Tier hatte so unbefleckt wie möglich zu sein. Der Sünder legte seine Hände auf das Tier und gestand seine Sünden. Die Sünden galten damit als auf das Tier übergegangen, und dieses wurde anschließend getötet.

Der Schreiber des Hebräerbriefes erklärt: »Das Blut von Stieren und Böcken kann doch niemals die Schuld beseitigen« (Hebr 10,4). Es war nur ein Sinnbild oder Schatten (Hebr 10,1). Erst das Opfer Jesu war Realität. Das Blut Christi, unseres Ersatzopfers, kann unsere Sünden beseitigen, weil er allein das unbefleckte Opfer ist, denn er allein lebte ein völlig sündloses Leben. Sein Blut reinigt uns von allen Sünden (1 Joh 1,7) und beseitigt die *Verunreinigung der Sünde*.

Das vierte Bild kommt aus dem Bereich der *Familie*. Wie wir schon gesehen haben, sind sowohl Ursache als auch Resultat der Sünde eine zerbrochene Beziehung zu Gott. Das Kreuz bietet die Möglichkeit, diese Beziehung zu Gott wiederherzustellen. Paulus sagt: »*In Christus hat er selbst* gehandelt und hat aus dem Weg geschafft, was die Menschen von ihm trennte« (2 Kor 5,19; Hervorhebung durch den Autor). Manche Leute äußern sich satirisch über die Lehren des Neuen Testaments und behaupten, Gott sei furchtbar ungerecht, weil er an Jesus einen Unschuldigen bestrafte. Das Neue Testament lehrt etwas völlig anderes. Paulus schreibt: »In Christus hat er selbst gehandelt.« In der Person seines Sohnes war er selbst dieses Austauschopfer. Er selbst ermöglichte es uns, wieder seine Kinder heißen zu dürfen. Das *Ge-*

trenntsein aufgrund von Sünde ist aufgehoben. Was der verlorene Sohn erlebte, können auch wir erleben. Wir können zum Vater zurückkehren und seine Liebe und seinen Segen erfahren. Diese Beziehung gilt nicht nur für dieses Leben; sie ist von ewiger Dauer. Eines Tages werden wir beim Vater im Himmel sein. Dort werden wir frei sein: nicht nur von der Strafe der Sünde, der Macht der Sünde, der Verunreinigung der Sünde und dem Getrenntsein aufgrund von Sünde, sondern auch von der Gegenwart der Sünde. Dies alles hat Gott durch sein Selbstopfer am Kreuz ermöglicht.

Gott liebt einen jeden von uns unendlich innig und wünscht sich eine Beziehung zu uns, wie ein menschlicher Vater sich eine Vater-Kind-Beziehung zu jedem seiner Kinder wünscht. Jesus starb nicht einfach nur für alle. Er starb für Sie und mich; ein sehr persönliches Opfer. Paulus bezeichnet Jesus als den »Sohn Gottes, der mir seine Liebe erwiesen und sein Leben für mich gegeben hat« (Gal 2,20). Wenn Sie der einzige Mensch auf der Welt wären, dann wäre Jesus für Sie gestorben. Wenn wir das Kreuz in diesem persönlichen Licht sehen, wird sich unser Leben grundlegend ändern.

Der amerikanische Pastor John Wimber beschreibt, wie das Kreuz für ihn persönlich zur Realität wurde:

> *Nachdem ich die Bibel ... drei Monate lang gründlich gelesen hatte, hätte ich jede elementare Prüfung über das Thema »Kreuz« bestanden. Ich wußte, daß es einen Gott gibt, der in drei Personen erfahrbar ist. Ich wußte, daß Jesus Gott und Mensch zugleich ist und daß er am Kreuz für die Sünden der Menschheit gestorben ist. Was ich dagegen nicht wußte, war die Tatsache, daß ich ein Sünder war. Ich hielt mich für einen anständigen Kerl. Ich wußte zwar, daß ich hier und da einen Schnitzer gemacht hatte, aber wie ernst meine Lage war, wußte ich nicht.*
>
> *Aber um diese Zeit sagte Carol [seine Frau] eines Abends: »Ich glaube, es wird Zeit, daß wir das, was wir gelernt haben, in die Tat umsetzen.« Ich sah sprachlos zu, wie sie sich auf den Boden kniete und anfing, den*

Deckenverputz – so schien es mir – anzubeten. »Oh Gott«, sagte sie, »es tut mir so leid, daß ich gesündigt habe!«

Ich war fassungslos. Carol war ein besserer Mensch als ich, und trotzdem hielt sie sich für eine Sünderin. Ihre Erschütterung und die Tiefe ihres Gebets waren spürbar. Bald war sie in Tränen aufgelöst und sagte immer wieder: »Ich bereue meine Sünden ja so!« Sechs oder sieben andere waren bei uns in dem Zimmer, und alle hatten sie die Augen geschlossen. Ich sah vom einen zum anderen, und dann fiel es mir plötzlich wie Schuppen von den Augen: Sie haben allesamt irgendwann dasselbe Gebet gebetet! Ich fing an zu schwitzen. Ich glaubte, tot umfallen zu müssen. Der Schweiß lief mir in Bächen über das Gesicht, und ich dachte: »Das mache ich nicht mit. Das ist ja verrückt. Ich bin ein guter Mensch.« Dann wurde mir klar: Carol betete gar nicht zu dem Deckenverputz; sie betete zu einer Person, zu einem Gott, der sie hören konnte. Sie wußte, daß sie in seinen Augen eine Sünderin war und auf seine Vergebung angewiesen war. Schlagartig begriff ich, was es mit dem Kreuz auf sich hatte. Mir wurde plötzlich etwas klar, was ich noch nie so gesehen hatte: Ich hatte Gott verletzt. Er liebte mich, und in seiner Liebe hatte er Jesus geschickt. Ich aber hatte dieser Liebe die kalte Schulter gezeigt; ich hatte mich mein Leben lang nicht dafür interessiert. Ich war ein Sünder und ohne das Kreuz völlig verloren. Im nächsten Moment kniete ich auch schon selbst am Boden, schluchzend, mit überströmtem Gesicht, aus jeder Pore meiner Haut heftig schwitzend. Ich hatte das überwältigende Gefühl, mit jemandem zu reden, der mich mein ganzes Leben lang begleitet hatte, ohne daß ich ihn erkannt hätte. Wie Carol begann ich zu dem lebendigen Gott zu sprechen und sagte ihm, daß ich ein Sünder sei, doch das einzige, was ich hervorbrachte, war: »Oh Gott. Oh Gott.«

Ich spürte, daß etwas Umwälzendes in mir vorging. Ich weiß noch, wie ich dachte: »Hoffentlich funktioniert das

Ganze auch; ich mache mich ja total lächerlich hier!«
Dann brachte mir der Herr einen Mann in Erinnerung,
den ich vor einigen Jahren auf dem Pershing Square in
Los Angeles gesehen hatte. Er trug ein Schild, auf dem
zu lesen stand: »Ich bin ein Narr für Jesus. Wessen Narr
bist du?« Damals hatte ich gedacht: »Das ist der größte
Quatsch, den ich je gesehen habe!« Während ich aber
jetzt auf dem Boden kniete, begriff ich die Wahrheit, die
dieses sonderbare Schild ausdrücken wollte: Das Kreuz
erscheint denen, die verlorengehen, als der reinste Un-
sinn (1 Kor 1,18). An diesem Abend kniete ich vor dem
Kreuz und kam zum Glauben an Jesus. Seitdem bin ich
selbst ein Narr für Jesus.[24]

Wenn Sie nicht genau wissen, ob Sie je wirklich an Jesus geglaubt haben, dann können Sie das folgende Gebet als den Anfangspunkt Ihres Christseins benutzen und alles, was er durch seinen Tod ermöglicht hat, für sich selbst geltend machen.

Vater im Himmel, ich bereue alles Schlechte, was ich im
Leben getan habe. [Bitten Sie ihn um Vergebung für die
Dinge, die Ihr Gewissen konkret belasten.] Bitte vergib
mir. Ich wende mich jetzt von allem ab, was nicht rich-
tig ist.
Hab Dank, daß du deinen Sohn Jesus geschickt hast, da-
mit er am Kreuz für mich starb, so daß ich Vergebung
erhalten und frei werden kann. Von jetzt an will ich ihm
nachfolgen und ihm als meinem Herrn gehorsam sein.
Hab Dank, daß du mir dieses Geschenk der Vergebung
und deinen Heiligen Geist geben willst. Dieses Geschenk
nehme ich jetzt an.
Bitte komm durch deinen Heiligen Geist für immer in
mein Leben. Im Namen unseres Herrn Jesus Christus.
Amen.

Kapitel 4

Woher weiß ich, daß ich an die Wahrheit glaube?

Als ich achtzehn war, hätte das Leben in mancher Hinsicht gar nicht besser laufen können. Ich hatte das erste Jahr an der Universität zur Hälfte hinter mir. Ich genoß das Leben in vollen Zügen, und mir standen alle Möglichkeiten offen. Zum Christentum fühlte ich mich nicht hingezogen; ganz im Gegenteil: Ich glaubte, mein Dasein würde schrecklich langweilig werden, wenn ich Christ würde. Ich malte mir aus, wie Gott mir auf der Stelle allen Spaß untersagen würde, um mir dafür lauter mühselige religiöse Pflichten aufzuhalsen.

Als ich mir dann aber die Aussagen des Christentums genauer ansah, gelangte ich zu der Überzeugung, daß ich es hier mit Wahr-

heit zu tun haben mußte. Allerdings dachte ich nicht daran, mich in irgendeiner Weise für einen Weg mit Gott zu entscheiden, ich fand es ganz in Ordnung, erst einmal das Leben weiterhin zu genießen und erst Christ zu werden, wenn mir das letzte Stündlein schlug. Doch ich wußte, daß ich dies nicht mit aufrichtigem Gewissen tun konnte. Und irgendwann, sehr zögernd, entschied ich mich, mein Leben mit Jesus Christus zu leben. Bis dahin war mir eines nicht klar gewesen: daß das Kernstück des Christseins eine Beziehung zu Gott ist, zu einem Gott, der uns liebt und immer nur unser Bestes will. Ich war dann auch, um mit C. S. Lewis zu sprechen, »von der Freude überrascht«. Meine Entscheidung, Christ zu werden, war der Anfang der absolut besten Beziehung meines Lebens. Ein neues Leben hatte begonnen. Paulus drückt es so aus: »Wer zu Christus gehört, ist ein neuer Mensch geworden. Was er früher war, ist vorbei; etwas ganz Neues hat begonnen« (2 Kor 5,17). Manchmal notiere ich mir, was jemand sagt oder schreibt, nachdem er gerade das neue Leben begonnen hat, von dem in diesem Vers die Rede ist. Hier sind zwei Beispiele:

> *Ich habe jetzt Hoffnung, wo vorher nur Verzweiflung war. Ich kann jetzt verzeihen, wo früher nur Kälte war ... Gott ist für mich so lebendig. Ich kann spüren, wie er mich leitet, und die totale, entsetzliche Einsamkeit, die ich vorher immer gespürt habe, ist weg. Gott füllt ein abgrundtiefes Vakuum.*
> *Ich wäre am liebsten allen Leuten auf der Straße um den Hals gefallen ... Ich kann gar nicht mit Beten aufhören. Heute habe ich sogar meine Bushaltestelle verpaßt, weil ich auf dem Oberdeck ins Gebet vertieft war.*

Jeder macht unterschiedliche Erfahrungen. Manche fühlen sich schlagartig verändert. Andere nehmen dies eher schrittweise wahr. Es kommt nicht so sehr auf unser Gefühl an, sondern auf die Tatsache, daß wir in dem Moment, wo wir Christus annehmen, ein Kind Gottes werden. Das ist der Anfang einer neuen Beziehung. Der Apostel Johannes schreibt: »Manche aber nahmen ihn auf und schenkten ihm ihr Vertrauen. Ihnen gab er das Recht, Kinder Gottes zu werden« (Joh 1,12).

Guten Eltern liegt daran, daß ihre Kinder sich ihrer Beziehung zu ihnen absolut sicher sind. Genauso möchte auch Gott, daß wir unsere Beziehung zu ihm zweifelsfrei genießen können. Viele Menschen sind sich unsicher, ob sie Christen sind oder nicht. Am Ende eines Glaubensseminars bat ich die Teilnehmer einmal, einen Fragebogen auszufüllen. Eine der Fragen lautete: »Hätten Sie sich zu Beginn des Kurses als Christ bezeichnet?« Hier ein paar Beispiele der Antworten, die ich erhielt:

»Ja, aber ohne eine echte Beziehung zu Gott.«

»Teilweise ja.«

»Vielleicht; ja, ich glaube schon.«

»Ich weiß nicht genau.«

»Wahrscheinlich.«

»Höchstens christlich angehaucht.«

»Ja – aber jetzt weiß ich, daß das eigentlich nicht ganz stimmte.«

»Nein, eher als Halbchristen.«

Das Neue Testament stellt klar, daß wir absolut zweifelsfrei wissen können, daß wir Christen sind und daß wir das ewige Leben haben. Der Apostel Johannes erklärt: »Ich schreibe euch dies, damit ihr *wißt*, daß ihr das ewige Leben habt. Ihr verlaßt euch ja auf den Sohn Gottes« (1 Joh 5,13; Hervorhebung durch den Autor).

Wie ein Fotostativ drei Stützen hat, so stützt sich unsere Gewißheit über unsere Beziehung zu Gott auf das Handeln aller drei Personen der Dreieinigkeit: auf die Verheißungen, die der Vater uns in seinem Wort gibt; auf das Opfer des Sohnes am Kreuz und auf die bekräftigende Gegenwart des Heiligen Geistes in unseren Herzen. Diese lassen sich unter drei Überschriften darstellen: Das Wort Gottes, Das Werk Jesu und Das Zeugnis des Heiligen Geistes.

Das Wort Gottes

Wenn es ausschließlich nach unserem Gefühl ginge, dann gäbe es nichts, auf das wir uns verlassen könnten. Unsere Gefühle schwanken zwischen himmelhoch jauchzend und zu Tode betrübt; sie sind von allen möglichen Faktoren abhängig, etwa vom Wetter oder davon, was wir gefrühstückt haben. Gefühle sind wechselhaft und trügerisch. Die Verheißungen der Bibel, des Wortes Gottes also, sind dagegen beständig und vollkommen zuverlässig.

Die Bibel enthält viele wunderbare Verheißungen. Ein Vers, der mir sehr geholfen hat, besonders zu Anfang meines Christseins, steht im letzten Buch der Bibel. In einer Vision sieht Johannes, wie Jesus sieben verschiedene Gemeinden anspricht. Der Gemeinde in Laodizea sagt er: »Hört gut zu: Ich stehe vor der Tür und klopfe an. Wenn jemand meine Stimme hört und öffnet, werde ich bei ihm einkehren. Ich werde mit ihm essen und er mit mir« (Offb 3,20).

Für den Beginn eines neuen Lebens als gläubiger Christ gibt es viele Beschreibungen: »Christ werden«, »Jesus unser Leben übergeben«, »Jesus aufnehmen«, »Jesus in unser Leben einladen«, »zum Glauben kommen«, »Jesus die Tür öffnen«, um einige zu nennen. Der Sachverhalt ist immer der gleiche: Jesus betritt in der Form des Heiligen Geistes unser Leben, wie dieser Vers es bildlich ausdrückt.

Der Maler Holman Hunt (1827-1910) nahm die Idee zu seinem Gemälde *Das Licht der Welt* aus diesem Vers. Insgesamt malte er drei Versionen des Bildes. Eine davon hängt im Keble College in Oxford, die zweite in der Manchester City Art Gallery. Die berühmteste der drei wurde 1905 bis 1907 in den Kolonien ausgestellt und im Juni 1908 der St Paul's Cathedral gestiftet, wo sie heute noch hängt. Die erste Version wurde im allgemeinen mit schlechten Kritiken bedacht, bis der Maler und Kritiker John Ruskin am 5. Mai 1854 an die *Times* schrieb, um den Symbolgehalt des Gemäldes ausführlich zu erläutern und es als »eins der erlesensten Werke sakraler Kunst aller Zeiten« zu verteidigen.

Jesus, das »Licht der Welt«, steht vor einer Tür, die von Efeu und Unkraut völlig überwuchert ist. Die Tür stellt ganz offensichtlich den Zugang zu dem Herzen eines Menschen dar. Dieser Mensch hat Jesus noch nie eingeladen, in sein Leben zu kommen. Jesus steht an der Tür und klopft an. Er wartet auf eine Antwort. Er möchte hereinkommen und an dem Leben dieses Menschen Anteil haben. Jemand, so heißt es, hat Holman Hunt einmal vorgeworfen, einen Fehler gemacht zu haben: »Sie haben die Türklinke vergessen.«

»Nein, ganz und gar nicht«, gab Hunt zur Antwort, »das war meine vollste Absicht. An dieser Tür gibt es nur eine Klinke, und die ist auf der Innenseite.«

Anders gesagt, es ist allein unsere Sache, die Tür zu öffnen, um Jesus in unser Leben einzulassen. Jesus wird sich uns niemals aufdrängen. Er läßt uns völlige Entscheidungsfreiheit. Es liegt bei uns, ob wir ihm die Tür öffnen oder nicht. Tun wir es, so verspricht er: »[Ich] werde bei ihm einkehren. Ich werde mit ihm essen und er mit mir.« Dieses gemeinsame Essen ist ein Symbol der Freundschaft, die Jesus allen anbietet, die ihm die Tür zu ihrem Leben öffnen.

Wenn wir Jesus in unser Leben eingeladen haben, verspricht er, uns niemals zu verlassen. Zu seinen Jüngern sagt er: »Ich bin immer bei euch, jeden Tag, bis zum Ende der Welt.« Vielleicht stehen wir nicht ununterbrochen im Gespräch mit ihm, doch er wird immer gegenwärtig sein. Wenn Sie mit einem Freund gemeinsam in einem Zimmer sind, reden Sie vielleicht nicht ständig direkt mit ihm, doch Sie sind sich seiner Gegenwart bewußt. So ist es mit der Gegenwart Jesu. Er ist immer bei uns.

Dieses Versprechen Jesu, immer bei uns zu sein, ist eng mit einer weiteren bedeutsamen Verheißung verknüpft, die sich ebenfalls im Neuen Testament findet. Jesus verspricht seinen Nachfolgern das ewige Leben (Joh 10,28). Wie wir schon gesehen haben, ist »ewiges Leben« eine Lebensqualität, die aus der Beziehung zu Gott durch Jesus Christus resultiert (Joh 17,3). Sie beginnt schon jetzt, wenn wir die Fülle des Lebens erfahren, die Jesus uns bringen will (Joh 10,10). Doch sie beschränkt sich keineswegs auf das irdische Leben, sondern dauert in alle Ewigkeit fort.

Dieses Leben ist nicht das Ende; es gibt ein Leben nach dem Tod. Die Weltgeschichte ist weder sinnlos noch dreht sie sich im Kreis; sie bewegt sich stetig auf einen monumentalen Höhepunkt zu. Eines Tages wird Jesus zurückkehren, um einen neuen Himmel und eine neue Erde zu gründen (Offb 21,1). Dann werden alle, die zu Christus gehören, für alle Zeiten bei ihm sein (1 Thess 4,17). Dort wird es keine Tränen mehr geben, denn dann gibt es keinen Kummer mehr. Es wird keine Versuchung mehr geben, weil es keine Sünde mehr gibt. Es wird kein Leiden und kein

Getrenntsein von denen geben, die uns nahestehen. Wir werden Jesus so sehen, wie er ist (1 Kor 13,12). Wir werden einen perfekten Körper bekommen, dem Schmerzen fremd sind (1 Kor 15). Wir werden Jesus Christus ähnlich sein (1 Joh 3,2). Der Himmel wird ein Ort intensiver Freude sein, die niemals aufhören wird. Manche Witzbolde haben verlauten lassen, im Himmel werde es sterbenslangweilig zugehen. Doch in 1 Kor 2,9, ein Zitat aus Jes 64,4, heißt es: »Was keiner jemals gesehen oder gehört hat, was keiner jemals für möglich gehalten hat, das hält Gott für die bereit, die ihn lieben.«

C. S. Lewis faßt dies in einem seiner Narnia-Bücher folgendermaßen:

> *Das Schuljahr ist vorbei: Die Ferien haben begonnen. Der Traum ist zu Ende: Dies ist der Morgen ... ihr ganzes Leben auf der Erde ... war nur der Umschlag und die Titelseite gewesen: Nun begannen sie endlich mit Kapitel 1 der Großen Geschichte, die niemand auf der Erde jemals gelesen hat, die auf ewig weitergeht, in der jedes Kapitel noch schöner ist als das vorangegangene.*[25]

Das Werk Jesu

Als ich an der Universität war, fiel mir ein Buch mit dem Titel *Heaven, Here I Come* (etwa: *Platz da im Himmel, jetzt komme ich!*) in die Hände. Zuerst hielt ich dies wie so viele für eine reichlich arrogante Einstellung. Und es wäre in der Tat höchst arrogant, ein solches Selbstbewußtsein an den Tag zu legen, wenn man sich einzig und allein auf die eigenen Fähigkeiten verließe. Hinge mein Zutritt zum Himmel davon ab, wie einwandfrei ich mein Leben gelebt habe, dann hätte ich keinerlei Chancen, je dorthin zu gelangen.

Das Wunderbare an der Sache ist, daß meine »Eintrittskarte« zum Himmel keineswegs von meinem Verhalten abhängt. Vielmehr hängt sie von dem ab, was Jesus für mich getan hat. Sie ist keine Folge dessen, was ich tue oder erreiche, sondern dessen, was er am Kreuz erlangt hat. Durch seinen Tod am Kreuz will er uns das ewige Leben zum Geschenk machen (Joh 10,28). Ein Geschenk können wir uns nicht verdienen. Wir können es nur dankbar annehmen.

Ausgangspunkt ist Gottes Liebe zu uns: »Gott liebte die Menschen so sehr, daß er seinen einzigen Sohn hergab. Nun wird jeder, der sein Vertrauen auf den Sohn Gottes setzt, nicht zugrunde gehen, sondern ewig leben« (Joh 3,16). Wir hätten es alle verdient, »zugrunde zu gehen«. In seiner großen Liebe sah Gott die ausweglose Situation, in die wir uns gebracht hatten, und gab seinen einzigen Sohn Jesus für uns in den Tod. Sein Tod ermöglicht es allen, die an ihn glauben, das ewige Leben zu erlangen.

Am Kreuz nahm Jesus sämtliche Sünden auf sich, die wir begangen haben. So war es klar im Alten Testament vorausgesagt, in dem Buch Jesaja, das Jahrhunderte zuvor geschrieben worden war. Der Prophet sagte voraus, was dieser »Mann der Schmerzen« für uns tun würde: »Wir alle waren wie Schafe, die sich verlaufen haben; jeder ging seinen eigenen Weg. Ihm aber hat der Herr unsere ganze Schuld aufgeladen« (Jes 53,6).

Der Prophet will unterstreichen, daß wir alle ausnahmslos schuldig sind – wir sind alle wie Schafe in die Irre gelaufen. An einer anderen Stelle sagt er, daß unsere Fehltritte eine Trennung zwischen Gott und uns verursachen (Jes 59,1-2). Dies ist einer der Gründe, weshalb Gott uns manchmal in so weiter Ferne erscheint. Zwischen ihm und uns existiert eine Barriere, die uns daran hindert, seine Liebe zu spüren.

Jesus dagegen hat keine einzige Sünde begangen. Er lebte ein vollkommen makelloses Leben. Zwischen ihm und dem Vater gab es keine Barriere. Am Kreuz übertrug Gott unsere Fehltritte (»unsere Schuld«) auf Jesus (»Ihm aber hat der Herr unsere ganze Schuld aufgeladen«). Das ist auch der Grund, weshalb Jesus am Kreuz schrie: »Mein Gott, mein Gott, warum hast du mich verlassen?« (Mk 15,34). In diesem Moment war er von Gott getrennt – nicht etwa wegen seiner eigenen Sünden, sondern wegen unserer.

Nun konnte die Barriere zwischen Gott und uns endlich niedergerissen werden – bei allen, die das, was Jesus für sie tat, für sich geltend machen. Deshalb können wir uns nun sicher sein, daß Gott uns vergeben hat. Wir können uns felsenfest darauf verlassen, daß wir niemals verurteilt werden. Paulus schreibt: »Darum: Wer mit Jesus Christus verbunden ist, braucht das Strafgericht Gottes nicht mehr zu fürchten« (Röm 8,1). Hier liegt der zweite Grund, weshalb wir uns unseres ewigen Lebens absolut sicher sein können: wegen der Befreiung von Schuld, die Jesus durch seinen Tod am Kreuz für uns erreichte.

Das Zeugnis des Heiligen Geistes

Wenn jemand ein Christ wird, hält der Heilige Geist bei ihm Einzug. Insbesondere zwei seiner Funktionen tragen zu unserer Glaubensgewißheit bei:

Erstens arbeitet er an unserem Wesen. Er will unseren Charakter immer mehr an den von Jesus angleichen. Diese Charakterzüge nennt die Bibel »Frucht des Geistes«: »Liebe, Freude, Frieden, Geduld, Freundlichkeit, Güte, Treue, Nachsicht und Selbstbeherrschung« (Gal 5,22-23). Wenn der Heilige Geist in unser Leben kommt, beginnt diese »Frucht« zu reifen.

Unser Wesen wird Veränderungen an den Tag legen, die Außenstehenden auffallen werden, doch diese Veränderungen stellen sich nicht schlagartig ein. Wir haben vor kurzem einen Birnbaum in unserem Garten gepflanzt, und fast jeden Tag gehe ich nach draußen, um zu sehen, ob er schon Frucht trägt. Eines Tages spielte mir ein Freund – der Illustrator dieses Buches – einen Streich. Er hängte einen bombastisch großen Granny-Smith-Apfel in den Baum. Doch nicht einmal ich fiel darauf herein. Meine ehrlicherweise zugegeben sehr begrenzten Gärtnerkenntnisse sagen mir nämlich, daß Obst nicht über Nacht heranreift (und daß Birnbäume keine Äpfel tragen). Mit der Zeit, so hoffen wir, werden andere merken, daß wir liebevoller, froher, friedlicher, geduldiger, gütiger, treuer, nachsichtiger und beherrschter werden.

Nicht nur in unserem Wesen, sondern auch in unseren Beziehungen stellen sich Veränderungen ein, sowohl zwischen uns und Gott als auch zwischen uns und anderen Menschen. Wir entwickeln eine neue Liebe zu Gott, dem Vater, dem Sohn und dem Heiligen Geist. Beispielsweise ruft das Wort »Jesus« neue gefühlsmäßige Reaktionen hervor. Bevor ich Christ wurde, stellte ich das Fernsehen oder Radio meistens ab, wenn von Jesus Christus die Rede war. Nachdem ich Christ wurde, stellte ich es lauter, weil meine Meinung über ihn nun eine völlig andere war. Dies war ein Zeichen meiner neuen Liebe zu ihm.

Unsere Einstellung anderen Menschen gegenüber ändert sich ebenfalls. Oft haben mir frischgebackene Christen erzählt, daß sie plötzlich die Gesichter von Passanten auf der Straße oder im Bus bewußt zur Kenntnis nehmen. Vorher war ihr Interesse gering; nun verspürten sie ein tiefes Mitgefühl für solche, die einen traurigen oder einsamen Eindruck machen. In meinem Fall lag einer der drastischsten Unterschiede in meiner Einstellung anderen Christen gegenüber. Vorher, muß ich gestehen, hatte ich dazu geneigt, allen, die einen christlichen Glauben hatten, aus dem Weg zu gehen. Nachdem ich selbst Christ geworden war, stellte ich fest, daß diese Leute längst nicht so übel waren, wie ich immer gedacht hatte! Ganz im Gegenteil: bald entwickelte ich derartig gute Freundschaften mit anderen Christen, wie ich sie noch nie erlebt hatte.

Neben diesen sichtbaren Veränderungen bringt der Heilige Geist zweitens ein inneres Erfahren von Gottes Nähe mit sich. Er schafft eine tiefe, persönliche Gewißheit, daß wir nun Kinder

Gottes sind (Röm 8,15-16). Dieses Vergewissern erlebt jeder auf seine Weise.

Carl Tuttle ist ein amerikanischer Pfarrer, der aus einer zerrütteten Familie stammt. In seiner Kindheit wurde er seelisch tief verletzt; er war von seinem Vater mißbraucht worden. Nachdem er Christ geworden war, wollte er einmal ganz bewußt darauf hören, was Gott ihm mitzuteilen hatte. Er beschloß, einen ganzen Tag draußen auf dem Land zu verbringen, wo er ungestört beten konnte. An seinem einsamen Fleckchen Erde angekommen, begann er gleich zu beten, doch nach einer Viertelstunde hatte er das Gefühl, als sei es zwecklos. Enttäuscht und deprimiert fuhr er wieder nach Hause. Seiner Frau sagte er, er würde eine Weile mit Zachary, seinem zwei Monate alten Sohn, spielen. Er ging in das Zimmer und nahm den Kleinen hoch. Während er den Säugling in den Armen hielt, spürte er, wie er von einer unglaublichen Liebe zu diesem Baby überwältigt wurde, und ihm kamen die Tränen.

»Zachary«, sagte er zu dem Säugling, »ich hab' dich lieb. Ich hab' dich von ganzem Herzen lieb. Was auch geschehen mag, ich werde dir niemals Schaden zufügen, sondern dich immer nur beschützen. Ich werde immer dein Vater sein, ich werde immer dein Freund sein, ich werde immer für dich sorgen, ich werde immer dein Bestes wollen; und daran wird sich nie etwas ändern, egal, welche Sünden du begehst, und egal, ob du dich von mir oder von Gott abwendest.«

Mit einem Mal war Carl, als sei er in Gottes Armen und Gott sage zu ihm: »Carl, du bist mein Sohn, und ich habe dich lieb. Egal, was du tust, egal, wohin du gehst, ich werde immer für dich sorgen, ich werde dir immer geben, was du brauchst, ich werde dich immer führen.«

Auf diese Weise bezeugte Gottes Geist seinem eigenen Geist, daß er ein Kind Gottes war (Röm 8,16). Der Heilige Geist ist die dritte Stütze unserer Gewißheit, mit Gott in einer Beziehung verbunden zu sein, Vergebung für unsere Sünden zu erhalten und ewiges Leben zu haben. Wir wissen es, weil Gottes Geist es uns klar zeigt – sowohl objektiv, durch den beständigen Veränderungsprozeß unseres Wesens und unserer Beziehungen zu anderen, als auch subjektiv, durch die felsenfeste innere Überzeugung, Kinder Gottes zu sein.

Diese drei Komponenten – das Wort Gottes, das Werk Jesu und das Zeugnis des Heiligen Geistes – verleihen also jenen, die an Jesus glauben, die Gewißheit, Gottes Kinder zu sein und ewiges Leben zu haben.

Diese Gewißheit hat nichts mit Überheblichkeit oder Anmaßung zu tun. Sie beruht auf dem, was Gott verheißen hat, auf dem, was Jesus für uns getan hat, und auf dem, was der Heilige Geist in unserem Leben bewirkt. Und sie hat ungemein wertvolle Auswirkungen: wir brauchen nicht mehr unter der Angst zu leben, Gott könne die Beziehung zu uns aufkündigen, wir dürfen ganz sicher sein, daß unsere Schuld vergeben ist, und wir können jeden Tag in der Gewißheit aufatmen, ewiges Leben schon jetzt zu haben.

Kapitel 5

Warum und wie soll ich die Bibel lesen?

Es war am Abend des Valentintags 1974. Ich war auf einer Party gewesen und saß in meiner Studentenbude, als mein bester Freund mit seiner Freundin – inzwischen sind sie verheiratet – vorbeikam, um mir zu sagen, daß sie Christen geworden seien. Ich schaltete sofort auf Alarmstufe Rot. Ich glaubte, die beiden seien irgendeiner Sekte auf den Leim gegangen und brauchten dringend meine Hilfe.

Ich war zuweilen Atheist und zuweilen jemand, der vorgab, man könne überhaupt nichts sicher erkennen; ich wußte selbst nicht so genau, was ich eigentlich glaubte. Ich war zwar getauft und konfirmiert, aber darauf hatte ich noch nie viel gegeben. In der Schule war ich regelmäßig zur Andacht gegangen und hatte im Religionsunterricht die Bibel durchgenommen. Letztendlich hatte ich das Christsein samt und sonders über Bord geworfen und übte mich darin, es mit schlagfesten (wie ich meinte) Argumenten zu widerlegen.

Nun wollte ich meinen Freunden helfen, und so nahm ich mir vor, das Thema gründlich zu recherchieren. Auf meinem Programm standen der Koran, Karl Marx, der existentialistische Philosoph Jean-Paul Sartre und die Bibel. Eine verstaubte Bibel hatte ich zufällig im Regal stehen; die nahm ich mir gleich an diesem Abend und fing an zu lesen. Ich las das ganze Matthäusevangelium, das Markusevangelium und das Lukasevangelium. Ich kam bis zur Hälfte des Johannesevangeliums, als mir die Augen zufielen. Als ich wieder aufwachte, las ich das Johannesevangelium zu Ende und dann die Apostelgeschichte, den Römerbrief und die beiden Korintherbriefe. Ich war restlos fasziniert von dem, was ich las. Die Bibel war mir nicht neu, aber sie hatte mir zuvor überhaupt nichts bedeutet. Diesmal las ich sie mit neuen Augen, und ich konnte kaum aufhören. Was ich las, erschien mir auf einmal glaubwürdig. Ich wußte, daß ich vor einer Entscheidung stand, denn ich fühlte mich deutlich angesprochen. Kurze Zeit später kam ich zum Glauben an Jesus Christus.

Seitdem ist die Bibel mir zur »Freude« geworden. Der Psalmist schreibt:

> »Wie glücklich ist, wer sich nicht verführen läßt von denen, die Gottes Gebote mißachten, wer sich nicht nach dem Vorbild gewissenloser Menschen richtet und nicht zusammensitzt mit Leuten, denen nichts heilig ist. Wie glücklich ist, wer Freude findet an den Weisungen des Herrn, wer Tag und Nacht in seinem Gesetz liest und darüber nachdenkt. Er gleicht einem Baum, der am Wasser steht; Jahr für Jahr trägt er Frucht, sein Laub bleibt grün und frisch. Ein solcher Mensch hat Erfolg bei allem, was er unternimmt« (Ps 1,1-3).

Diesen Ausdruck »wer Freude findet an den Weisungen des Herrn« finde ich einfach begeisternd. Der Psalmist hatte damals nur die ersten fünf Bücher der Bibel zur Verfügung. Sie waren ihm eine Freude. In diesem Kapitel geht es mir darum, warum und wie die Bibel jedem von uns eine »Freude« werden kann. Mit ihrer Einzigartigkeit möchte ich anfangen.

Erstens ist sie einzigartig beliebt. Man schätzt, daß jährlich 44 Millionen Bibeln verkauft werden und daß jeder amerikanische Haushalt durchschnittlich 6,8 Bibeln besitzt. Ein Artikel in der *Times* trug neulich den Untertitel: »Moderne britische Romanciers und Fernsehromane unter Ferner liefen. Die Bibel ist und bleibt der heißeste Renner.« In dem Artikel hieß es:

> *Wie gewöhnlich war mit Abstand der größte Verkaufsschlager ... die Bibel. Wären die Gesamtziffern der*

Bibelkäufe adäquat in den Bestsellerlisten wiedergege-
ben, dann gäbe es kaum eine Woche, in der ein anderes
Buch der Bibel den Rang abliefe. Es ist herrlich, total
verrückt oder einfach nur rätselhaft in unserer zuneh-
mend gottlosen Zeit – wo das Spektrum der verfügbaren
Bücher mit jedem Jahr größer wird –, daß dieses eine
Buch Monat für Monat wie warme Semmeln weggeht . . .
Schätzungen zufolge werden in Großbritannien jährlich
1 250 000 Bibeln und Testamente gekauft.

Der Autor schließt seinen Artikel mit diesen Sätzen: »*Alle* Versionen der Bibel werden *zu allen Zeiten* gern gekauft. Hat die Bi-
belgesellschaft eine Erklärung dafür? »Wissen Sie, lautet die ent-
waffnende Antwort, es ist eben ein wirklich gutes Buch.«

Zweitens ist sie einzigartig einflußreich. Im Mai 1928 sagte Pre-
mierminister Stanley Baldwin: »Die Bibel ist hochexplosiv. Doch
ihre Vorgehensweise ist unseren Blicken verborgen, und kein
Sterblicher kann ergründen oder erklären, wie dieses Buch es fertiggebracht hat, auf seiner Reise durch die Welt die Seelen ein-

zelner in zehntausend verschiedenen Orten zu einem neuen Leben, einer neuen Welt, einem neuen Glauben, einer neuen Auffassung aufzurütteln.«

Neuerdings interessieren sich immer mehr Menschen für Okkultismus. Man spielt mit Buchstabenbrettern, sieht sich okkulte Filme an, geht zu Wahrsagern und liest Horoskope. Man sucht Kontakte zu der Welt des Übernatürlichen. Das Tragische daran ist, daß diese Menschen mit den übernatürlichen Mächten des Bösen Kontakt aufnehmen, während Gott uns in der Bibel die übernatürlichen Mächte des Guten nahebringen will. Dem lebendigen Gott zu begegnen ist einfach viel schöner, befriedigender und obendrein erheblich klüger.

Drittens ist sie einzigartig kostbar. Vor etwa sechzehn Jahren habe ich mit meiner Familie Urlaub in Zentralasien gemacht, in einem Teil der damaligen Sowjetunion. Bibeln waren dort streng verboten, doch ich hatte etwas an christlicher Literatur sowie einige russische Bibeln im Gepäck. Ich besuchte die Kirchen und hielt Ausschau nach solchen Menschen, die dem Aussehen nach echte Christen zu sein schienen. Damals waren die Gottesdienste nämlich von KGB-Leuten infiltriert. Bei einer Gelegenheit folgte ich einem etwa sechzigjährigen Mann nach dem Gottesdienst auf die Straße. Ich holte ihn ein und tippte ihn auf die Schulter. Niemand war in der Nähe. Ich holte eine meiner Bibeln hervor und reichte sie ihm. Einen Moment lang starrte er mich völlig sprachlos an. Dann nahm er ein Neues Testament aus seiner Tasche, das schätzungsweise hundert Jahre alt war. Die Seiten waren so abgenutzt, daß sie fast durchsichtig waren. Als er begriff, daß er soeben eine vollständige Bibel geschenkt bekommen hatte, war er außer sich vor Freude. Er sprach kein Englisch und ich kein Russisch. Wir umarmten einander, und dann lief er vor Freude hüpfend die Straße entlang, weil er wußte, daß die Bibel das kostbarste Gut auf der Welt ist.

Warum ist sie so beliebt, so einflußreich und so kostbar? Jesus sagte: »In den heiligen Schriften steht: Es muß nicht Brot sein, wovon der Mensch lebt; er kann von jedem Wort leben, das Gott kommt« (Mt 4,4). Das Wort »kommt« ist in der Gegenwartsform und bedeutet soviel wie *ununterbrochen kommend*; das Wort aus

Gottes Mund gleicht demnach einer Quelle, aus dem das Wasser hervorsprudelt, und wie eine Brunnenquelle versiegt es nie. Gott möchte eine lebendige Verbindung mit seinem Volk. Diese erreicht er in erster Linie durch sein eigenes Wort, die Bibel.

Gottes Handbuch fürs Leben – Gott hat uns gemeint

Gott hat durch seinen Sohn Jesus Christus zu uns gesprochen (Hebr 1,2). Das Christentum ist ein offenbarter Glaube. Wir können nichts über Gott in Erfahrung bringen, was er uns nicht offenbart. Gott hat sich in einer Person, nämlich in Jesus Christus, offenbart. Er ist die höchste Offenbarung Gottes.

Unsere hauptsächliche Informationsquelle über Jesus ist Gottes schriftliche Offenbarung, die Bibel. Biblische Theologie sollte immer die Offenbarung Gottes in der Bibel zum Gegenstand haben. Gott hat sich selbst auch durch seine Schöpfung offenbart (Röm 1,19-20; Ps 19). Wissenschaft ist die Erforschung von Gottes Offenbarung in der Schöpfung. Nebenbei bemerkt, sollte es keine Konflikte zwischen Wissenschaft und christlichem Glauben geben; vielmehr ergänzen sich diese beiden Gebiete gegenseitig. Dann spricht Gott auch durch seinen Geist direkt zu den Menschen: durch Prophetie, Träume, Visionen und durch andere Menschen. Diese Dinge werden wir später noch genauer beleuchten, besonders in dem Kapitel über Führung. In diesem Kapitel soll es uns darum gehen, wie Gott durch die Bibel spricht.

Paulus beschrieb die Schriften in der Form, wie sie damals existierten, folgendermaßen: »Alles, was in den heiligen Schriften steht, ist von Gottes Geist eingegeben und verhilft dazu, den Willen Gottes zu erkennen, die eigene Schuld einzusehen, sich Gott wieder zuzuwenden und ein Leben zu führen, das ihm gefällt. So trägt es dazu bei, daß der Mensch, der sich Gott zur Verfügung gestellt hat, zu allem Guten fähig wird« (2 Tim 3,16-17).

Das griechische Wort für *von Gottes Geist eingegeben* ist »theopneustos«, was oft mit *von Gott inspiriert* wiedergegeben wird, doch im ursprünglichen Wortsinn bedeutet es *gottgehaucht*.

Der Schreiber sagt hier, daß Gott selbst in der Schrift redet. Dazu benutzt er natürlich Menschen als Instrument. Die Bibel ist zu hundert Prozent das Werk von Menschen. Sie ist aber zugleich auch zu hundert Prozent das Werk Gottes, genau wie Jesus durch und durch Mensch und zugleich durch und durch Gott ist.

Dies ist die Sicht, mit der Jesus die Schriften seiner Zeit behandelte. Für ihn waren die Aussagen der Schriften identisch mit den Aussagen Gottes (Mk 7,5-13). Wenn Jesus unser Herr ist, dann sollten wir uns seine Sicht der Bibel zu eigen machen. John W. Wenham schreibt: »Der Glaube an Christus als die höchste Offenbarung Gottes geht einher mit dem Glauben an Gottes Urheberschaft der Schriften: im Fall des Alten Testaments durch die direkte Aussage Jesu und im Fall des Neuen Testaments durch Rückschlüsse aus seinen Aussagen.« [26]

Diese hohe Einschätzung der Urheberschaft Gottes zieht sich fast durchgängig durch die gesamte weltweite Kirchengeschichte. Die frühen Theologen der Kirche stimmten damit überein. Irenäus (ca. 130 – 200 n. Chr.) schrieb: »Die Schriften sind vollkommen.« Ebenso bezeichneten die Reformatoren, darunter Martin Luther, die Schriften als unfehlbar. Die Lehrmeinung der römisch-katholischen Kirche ist in den Dokumenten des II. Vatikanischen Konzils niedergeschrieben worden. Ihr zufolge sind die Schriften unter dem direkten Einfluß des Heiligen Geistes entstanden und haben Gott zum Autor. Daher müssen sie als unfehlbar gelten. Diese Lehrmeinung war auch bis zum letzten Jahrhundert für alle protestantischen Kirchen gültig, und obwohl sie heute zuweilen hinterfragt und sogar lächerlich gemacht wird, halten viele namhafte Experten an ihr fest.

Dies bedeutet nicht etwa, daß die Bibel problemfrei wäre. Selbst Petrus fand, daß die Briefe des Paulus stellenweise schwer verständlich seien (2 Petr 3,16). Es gibt moralische und historische Schwierigkeiten sowie einige scheinbare Widersprüche. Einige der schwierigen Stellen lassen sich durch die jeweiligen Zeiten erklären, in denen die Schreiber lebten. Immerhin wurde die Bibel über einen Zeitraum von eintausendfünfhundert Jahren hinweg verfaßt, und zwar von mindestens sechzig Autoren, darunter Könige, Schriftgelehrte, Philosophen, Fischer, Dichter, Staatsmänner, Historiker und Ärzte. Ihre literarischen Formen umfaßten

Geschichtsschreibung, Dichtung, Prophetie, besondere Offenbarungen und Briefe.

Während einige der scheinbaren Widersprüche durch den jeweiligen Textzusammenhang erklärt werden können, ist der Sachverhalt bei anderen weitaus schwieriger. Damit will ich keineswegs behaupten, es sei ein Ding der Unmöglichkeit und wir sollten unseren Glauben an die Urheberschaft Gottes über Bord werfen. Jeder der großen christlichen Lehrsätze bietet ein gewisses Maß an Schwierigkeiten. Beispielsweise läßt sich die Liebe Gottes nur schwer mit dem Elend auf der Welt in Einklang bringen. Dennoch glauben alle Christen an die Liebe Gottes und gehen das Problem des Elends aus dieser Perspektive an. Genauso müssen wir an dem Glauben an die Urheberschaft Gottes festhalten und die schwierigen Textstellen der Bibel mit dieser Vorgabe zu lösen versuchen. Es ist wichtig, daß wir nicht vor den Problemen davonlaufen, sondern sie so zu klären versuchen, daß auch unser Verstand dazu ja sagen kann. Nur so können wir daran festhalten, daß uns die Bibel als Ganze von Gott gegeben ist, auch wenn wir nicht sofort für jede schwierige Stelle eine Erklärung haben.

Wenn wir dies tun, dann wird sich unsere Lebensführung mit der Zeit merklich ändern. Als junger Mann bekam Billy Graham von mehreren Leuten, darunter auch von einem Mann namens Chuck, gesagt: »Man kann nicht alles in der Bibel für bare Münze

nehmen.« Diese Einstellung bereitete Billy Graham großes Kopf-
zerbrechen. John Pollock erzählt in seiner Biographie des Evangelisten, was weiter geschah:

> *Ich ging zurück und holte meine Bibel, und ich ging nach
> draußen in den Mondschein. Und ich kam zu einem
> Baumstumpf und legte die Bibel darauf, und ich kniete
> mich, und ich sagte: »Ach, Gott; ich kann bestimmte
> Dinge nicht beweisen. Ich weiß auf einige der Fragen,
> die Chuck und die anderen stellen, keine Antwort, aber
> ich will dieses Buch glaubend als dein Wort annehmen.«
> Ich blieb bei dem Baumstumpf und betete wortlos, mit
> nassen Augen ... Ich spürte Gottes Gegenwart mit
> großer Deutlichkeit. Ich empfand einen großen Frieden
> darüber, zu der richtigen Entscheidung gekommen zu
> sein.*[27]

Wenn wir gelten lassen, daß die Bibel von Gott gegeben ist, dann
ist ihre Autorität eine logische Folgerung. Wenn sie Gottes Wort
ist, dann muß sie auch die höchste Instanz unseres Glaubens und
unseres Handelns sein. Für Jesus war sie die höchste Autorität,
noch höher als das, was die Gesetzeslehrer seiner Zeit zu sagen
hatten (vgl. Mk 7,1-20), und höher als die Meinung anderer, so
gescheit sie auch sein mochten (vgl. Mk 12,18-27). Das bedeutet
natürlich nicht, daß wir die Lehren der Kirchenleitung und anderer ignorieren sollten, vorausgesetzt, daß diese mit dem offenbar-
ten Wort Gottes übereinstimmen.

Die Bibel sollte unsere Autorität in allen Bereichen von
Glaube und Lebensführung sein. Wie wir gesehen haben, ist
»... alles, was in den heiligen Schriften steht, ... von Gott eingegeben und verhilft dazu, den Willen Gottes zu erkennen, die eigene Schuld einzusehen, sich Gott wieder zuzuwenden und ein
Leben zu führen, das ihm gefällt« (2 Tim 3,16). Erstens ist sie unsere Autorität für das, was wir glauben, indem sie Gottes Willen
lehrt und uns unsere Schuld vor Augen führt.

Zweitens ist sie unsere Autorität für das, was wir tun – unsere
Lebensführung –, indem sie uns hilft, uns Gott wieder zuzuwenden und ein Leben zu führen, das ihm gefällt. Hier erkennen wir,

was in Gottes Augen falsch ist und wie wir ein entschiedenes Leben führen können. Über die Zehn Gebote schreibt Bischof Stephen Neill beispielsweise: »[Sie] ... sind ein brillantes Destillat der Mindestbedingungen, unter denen eine Gesellschaft, ein Volk, eine Nation ein nüchternes, gerechtes und zivilisiertes Dasein führen kann.«[28]

Manche Dinge in der Bibel sind glasklar. Die Bibel sagt uns, wie wir uns in unserem Alltagsleben verhalten sollen, beispielsweise am Arbeitsplatz oder in Krisenzeiten. Wir wissen aus der Bibel, daß das Leben als Single durchaus eine hohe Berufung sein kann (1 Kor 7,7), doch daß dies eher die Ausnahme als die Regel ist; die Ehe ist die allgemeine Lebensform (Gen 2,24; 1 Kor 7,2). Wir wissen, daß sexueller Verkehr außerhalb der Ehe Sünde ist. Wir wissen, daß es gut und richtig ist, uns um eine Arbeitsstelle zu bemühen. Wir wissen, daß es richtig ist, großzügig zu sein und anderen zu verzeihen. Unter anderem gibt uns die Bibel auch Anweisungen dazu, wie wir unsere Kinder erziehen und für unsere älteren Verwandten sorgen sollen.

Manche sagen: »Mit diesem Vorschriftenbuch will ich nichts zu tun haben. Es engt mich zu sehr ein mit seinen Regeln und Verboten. Ich will frei sein. Wenn man nach der Bibel lebt, kann man das Leben nicht mehr frei genießen.« Aber stimmt das wirklich? Beraubt die Bibel uns unserer Freiheit? Oder wird sie uns durch das Wort Gottes nicht eigentlich erst geschenkt? Regeln und Vorschriften können in der Tat Freiheit schaffen und die Lebensqualität verbessern.

Vor mehreren Jahren sollte ein Fußballspiel mit zweiundzwanzig kleinen Jungs stattfinden, darunter auch einer meiner Söhne, der damals acht Jahre alt war. Schiedsrichter sollte mein Freund Andy sein, der das ganze Jahr lang mit den Jungs trainiert hatte. Leider war er um halb drei noch nicht zur Stelle. Die Jungs konnten nicht länger auf ihn warten. Den Job des Schiedsrichters bekam ich aufgedrängt. Dabei ergaben sich mehrere Probleme: Ich hatte keine Trillerpfeife; die Felder waren nicht markiert; ich kannte die übrigen Mitspieler nicht beim Namen; sie trugen keine Mannschaftstrikots, so daß ich nicht wußte, wer zu welcher Mannschaft gehörte; und ich kannte mich mit den Spielregeln längst nicht so gut aus wie ein paar der Jungs selbst.

Aus dem Spiel wurde bald ein völliges Chaos. Manche schrien, der Ball sei im Feld. Andere schrien »Abseits!« Ich wußte selbst nicht genau, was los war, und ließ das Spiel einfach weiterlaufen. Dann fingen die Fouls an. Hier wurde »Foul!« geschrien, dort »Kein Foul!« Ich hatte keine Ahnung, wer im Recht war, und ließ die Jungs weiterspielen. Dann hatten wir die ersten Verletzten. Als Andy endlich eintraf, lagen drei Jungs verletzt am Boden, während die übrigen lautstark schimpften – in erster Linie auf mich! Doch kaum war Andy da, als er auch schon die Trillerpfeife blies, die Mannschaften organisierte, ihnen die Grenzen des Fußballplatzes klarmachte und alles vollkommen unter Kontrolle gebracht hatte. Jetzt konnten die Jungs nach Herzenslust loskicken.

Hatten die Jungs ohne die Regeln mehr Freiheit oder weniger? Ohne eine effektive Autorität konnten sie tun und lassen, was ihnen einfiel. Das Ergebnis war Tohuwabohu und Verletzungen. Die Jungs hatten viel mehr Spaß, als sie wußten, wo die Grenzen lagen. Innerhalb dieser Grenzen konnten sie dann ihr Spiel so richtig genießen.

In mancher Hinsicht ist es mit der Bibel genauso. Die Bibel ist Gottes Regelbuch. Er sagt uns, was »im Feld« bzw. »Draußen« ist. Er sagt uns, was erlaubt ist und was nicht. Wenn wir die Spielregeln beachten, dann ernten wir Freiheit und Freude. Übertreten wir sie aber, dann gibt es Verletzte. Wenn Gott sagt: »Du sollst nicht töten«, dann wollte er uns damit nicht etwa die Suppe versalzen. Er sagte nicht: »Du sollst nicht ehebrechen«, weil er ein Spielverderber ist. Er möchte nicht, daß Menschen verletzt werden. Wenn jemand den Ehepartner und die Kinder verläßt, um Ehebruch zu begehen, gehen Menschenleben in die Brüche.

Die Bibel ist Gottes Eröffnung seines Willens für sein Volk. Je mehr wir von seinem Willen entdecken und in die Tat umsetzen, desto freier werden wir sein. Gott hat uns gemeint. Wir müssen auf das hören, was er gesagt hat.

Gottes Liebesbrief – Gott meint uns

Für manche ist die Bibel einfach nur ein abgegriffener Ratgeber für den Alltag. Sie glauben durchaus, daß Gott sie gemeint hat, und sie lesen stundenlang in der Bibel. Sie analysieren sie und lesen Kommentare dazu (was durchaus nicht verkehrt ist), doch sie scheinen nicht zu wissen, daß Gott nicht nur in der Vergangenheit gesprochen hat, sondern daß er auch heute noch durch die Worte der Bibel zu uns spricht. Gott möchte eine lebendige Beziehung zu uns. Er möchte uns täglich durch sein Wort ansprechen. Die Bibel ist also nicht nur eine Art Straßenverkehrsordnung für unser Leben, sondern auch ein Liebesbrief.

Die Hauptabsicht der Bibel ist es, uns zu zeigen, wie wir durch Jesus Christus in enger Verbundenheit mit Gott leben können. Jesus sagte: »Ihr forscht in den heiligen Schriften und seid überzeugt, in ihnen das ewige Leben zu finden – und gerade sie weisen auf mich hin. Aber ihr seid nicht bereit, zu mir zu kommen, um das Leben zu finden« (Joh 5,39-40).

Dr. Christopher Chavasse, ehemaliger Bischof von Rochester, sagte einmal:

> *Die Bibel ist das Porträt unseres Herrn Jesu Christi. Die Evangelien stellen die eigentliche Figur des Porträts dar. Das Alte Testament bildet den Hintergrund, vor dem die göttliche Gestalt steht und auf die es hinweist; es ist für das Gemälde als Ganzes unerläßlich. Die Briefe dienen als Gewänder und Ausstattung der Figur; sie erläutern und beschreiben sie. Während wir nun das Porträt in seiner Gesamtheit betrachten, indem wir die Bibel lesen, geschieht das Wunder: Die Figur wird lebendig und tritt aus der Leinwand des geschriebenen Wortes hervor, der ewige Christus aus der Emmaus-Geschichte wird auch unser Bibellehrer, um uns alles, was die Schriften über ihn voraussagten, persönlich auszulegen.*

Es nützt uns nichts, die Bibel zu lesen, wenn wir dabei nicht zu Jesus Christus finden, wenn wir ihm beim Lesen nicht persönlich begegnen. Martin Luther nannte die Bibel eine Krippe, in der das

Jesuskind liegt; wir sollten vor lauter Staunen über die Krippe nicht vergessen, das Kind selbst anzubeten.

Unsere Beziehung zu Gott ist eine beiderseitige. Wir sprechen ihn im Gebet an, und er spricht uns auf vielfältige Weise an, besonders aber durch die Bibel. Gott spricht durch das, was er gesprochen hat. Der Schreiber des Hebräerbriefes sagt von den Zitaten aus dem Alten Testament: »Darum gilt, was der heilige Geist *sagt*« (Heb 3,7; Hervorhebung durch den Autor). Der Heilige Geist hat nicht nur in der Vergangenheit gesprochen. Er spricht auch jetzt durch das, was er damals gesagt hat. Genau das macht die Bibel so lebendig. Um wiederum mit Martin Luther zu sprechen, ist die Bibel lebendig – sie spricht zu mir; sie hat Füße, um mir nachzulaufen; sie hat Hände, um mich damit zu packen.

Was passiert, wenn Gott spricht?

Erstens bringt er denen Glauben, die noch nicht seine Kinder sind.

Paulus sagt: »Der Glaube entsteht also aus der Botschaft, die verkündet wird; die Botschaft aber kommt aus dem Wort, das Christus selbst spricht« (Röm 10,17). Es passiert oft, daß Menschen beim Lesen der Bibel zum Glauben an Jesus Christus kommen. Bei mir ist es, wie ich eben erzählt habe, genauso gelaufen.

David Suchet, ein führender Shakespeare-Schauspieler und durch seine Titelrolle in *Poirot* sehr bekannt, erzählt die Geschichte, wie er vor Jahren in einem amerikanischen Hotel beim Baden plötzlich ganz spontan das Bedürfnis hatte, die Bibel zu lesen. Es gelang ihm, eine Gideon-Bibel aufzutreiben, und er begann das Neue Testament zu lesen. Beim Lesen kam er zum Glauben an Jesus Christus. Er schreibt folgendes:

> *Aus unerfindlichen Gründen hatte ich das Bedürfnis, wieder in der Bibel zu lesen. Das ist das Wichtigste an meiner Bekehrung. Bei der Apostelgeschichte fing ich an und las dann die Briefe des Paulus an die Römer und Korinther. Erst danach las ich die Evangelien. Im Neuen Testament entdeckte ich plötzlich den Leitfaden fürs Leben.*[29]

Zweitens spricht er Christen an.

Die Bibel hat einen umwandelnden Effekt auf unsere Beziehung zu Gott durch Jesus Christus. Paulus schreibt: »Wir alle sehen mit unverhülltem Gesicht die Herrlichkeit des Herrn. Dabei werden wir selbst in das verwandelt, was wir sehen, und bekommen mehr und mehr Anteil an seiner Herrlichkeit. Das bewirkt der Herr durch seinen Geist« (2 Kor 3,18). Beim Lesen der Bibel begegnen wir Jesus Christus. Ist es nicht einfach wunderbar, daß wir mit der Person, über die wir im Neuen Testament lesen, mit diesem Jesus Christus ein Gespräch führen können? Er redet mit uns – nicht unbedingt akustisch wahrnehmbar, sondern in unserem Herzen –, während wir die Bibel lesen. Wir werden seine Botschaft hören. Und während wir Zeit in seiner Gegenwart verbringen, werden wir ihm wesensmäßig immer ähnlicher.

Die Zeit in seiner Gegenwart, das Hören auf seine Stimme bringt viel Segen mit sich. Oft schenkt er uns Freude und Frieden, sogar wenn wir mitten in einer Krise stecken (Ps 23,5). Wenn wir nicht sicher sind, welche Richtung wir einschlagen sollen, führt Gott uns oft durch sein Wort (Ps 119,105). Das Buch der Sprichwörter sagt uns sogar, daß Gottes Wort unseren Körper heilen kann (Spr 4,22).

Darüber hinaus gibt uns die Bibel ein Schutzschild gegen geistliche Angriffe. Wir haben nur einen einzigen ausführlichen Bericht von der Versuchung Jesu. Zu Beginn seines öffentlichen Wirkens war Jesus einer scharfen Attacke des Teufels ausgesetzt (Mt 4,1-11). Jeder Versuchung begegnete Jesus mit einem Vers aus der Heiligen Schrift.

Gottes Wort besitzt eine große Macht. Der Schreiber des Hebräerbriefes sagt: »Das Wort Gottes ist lebendig und wirksam. Es ist schärfer als jedes zweischneidige Schwert, es dringt durch und trennt Seele und Geist, Mark und Bein. Es zieht die geheimsten Wünsche und Gedanken der Menschen zur Rechenschaft« (Heb 4,12). Ich erinnere mich, wie ich einmal Philipper 2,4 las: »Verfolgt nicht eure eigenen Interessen, sondern seht auch auf das, was den anderen nützt.« Ich hatte das Gefühl, wie von einem Pfeil getroffen zu sein, als mir klar wurde, wie selbstsüchtig ich gewesen war. Auf diese und auf vielerlei andere Weisen spricht Gottes Wort zu uns.

Manchmal spricht Gott auf ganz bestimmte Weise zu uns. Mit mir sprach er einmal sehr klar über meinen Vater, nachdem dieser am 21. Januar 1981 gestorben war. Ich war sieben Jahre zuvor Christ geworden, und anfangs waren meine Eltern über diesen Schritt schier entsetzt gewesen. Mit der Zeit begannen sie eine Veränderung an mir festzustellen. Meine Mutter wurde lange vor ihrem Tod überzeugte Christin. Mein Vater war ein schweigsamer Mann. Zu Anfang konnte er sich nicht für meine Entscheidung für Christus erwärmen. Nach und nach taute er jedoch auf. Sein Tod kam sehr überraschend. Was mir daran aber am meisten zu schaffen machte, war die Unsicherheit, ob er Christ gewesen war oder nicht.

Genau zehn Tage nach seinem Tod las ich in der Bibel. Ich hatte Gott an diesem Tag gebeten, mir etwas über meinen Vater mitzuteilen, weil ich mich noch immer um ihn sorgte. Es ergab sich so, daß ich gerade im Römerbrief las, wo ich über den Vers stolperte: »Wer sich zum Herrn bekennt, wird gerettet« (Röm 10,13). Ich hatte das Gefühl, als wollte Gott mir sagen, dieser Vers treffe auf meinen Vater zu; daß er sich zum Herrn bekannt hatte und »gerettet« worden war. Etwa fünf Minuten später kam meine Frau Pippa zu mir ins Zimmer und sagte: »Ich habe einen Vers in Apostelgeschichte 2,21 gelesen, und ich glaube, er trifft auf deinen Vater zu. Da steht: Wer sich dann zum Herrn bekennt und seinen Namen anruft, wird gerettet.« Dies war beachtlich, denn diese Aussage findet sich an nur zwei Stellen im Neuen Testament, und Gott hatte uns beiden die sinngleichen Worte zur gleichen Zeit an verschiedenen Bibelstellen gegeben.

Drei Tage später gingen wir zu einer Bibelarbeit, die bei einem Freund zu Hause stattfand, und der Text war Römer 10,13, also der gleiche Vers. So sprach Gott dreimal innerhalb von drei Tagen durch die gleichen Worte in bezug auf meinen Vater zu mir. Als ich aus der U-Bahn kam, fiel mein Blick auf ein riesiges Plakat, auf dem zu lesen stand: »Wer sich zum Herrn bekennt, wird gerettet« (Röm 10,13). Ich weiß noch, wie ich einem Freund dies alles erzählte und er antwortete: »Hast du nicht auch den Eindruck, daß der Herr mit dir reden will?«

Je mehr Gott mit uns redet und wir es lernen, auf seine Stimme zu hören, desto inniger wird unsere Beziehung zu ihm, und unsere Liebe zu ihm wächst.

Wie hören wir Gottes Stimme konkret in der Bibel?

Zeit ist unser kostbarstes Gut. Das Leben wird immer hektischer, und wir geraten unter immer größeren Zeitdruck. Einem Sprichwort zufolge ist Geld gleich Macht, aber Zeit ist Leben. Wenn wir uns Zeit für die Bibel nehmen wollen, müssen wir das konkret in unseren Tagesablauf einbauen. Tun wir das nicht, werden wir nie dazu kommen. Verlieren Sie nicht den Mut, wenn Sie mit Ihrem Plan nur 80 % Erfolg haben. Manchmal verschlafen wir halt!

Am besten setzt man sich ein realistisches Ziel. Nehmen Sie sich nicht zuviel vor. Es ist besser, jeden Tag ein paar Minuten mit der Bibel zu verbringen als anderthalb Stunden am ersten Tag, um dann aufzugeben. Wenn Sie die Bibel noch nie gelesen haben, nehmen Sie sich vielleicht täglich sieben Minuten dafür. Mit der Zeit wird daraus garantiert mehr, wenn Sie dies regelmäßig tun. Je mehr Sie sich mit Gottes Wort beschäftigen, desto mehr werden Sie sich dafür interessieren.

Markus erzählt uns, daß Jesus früh aufstand und einen *einsamen* Ort aufsuchte, um dort zu beten (Mk 1,35). Es ist wichtig, daß wir uns einen Platz suchen, wo wir allein sein können. Draußen auf dem Land gehe ich am liebsten dazu ins Freie. In London ist es schon schwieriger, einen ungestörten Ort zu finden. Ich habe eine Zimmerecke, wo ich die Bibel lese und bete. Für mich ist der frühe Morgen am günstigsten, bevor die Kinder aufstehen und das Telefon losklingelt. Ich nehme mir eine Tasse heißen Kakao (zum Wachwerden), die Bibel, meinen Terminkalender und ein Notizbuch mit. Das Notizbuch benutze ich dazu, Gebete und andere Dinge aufzuschreiben, von denen ich glaube, daß Gott sie mir sagt. Der Terminkalender hilft mir dabei, für jede Phase meines Tages zu beten; außerdem notiere ich hier Dinge, die mir spontan einfallen. Wenn sie einmal notiert sind, können sie mich nicht mehr vom Gebet ablenken.

Bevor Sie anfangen, bitten Sie Gott, daß er Sie durch den Bibeltext anspricht, den Sie vor sich haben. Dann lesen Sie den Text. Wenn Sie Anfänger sind, würde ich Ihnen vorschlagen, täglich einige Verse aus einem der Evangelien zu lesen. Vielleicht finden Sie es hilfreich, eine der Auslegungen dazu zu lesen, die in den meisten christlichen Buchhandlungen erhältlich sind.

Stellen Sie sich beim Lesen diese drei Fragen:

- Was sagt der Text aus? Lesen Sie ihn mindestens einmal durch und vergleichen Sie, wenn nötig, verschiedene Übersetzungen.
- Was bedeutet er? Welche Bedeutung hatte er für den Schreiber und für alle, die ihn zuerst lasen? (Hier könnten die Auslegungen nützlich sein.)
- Wie wende ich diesen Text auf mich selbst an, auf meine Familie, meine Nachbarn, die Gesellschaft um mich her? (Dies ist die wichtigste Phase. Wenn wir die Bedeutung der Bibel für unser eigenes Leben entdecken, wird das Lesen zu einer aufregenden Sache, und wir merken, daß wir die Stimme Gottes hören.)

Schließlich müssen wir das Gelesene in die Tat umsetzen. Jesus sagte: »Wer meine Worte hört und sich nach ihnen richtet, wird am Ende dastehen wie ein Mann, der überlegt, was er tut, und deshalb sein Haus auf felsigen Grund baut« (Mt 7,24). Der Prediger D. L. Moody, der im vergangenen Jahrhundert lebte, pflegte zu sagen: »Die Bibel wurde uns nicht gegeben, um unser Wissen zu vermehren. Sie wurde uns gegeben, um Menschenleben zu verändern.«

Zum Schluß dieses Kapitels möchte ich Psalm 1 noch einmal aufgreifen, mit dem wir es begonnen hatten. Der Psalmist möchte, daß wir Freude an Gottes Weisungen finden. Wenn wir das tun, dann hat dies, so sagt er, bestimmte Auswirkungen auf unser Leben.

Erstens werden wir Frucht bringen. Der Psalmist schreibt: »Er gleicht einem Baum, der am Wasser steht; Jahr für Jahr trägt er Frucht« (V.3). Diese Verheißung besagt, daß unser Leben Frucht tragen wird: die Frucht des Geistes, von der in Kapitel 4 die Rede war. Auch in bezug auf das Leben anderer werden wir Frucht bringen. Wir lesen die Bibel nicht nur zu unserem eigenen Nutzen, sondern auch, um mehr und mehr ein Segen auch für andere zu werden – Freunde, Kollegen, Nachbarn und die Gesellschaft, in der wir leben. Dies ist Frucht, die Ewigkeitswert hat (Joh 15,16).

Zweitens werden wir Ausdauer für unseren Glaubensweg bekommen. Wer seine Freude an den Weisungen Gottes hat, dem wird versprochen, daß er einem Baum gleichen wird, dessen Laub »grün und frisch« bleibt (Vers 3).

Wenn wir uns durch das Lesen der Bibel dicht an Jesus Christus halten, werden wir nicht ausdorren oder unsere geistliche Dynamik verlieren. Geistliche Höhenflüge reichen nicht aus, obwohl diese durchaus wichtig und schön sein können. Wenn wir nicht tief in Jesus Christus verankert sind, in seinem Wort und in unserer Beziehung zu ihm, können wir den Stürmen des Lebens nicht standhalten. Wenn wir aber in dieser Beziehung verankert sind, wenn wir Freude an seinem Wort haben, dann können uns die Stürme nichts anhaben.

Drittens sagt der Psalmist, daß der, dessen Freude das Wort Gottes ist, Erfolg bei »allem, was er unternimmt«, hat (Vers 3).

Damit ist nicht etwa finanzieller Erfolg gemeint, sondern Erfolg in den Dingen, auf die es im Leben wirklich ankommt: in unserer Beziehung zu Gott, in unseren Beziehungen zu anderen Menschen und in der Umwandlung unseres Wesens auf die Wesensgleichheit mit Jesus Christus hin. Diese Dinge sind weitaus wertvoller als materieller Reichtum.

Ich hoffe, Sie werden sich mit dem Psalmisten und Millionen anderer Christen dazu entschließen, Freude an der Bibel zu haben.

Kapitel 6

Warum und wie bete ich?

Umfragen haben ergeben, daß drei Viertel der Bevölkerung des skeptischen, verweltlichten Großbritannien mindestens einmal pro Woche beten. Bevor ich Christ wurde, betete ich zwei Sorten von Gebet. Erstens sagte ich das Gebet auf, das ich als Kind von meiner Großmutter (die übrigens nicht in die Kirche ging) beigebracht bekommen hatte: »Lieber Gott, segne Mami und Papa ... und alle anderen Leute auch, und mach, daß ich ein lieber Junge bin. Amen.« Nichts gegen dieses Gebet, nur war es eine leere Floskel für mich, die ich jeden Abend vor dem Einschlafen aufsagte; ich war zu abergläubisch, um es jemals auszulassen, weil ich die schlimmsten Folgen befürchtete.

Zweitens betete ich, wenn es mir schlecht ging. Zum Beispiel reiste ich mit siebzehn Jahren allein durch die USA. Irgendwie schaffte es die Busgesellschaft, daß mein Rucksack mitsamt meiner Kleidung, meinem Geld und meinem Adreßbuch verlorenging. Ich stand total ratlos da. In Key West durfte ich zehn Tage in dem Zelt eines Alkoholikers übernachten. Danach wurde das Gefühl der Einsamkeit und Verzweiflung immer größer, während ich tagsüber in diversen amerikanischen Städten herumlief und nachts im Bus schlief. Eines Tages, als ich wieder einmal durch die Straßen trottete, schrie ich in meiner Not zu Gott (an den ich nicht glaubte) und betete, daß ich irgendwie einen Bekannten treffen würde. Wenig später stieg ich um sechs Uhr morgens in Phoenix (Arizona) in einen Bus, in dem ein alter Schulkamerad von mir saß. Er lieh mir Geld, und wir reisten ein paar Tage lang zusammen. Plötzlich sah die Welt ganz anders aus. Als Gebetserhörung betrachtete ich dieses Zusammentreffen allerdings nicht; höchstens als einen Zufall. Seitdem ich Christ bin, staune ich nicht selten darüber, wie viele Zufälle sich ereignen, wenn wir beten!

Was ist Gebet?

Gebet ist die wichtigste Betätigung unseres Lebens. Unsere Beziehung zu unserem Vater im Himmel entwickeln wir in erster Linie durch Gebet. Jesus sagte: »Wenn du beten willst, dann geh in dein Zimmer, schließ die Tür zu und bete zu deinem Vater, der im Verborgenen ist« (Mt 6,6). Es handelt sich um eine Beziehung, nicht um ein Ritual. Gebet ist keine Flut mechanisch dahergesagter Worte. Jesus sagte: »Wenn ihr betet, dann leiert nicht endlos Gebetsworte herunter wie die Heiden« (Mt 6,7). Gebet ist ein Gespräch mit unserem Vater im Himmel, ein vertikaler Austausch, kein horizontaler. Ein kleiner Junge brüllte einmal aus Leibeskräften: »Lieber Gott, bitte mach, daß ich eine große Schachtel Pralinen zum Geburtstag kriege!« Seine Mutter ermahnte ihn: »Deshalb brauchst du doch nicht so zu schreien! Gott ist schließlich nicht schwerhörig.« Worauf der kleine Junge antwortete: »Nein, der nicht, aber Opa, und der sitzt nebenan.« Wenn wir beten, wenden wir uns nicht an andere Menschen, auch nicht an uns selbst, sondern an Gott. Gebet dreht sich also um Beziehungen, und wenn wir beten, ist die gesamte Dreieinigkeit daran beteiligt.

Christen beten »unser Vater«

Jesus lehrte uns die Anrede »Unser Vater im Himmel« (Mt 6,9). Gott ist ein persönlicher Gott. Wie C. S. Lewis bemerkt hat, ist er selbstverständlich über alle charakterhafte Persönlichkeit erhaben, doch er ist und bleibt ein persönlicher Gott. Der Mensch wurde im Bild Gottes erschaffen. Unser »Person-Sein« spiegelt etwas von der Natur Gottes wider. Er ist unser liebender Vater, und es ist ein immenses Vorrecht, in seine Gegenwart treten zu dürfen, um ihn »Abba« zu nennen. »Abba« ist das aramäische Wort für *Papa* oder *Papi*. Unsere Beziehung zu Gott und unser Gebet zu unserem Vater im Himmel ist von einer großen Vertrautheit geprägt.

Gott ist nicht nur »unser Vater«, sondern auch »unser Vater im Himmel«. Er besitzt übernatürliche Macht. Wenn wir beten, sprechen wir mit dem Schöpfer des Universums. Am 20. August 1977 schoß Voyager II mit einer höheren Geschwindigkeit als eine Revolverkugel (144 000 km/h) ins All, um Daten im äußeren Planetensystem zu sammeln und zur Erde zu übermitteln. Am 28. August 1989 erreichte er den Planeten Neptun, der 4,3 Milliarden Kilometer von der Erde entfernt ist. Danach verließ Voyager II das Sonnensystem. Er wird die nächsten 958 000 Jahre lang kein Lichtjahr an einen Stern herankommen. In unserer Galaxie gibt es 100 Milliarden Sterne wie unsere Sonne. Unsere Galaxie ist nur eine von 100 Milliarden Galaxien. Im Buch Genesis erwähnt der Schreiber wie beiläufig: »Er machte ... dazu auch alle Sterne« (Gen 1,16). So groß ist seine Macht. Der christliche Schriftsteller Andrew Murray sagte einmal: »Die Macht des Gebets hängt fast ausschließlich von unserem Verständnis dessen ab, mit wem wir da eigentlich sprechen.«

Wenn wir beten, haben wir es mit einem Gott zu tun, der sowohl jenseits von allem ist, was wir uns vorstellen können, als auch ganz diesseits. Er ist unendlich viel größer und mächtiger als das Universum, das er erschaffen hat, und dennoch ist er hautnah bei uns, wenn wir beten.

Christen beten »durch den Sohn«

Paulus schreibt: »Durch ihn [Jesus] dürfen wir beide, Juden und Nichtjuden, in einem Geist vor Gott, den Vater, treten« (Eph 2,18). Jesus sagte: »Was ihr vom Vater unter Berufung auf mich erbittet, wird er euch geben« (Joh 15,16). Aus uns selbst her haben wir keinerlei Recht, zu Gott zu kommen, sondern nur »durch ihn [Jesus]« und »unter Berufung auf mich [Jesus]«. Darum sagt man auch zu Ende eines Gebets: »Durch unseren Herrn Jesus Christus bete ich dies« oder: »Im Namen Jesu«. Dies ist keine bloße Floskel; es ist unsere Anerkennung der Tatsache, daß wir einzig durch Jesus Zugang zu Gott haben.

Es war Jesus, der durch seinen Tod am Kreuz die Barriere zwischen uns und Gott aus dem Weg geräumt hat. Er ist unser großer Hohepriester. Daher birgt der Name Jesus auch eine solche Macht.

Der Wert eines Schecks hängt nicht nur von dem Betrag ab, sondern auch von dem Namen, mit dem er unterschrieben ist. Wenn ich einen Scheck über zehn Millionen Pfund schriebe, wäre er wertlos; wenn dagegen der Sultan von Brunei, angeblich der reichste Mann der Welt, einen Scheck über zehn Millionen Pfund ausschreibt, dann ist dieser haargenau diesen Betrag wert. Wenn wir zur Himmelsbank kommen, haben wir keine eigene Spareinlage dort. Trete ich unter meinem eigenen Namen an den Schalter, so bekomme ich nichts; doch Jesus Christus hat unbegrenzte Kredite im Himmel. Er hat uns das Recht gegeben, seinen Namen zu benutzen.

Christen beten »in einem Geist« (Eph 2,18)

Beten fällt uns schwer, doch Gott hat uns nicht im Stich gelassen. Er hat uns seinen Geist gegeben, der in uns wohnt und uns hilft zu beten. Paulus schreibt: »Der Geist Gottes kommt uns dabei zu Hilfe. Wir sind schwach und wissen nicht einmal, wie wir angemessen zu Gott beten sollen. Darum tritt der Geist bei Gott für uns ein mit einem Flehen, das sich nicht in Menschenworten ausdrücken läßt. Aber Gott, der unser Herz kennt, weiß auch, was der Geist ihm sagen will. Denn der Geist tritt so für das Volk Gottes ein, wie es Gott gefällt« (Röm 8,26-27). In einem späteren Kapitel werden wir das Handeln des Geistes näher betrachten. An dieser Stelle soll die Anmerkung genügen, daß Gott, wenn wir beten, durch uns in der Form seines Geistes betet, der in uns Christen wohnt.

Warum beten?

Gebet ist lebensnotwendig. Es gibt viele Gründe, warum wir beten sollten. Erstens bauen wir durch das Gebet unsere Vater-Kind-Beziehung zu unserem Vater im Himmel aus. Manche fragen:

»Gott weiß doch schon längst, was uns fehlt. Warum müssen wir ihn dann noch bitten?« Darauf möchte ich antworten, daß es ohne Gespräch keine Beziehung geben kann. Bitten ist natürlich nicht die einzige Form unseres Umgangs mit Gott. Es gibt auch andere Arten des Gebets: Danksagung, Lob, Anbetung, Sündenbekenntnis, Zuhören etc. Bitten spielen durchaus eine wichtige Rolle. Wo wir Gott um etwas gebeten haben und erleben, wie er unsere Bitte erhört, da wächst unsere Liebe und unser dankbares Vetrauen zu ihm.

Zweitens betete Jesus und wies uns an, es ihm gleichzutun. Jesus lebte non-stop in Verbindung zu seinem Vater. Sein Leben war ein einziges Gebet. Die Bibel erwähnt sein Beten mehrfach (vgl. Mk 1,35; Lk 6,12). Er setzte voraus, daß seine Jünger ebenfalls beteten. Er sagte nicht: »*Falls* ihr betet«, sondern: »*Wenn* ihr betet« (Mt 6,7; Hervorhebung durch den Autor).

Des weiteren, falls wir überhaupt noch zusätzliche Anreize zum Beten brauchen sollten, hat Jesus gelehrt, daß Gebet belohnt wird (Mt 6,6). John Stott schreibt hierzu:

> *Die verborgenen Vorteile des Gebets sind zu zahlreich, um einzeln aufgeführt zu werden. Um mit dem Apostel Paulus zu sprechen, bezeugt der Heilige Geist gemeinsam mit unserem Geist, daß wir in der Tat Gottes Kinder sind, wenn wir »Abba, Vater« rufen, und wir haben die Garantie seiner Vaterschaft und Liebe. Er läßt sein Angesicht über uns leuchten und gibt uns Frieden. Er erfrischt unsere Seele, sättigt unseren Hunger und stillt unseren Durst. Wir wissen, daß wir keine Waisen mehr sind, denn der Vater hat uns an Kindes Statt angenommen; keine verlorenen Söhne mehr, denn er hat uns verziehen; keine Fremdlinge mehr, denn wir sind nach Hause gekommen.*[30]

Und schließlich verändert Gebet nicht nur uns selbst, sondern auch Situationen. Viele Menschen lassen zwar gelten, daß Gebet einen positiven Effekt auf sie selbst hat, doch sie sind skeptisch, ob Gebet die äußeren Umstände oder Dritte beeinflussen kann. Rabbi Daniel Cohn-Scherbok von der Universität Kent schrieb einmal einen Artikel, in dem er die These vertrat, Gott kenne die Zukunft im voraus, weshalb diese unabänderlich sei. Darauf antwortete Clifford Longley, der Religionskorrespondent der *Times*, sehr zutreffend: »Wenn Gott in der ewigen Gegenwart lebt, dann hört er alle Gebete gleichzeitig. Daher kann er ein Gebet von nächster Woche nehmen und auf ein Ereignis anwenden, das vor einem Monat stattfand. Gebete, die nach einem Ereignis gesagt werden, können gehört werden, bevor sie gesprochen werden, und vor dem Ereignis in Betracht gezogen werden.« Anders ausgedrückt, hat Gott die ganze Ewigkeit zur Verfügung, um das Stoßgebet eines Autofahrers zu erhören, der auf einen Baum zurast.

Mehrfach hat Jesus uns zum Bitten aufgefordert. Er sagte: »Bittet, und ihr werdet bekommen! Sucht, und ihr werdet finden! Klopft an, und man wird euch öffnen! Denn wer bittet, der bekommt; wer sucht, der findet; und wer anklopft, dem wird geöffnet« (Mt 7,7-8).

Jeder Christ weiß aus eigener Erfahrung, daß Gott Gebete erhört. Das Christentum läßt sich allerdings nicht auf der Basis von Gebetserhörungen beweisen, da Zyniker diese als Zufälle abtun würden. Doch jede Gebetserhörung stärkt unser Vertrauen auf Gott. Ich führe ein Gebetstagebuch, und es fasziniert mich, zu sehen, wie Gott Tag für Tag, Woche für Woche, Jahr für Jahr meine Gebete erhört hat.

Erhört Gott alle Gebete?

Die oben zitierte Textstelle aus Matthäus 7,7-8 sowie andere Passagen aus dem Neuen Testament scheinen die Erhörung von Gebeten geradezu zu garantieren. Sehen wir uns aber die gesamte Bibel im Zusammenhang an, so sehen wir, daß es seine Gründe hat, warum wir nicht immer bekommen, was wir uns ausgebeten haben.

Unbereinigte Sünde verursacht eine Barriere zwischen uns und Gott: »Meint ihr, der Arm des Herrn sei zu kurz, um euch zu helfen, oder der Herr sei taub und könne euren Hilferuf nicht hören? Nein, sondern wie eine Mauer steht eure Schuld zwischen euch und eurem Gott; wegen eurer Vergehen hat er sich von euch abgewandt und hört euch nicht!« (Jes 59,1-2). Gott verspricht niemandem, der nicht in einer Beziehung mit ihm steht, die Erhörung seiner Gebete. Manchmal erhört er wohl aus reiner Gnade das Gebet eines Ungläubigen (wie in dem Beispiel zu Beginn dieses Kapitels), doch wir haben kein Recht, dies zu erwarten. Wenn jemand sagt: »Ich habe das Gefühl, Gott überhaupt nicht zu erreichen. Es ist, als hebe keiner den Hörer da oben ab«, dann sollten wir ihn als erstes fragen, ob er je Gottes Vergebung durch den gekreuzigten Christus für sich in Anspruch genommen hat. Die Barriere muß entfernt werden, bevor wir von Gott erwarten können, unsere Gebete zu hören und zu erhören.

Selbst bei Christen kommt es vor, daß ihre Freundschaft mit Gott durch Sünde oder Ungehorsam getrübt wird. Johannes schreibt: »Wenn also unser Gewissen uns nicht mehr verurteilen kann, meine Freunde, dann dürfen wir mit Zuversicht zu Gott aufschauen. Wir erhalten von ihm, worum wir bitten, weil wir seine Befehle achten und tun, was ihm gefällt« (1 Joh 3,21-22). Wenn wir uns einer Sünde oder eines Ungehorsams Gott gegenüber bewußt sind, dann müssen wir dies bekennen und uns davon abwenden, damit unsere Freundschaft mit Gott wiederhergestellt werden kann und wir uns voller Zuversicht an ihn wenden können.

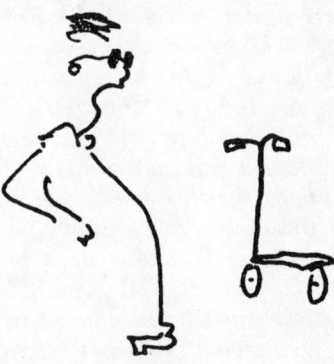

Unsere Motive können ebenfalls ein Hinderungsgrund sein. Nicht jede Bitte um einen Porsche wird erhört! Jakobus, der Bruder Jesu, schreibt:

»Ihr verzehrt euch nach etwas, was ihr gerne hättet. Ihr seid neidisch und eifersüchtig, aber das bringt euch dem ersehnten Ziel nicht näher. Ihr kämpft darum; aber ihr bekommt es nicht, weil ihr Gott nicht darum bittet. Und wenn ihr ihn bittet, bekommt ihr es nicht, weil ihr nur in der Absicht bittet, eure unersättliche Gier zu befriedigen« (Jak 4,2-3).

Ein berühmtes Beispiel eines Gebets mit völlig falschen Motiven ist das von John Ward von Hackney aus dem 18. Jahrhundert:

O Herr, du weißt, daß ich neun Anwesen in der Stadt London besitze, und ebenso, daß ich kürzlich ein unbeschränkt vererbbares Landgut in der Grafschaft Essex erworben habe. Ich bitte dich, die beiden Grafschaften Essex und Middlessex vor Feuer und Erdbeben zu bewahren; und da ich auch eine Hypothek in Herfordshire besitze, flehe ich dich an, auch dieser Grafschaft besonders gnädig sein zu wollen; mit den übrigen Grafschaften mögest du verfahren, wie es dir gefällt.
O Herr, erhalte die Bank zahlungsfähig und gib, daß meine Schuldiger allesamt ehrbare Männer sind. Möge die Seereise der Mermaid von Erfolg und einer unversehrten Rückkehr gekrönt sein, da ich für alle Schäden des Schiffes zu haften habe; und eingedenk deiner Verheißung, die Tage der Übeltäter seien kurz, vertraue ich darauf, daß du diese deine Verheißung nicht vergessen mögest, da ich von diesem lasterhaften jungen Sir J. L. ein Landgut erworben habe, welches nach dessen Tod in meinen Besitz übergehen wird.
Bewahre meine Freunde vor dem Ruin, und bewahre mich vor Dieben und Einbrechern, und mögen alle meine Bediensteten ehrlich und mir so treu ergeben sein, daß sie immerzu meine Interessen wahren und mich niemals um meinen Besitz bringen, weder bei Tag noch bei Nacht.

Manchmal werden Gebete nicht erhört, weil das, was wir uns erbitten, nicht gut für uns wäre. Gott verspricht uns nur Gutes (vgl.

Mt 7,11). Er liebt uns und weiß, was das Beste für uns ist. Ein guter irdischer Vater gibt seinen Kindern auch nicht alles, worum sie ihn bitten. Wenn ein Fünfjähriger mit einem Schnitzmesser spielen will, wird ein guter Vater hoffentlich nein sagen! Auch Gott wird nein sagen, wenn das, worum wir bitten, »entweder an sich ungut ist, oder ungut für uns oder andere, direkt oder indirekt, unverzüglich oder letztendlich«, wie John Stott es einmal ausgedrückt hat.

Die Antwort auf unser Gebet ist entweder »Ja«, »Nein« oder »Später«, und dafür sollten wir extrem dankbar sein. Wenn wir eine Blankovollmacht besäßen, würden wir nie wieder ein Gebet über die Lippen bringen. Der Prediger Martyn Lloyd-Jones hat einmal gesagt: »Ich danke Gott, daß er keineswegs im Begriff ist, mir jeden Wunsch zu erfüllen ... Ich bin Gott vom Grunde meines Herzens dankbar, daß er mir gewisse Dinge, um die ich gebeten habe, nicht gegeben hat und daß er mir gewisse Türen vor der Nase zugeschlagen hat.«[31] Jedem, der schon länger Christ ist, ist diese Sicht der Dinge aus der Seele gesprochen. Ruth Graham, die Frau von Billy Graham, sagte einmal vor einer Zuschauermenge in Minneapolis: »Gott hat nicht alle meiner Gebete erhört. Hätte er es getan, dann hätte ich den Falschen geheiratet – und zwar gleich mehrmals!« In manchen Fällen werden wir in diesem Leben nicht ergründen, warum die Antwort »Nein« lautete.

Aus diesem Grund sind auch die biblischen Verheißungen zur Gebetserhörung manchmal an eine Bedingung geknüpft. Beispielsweise schreibt Johannes: »Wir vertrauen ganz fest darauf, daß Gott uns hört, wenn wir um etwas bitten, *das seinem Willen entspricht*« (1 Joh 5,14; Hervorhebung durch den Autor). Je besser wir Gott kennenlernen, desto besser werden wir seinen Willen kennen und um so mehr werden unsere Gebete erhört werden.

Wie sollen wir beten?

Es gibt keine feste Vorschrift, wie man betet. Gebet ist ein wesentlicher Bestandteil unserer Beziehung zu Gott, und daher dürfen wir mit ihm sprechen, wie wir möchten. Gott will nicht, daß wir sinnlose Phrasen dreschen; er ist an dem interessiert, was in uns vorgeht. Trotzdem finden viele es hilfreich, sich an bestimmten Gebetsformen zu orientieren. Mehrere Jahre lang habe ich die Gedächtnisstütze ACTS benutzt. (»Acts« bedeutet *Handlungen, Taten*, aber auch das biblische Buch der *Apostelgeschichte*; Anm. d. Übers.)

A – »Adoration« (*Anbetung*)
   Ich würdige Gott als den allmächtigen Schöpfer, der er ist, und für das, was er für uns getan hat.
C – »Confession« (*Sündenbekenntnis*)
   Ich bitte Gott um Vergebung für alle Sünden, die ich begangen habe.
T – »Thanksgiving« (*Danksagung*)
   Ich danke Gott für meine Gesundheit, Familie, Freunde etc.
S – »Supplication« (*Fürbitte*)

Ich bete für mich selbst, meine Freunde, für Dritte.
   In letzter Zeit folge ich aber häufiger dem Schema des Vaterunsers (Mt 6,9-13).

Unser Vater in dem Himmel (Vers 9)

An einer anderen Stelle in diesem Kapitel war schon die Rede von der Bedeutung dieser Anrede. In diesem Abschnitt danke ich Gott für die Attribute, die ihn beschreiben, für meine Beziehung zu ihm und für die Art und Weise, wie er meine Gebete erhört hat.

Dein Name werde geheiligt (Vers 9)

Im Hebräischen beinhaltete ein Eigenname einen Bezug auf den Charakter des Namensträgers. Wer betet, daß Gottes Name geheiligt werde, möchte, daß man seinem Namen Respekt entgegenbringt. Wenn wir uns in unserer Gesellschaft umblicken, stellen wir oft fest, daß Gottes Name eher entehrt als geehrt wird; viele Menschen beachten weder ihn noch seine Gesetze. Wir sollten damit anfangen, dafür zu beten, daß Gottes Name in unserem eigenen Leben, in unserer Kirchengemeinde und in der Gesellschaft um uns her geehrt wird.

Dein Reich komme (Vers 10)

Gottes Reich ist seine Herrschaft. Diese Herrschaft wird in aller Vollkommenheit existieren, wenn Jesus wiederkommt. Doch dieses Reich bahnte sich schon einen Weg in die Weltgeschichte, als Jesus zum ersten Mal kam. Jesus dokumentierte die Gegenwart von Gottes Reich in seinem eigenen Leben und Wirken. Wenn wir beten: »Dein Reich komme«, beten wir dafür, daß Gottes Herrschaft sowohl in der Zukunft als auch in der Gegenwart eintritt. Darin enthalten ist das Gebet, daß Menschen zum Glauben kommen, geheilt werden, von bösen Mächten befreit werden, mit dem Heiligen Geist erfüllt werden und die Gaben des Geistes erhalten, damit wir gemeinsam dem König gehorchen und dienen können.

Ich habe einmal gehört, daß D. L. Moody hundert Namen auf eine Liste geschrieben hatte und dafür betete, daß diese Menschen noch zu seinen Lebzeiten zum Glauben kämen. Sechsundneunzig waren bis zu seinem Tod Christen, und die letzten vier wurden bei seiner Beerdigung gläubig.

Eine gläubige Mutter hatte Schwierigkeiten mit ihrem aufmüpfigen Teenager. Er war faul, mißmutig, ein Schieber, Lügner und Dieb. Auch später, als respektierter Anwalt, hatte er nur sein eigenes Vergnügen und möglichst viel Geld im Sinn. Er lebte mit mehreren Frauen zusammen und hatte mit einer davon einen Sohn. Eine Zeitlang schloß er sich einer abwegigen religiösen Sekte an und machte alle möglichen Rituale mit. Die ganze Zeit über hörte die Mutter nicht auf, für ihn zu beten. Eines Tages hatte sie beim Beten eine Art Vision, und sie brach in Tränen aus, weil sie das Licht Jesu Christi in ihrem Sohn sah, und sein Gesicht war völlig verändert. Sie mußte noch neun Jahre lang warten, bis ihr Sohn mit zweiunddreißig Jahren Jesus Christus in sein Leben aufnahm. Der Mann hieß Augustinus. Er sollte einmal einer der bedeutendsten Theologen der Kirchengeschichte werden. Seine Bekehrung schrieb er sein Leben lang den Gebeten seiner Mutter zu.

Dein Wille geschehe auf Erden wie im Himmel (Vers 10)

Dies hat nichts mit Resignation zu tun, sondern mit dem bewußten Abgeben der Last, die wir so oft mit uns herumtragen. Viele Menschen zerbrechen sich den Kopf über anstehende Entscheidungen. Dabei kann es sich um große oder kleinere Dinge handeln, aber wenn wir sichergehen wollen, keinen Fehler zu machen, müssen wir beten: »Dein Wille geschehe.« Der Psalmist schreibt: »Leg dein Schicksal in Gottes Hand; verlaß dich auf ihn, er macht es richtig!« (Ps 37,5). Wenn Sie beispielsweise darüber beten, ob eine Beziehung richtig ist, könnten Sie beten: »Wenn diese Beziehung falsch ist, beende Du sie bitte. Wenn sie richtig ist, dann hilf bitte, daß sie durch nichts beendet werden kann.« Wenn Sie die Beziehung ganz in Gottes Hände gelegt haben, können Sie ihm vertrauen und darauf warten, daß er handelt. (Im nächsten Kapitel werden wir auf das ganze Thema noch näher eingehen.)

Unser täglich Brot gib uns heute (Vers 11)

Vereinzelt wird die Auffassung vertreten, Jesus habe das geistliche Brot des Abendmahls oder das Brot der Bibel gemeint. Das ist zwar nicht ausgeschlossen, aber ich persönlich halte es mit den Reformatoren, die gesagt haben, Jesus rede hier von unseren Grundbedürfnissen. Luther zufolge geht es in diesem Vers um alles, was zur Erhaltung dieses Lebens notwendig ist: Essen, Gesundheit, Schutz vor Wetter, ein Dach über dem Kopf, Haushalt, Familie, eine gute Regierung und Frieden. Gott ist an allem interessiert, was uns beschäftigt. Genau wie ich möchte, daß meine Kinder mit allem, was ihnen Sorgen macht, zu mir kommen, so möchte auch Gott von uns hören, was uns beschäftigt.

Ein Freund von mir erkundigte sich bei einer frischgebackenen Christin, wie ihr Geschäft zur Zeit laufe. »Nicht besonders«, lautete die Antwort. Mein Freund erbot sich, für ihr Geschäft zu beten. Die frischbekehrte Frau antwortete verwundert: »Ich wußte nicht, daß so etwas überhaupt erlaubt ist.« Mein Freund erklärte ihr, daß dies sehr wohl zulässig ist. Sie beteten gemeinsam, und in der folgenden Woche verbesserte sich die Geschäftslage beträchtlich. Das Vaterunser lehrt uns, daß es durchaus nicht falsch ist, für unsere eigenen Belange zu beten, vorausgesetzt, daß Gottes Name, Gottes Reich und Gottes Wille bei uns an erster Stelle stehen.

Und vergib uns unsere Schuld,
wie wir vergeben unsern Schuldigern (Vers 12)

Jesus lehrte uns, Gott um Vergebung für unsere Schuld (also die Vergehen, die wir begangen haben) zu bitten. Nun könnte man einwenden: »Warum müssen wir überhaupt noch um Vergebung bitten? Wenn wir zum Kreuz kommen, ist uns doch automatisch alles Vergangene, Gegenwärtige und Zukünftige vergeben, oder nicht?« Es entspricht durchaus den Tatsachen, wie wir in dem Kapitel über die Ursache für das Sterben Jesu gesehen haben, daß wir Vergebung für sämtliche Sünden erhalten, ob sie nun vergangene, gegenwärtige und zukünftige sind, weil Jesus sämtliche Sünden am Kreuz auf sich genommen hat. Trotzdem hält Jesus uns dazu an zu beten: »Vergib uns unsere Schuld.« Für mich gibt es eine Szene im Neuen Testament (Joh 13), die ziemlich dem entspricht, was ich sagen will. Jesus will an seinen Aposteln einen Sklavendienst verrichten. Petrus protestiert: »Niemals sollst du mir die Füße waschen!« Jesus antwortet: »Wenn ich dir nicht die Füße wasche, hast du keinen Anteil an dem, was ich bringe.« Worauf Petrus sinngemäß sagte: »Wenn das so ist, dann will ich vom Scheitel bis zur Sohle gewaschen werden!« Jesus erklärte ihm: »Wer gebadet ist, der ist ganz rein und braucht sich nur noch die Füße zu waschen.« Dies ist eine bildliche Darstellung von Vergebung. Wenn wir zum Kreuz kommen, werden unsere Sünden von uns gewaschen, und wir finden Vergebung; alles ist bereinigt. Wenn wir dann aber durch die Welt gehen, tun wir immer wieder Dinge, die unsere Freundschaft mit Gott trüben. An seiner Liebe zu uns wird sich zwar niemals etwas ändern, aber unsere Freundschaft mit ihm wird durch den Schmutz beeinträchtigt, der an unseren Füßen haftet. Tag für Tag müssen wir beten: »Herr, vergib uns. Reinige uns von dem Schmutz.« Ein geistliches Vollbad brauchen wir nicht mehr; dafür hat Jesus schon gesorgt, aber eine tägliche Teilwaschung mag durchaus angezeigt sein.

Jesus sagte weiter: »Wenn ihr den anderen verzeiht, was sie euch angetan haben, dann wird auch euer Vater im Himmel euch eure Schuld vergeben. Wenn ihr aber den anderen nicht verzeiht, dann wird euer Vater euch eure Verfehlungen auch nicht vergeben« (Mt 6,14-15). Das soll nicht heißen, daß wir unsere Vergebung verdienen können, indem wir anderen verzeihen. Vergebung kann man durch nichts verdienen. Jesus hat sie für uns am Kreuz erworben. Aber das Zeichen dafür, daß uns vergeben worden ist, besteht darin, daß wir auch anderen bereitwillig vergeben. Tun wir dies nicht, dann läßt sich daraus schließen, daß wir selbst keine Vergebung erlebt haben. Haben wir Gottes Vergebung am eigenen Leib erfahren, dann können wir niemandem unsere Vergebung verweigern.

**Und führe uns nicht in Versuchung,
sondern erlöse uns von dem Bösen (Vers 13)**

Gott versucht uns nicht (Jak 1,13), und er läßt nicht zu, daß wir über unsere Kräfte versucht werden (vgl. Hiob 1-2). Jeder Christ hat Schwachpunkte, sei es Angst, Selbstsucht, Habgier, Stolz, Lüsternheit, Tratschsucht, Zynismus oder andere Dinge. Wenn wir unsere Schwächen kennen, können wir um Schutz dagegen beten und natürlich auch Maßnahmen ergreifen, um übermäßigen Versuchungen aus dem Weg zu gehen. Dieses ganze Thema werden wir in Kapitel 10 noch näher beleuchten.

Wann sollen wir beten?

Das Neue Testament hält uns dazu an, *immer* zu beten (1 Thess 5,17; Eph 6,18). Wir brauchen kein besonderes Gebäude zum Beten. Wir können in der U-Bahn beten, im Bus, im Auto, auf dem Fahrrad, zu Fuß auf dem Bürgersteig, im Bett, mitten in der Nacht, ganz gleich, wo und um welche Zeit. Genau wie bei einer Beziehung, z. B. in einer Ehe, können wir ununterbrochen in Verbindung bleiben. Trotzdem ist es wie in einer Ehe sinnvoll, Zeiten zu planen, wo man sich ganz bewußt zusammensetzt, um miteinander zu reden. Jesus sagte: »Wenn du beten willst, dann geh in dein Zimmer, schließ die Tür zu und bete zu deinem Vater, der im Verborgenen ist« (Mt 6,6). Jesus selbst suchte sich einen einsamen Ort, um dort zu beten (Mk 1,35). Für mich ist es am günstigsten, zu Tagesbeginn, wenn meine Gedanken am klarsten sind, die Bibel zu lesen und zu beten. Eine regelmäßige Zeit ist eine gute Sache. Welche Tageszeit wir uns nun aussuchen, hängt von unseren Umständen und von unserer Veranlagung ab.

Es ist nicht nur wichtig, allein zu beten, sondern auch gemeinsam mit anderen. Dies kann schon in einer kleinen Gruppe von zwei oder drei Leuten geschehen. Jesus sagte: »Wenn zwei von euch auf der Erde gemeinsam um irgend etwas bitten, wird es ihnen von meinem Vater im Himmel gegeben werden« (Mt 18,19). Es kann anfangs sehr schwer sein, im Beisein von anderen laut zu beten. Ich erinnere mich gut an das erste Mal, als ich dies tat, etwa zwei Monate nach meiner Bekehrung. Ich hatte mich mit Zweien meiner besten Freunde zum Beten zusammengesetzt. Wir beteten nur ungefähr zehn Minuten lang, aber als ich mein Hemd danach auszog, konnte man es auswringen! Trotzdem lohnt es sich, wenn man sich überwindet, denn im gemeinsamen Gebet steckt eine große Macht (Apg 12,5).

Das Gebet spielt eine zentrale Rolle im Christsein, weil es beim Christsein um eine Beziehung zu Gott geht. Deshalb gibt es auch in unserem Tagesablauf keine wichtigere Sache als Beten. Ein Sprichwort besagt:

> *Satan lacht, wenn wir reden,*
> *macht sich lustig, wenn wir arbeiten,*
> *aber zittert, wenn wir beten.*

Kapitel 7

Wer ist der Heilige Geist?

An der Uni hatte ich mehrere Freunde, von denen gleich fünf Nicky hießen! Wir trafen uns ziemlich regelmäßig zum Mittagessen. Im Februar 1974 kamen die meisten von uns zum Glauben an Jesus Christus. Schlagartig waren wir Feuer und Flamme für unseren Glauben. Einer der Nickys war allerdings etwas zurückhaltender. Seine Begeisterung schien sich in Grenzen zu halten, was seine Beziehung zu Gott, das Bibellesen und das Beten betraf.

Eines Tages betete jemand für ihn, daß er mit dem Heiligen Geist erfüllt werden sollte. Das geschah auch, und plötzlich war er ein ganz anderer. Sein Gesicht leuchtete nur so vor Freude. Er wurde weithin wegen seiner Ausstrahlung bekannt, und das ist er auch heute noch, Jahre danach. Bei keiner Bibelarbeit, keiner Gebetsversammlung, keiner kirchlichen Veranstaltung in Reichweite fehlte Nicky. Er war liebend gern mit anderen Christen zusammen. Seine Persönlichkeit war einfach magnetisch. Andere fühlten sich zu ihm hingezogen, und er half vielen, zum Glauben zu kommen und mit dem Heiligen Geist erfüllt zu werden, wie er es selbst erlebt hatte.

Was war der Auslöser dieser drastischen Veränderung bei Nicky? Ich bin überzeugt, daß die Antwort lautet: die Begegnung mit dem Heiligen Geist. Viele Menschen wissen einigermaßen Bescheid, was Gott, den Vater, und Jesus, den Sohn, betrifft. Über den Heiligen Geist dagegen herrscht oft große Unwissenheit.

Daher beschäftigen sich drei Kapitel dieses Buches mit der dritten Person der Dreieinigkeit.

Das Wort »Geist« mag dem einen oder anderen vielleicht ein wenig unheimlich anmuten. Der Heilige Geist ist nicht etwa eine Art Gespenst, sondern eine Person. Er besitzt alle Merkmale des Personseins.

Er denkt (Apg 15,28), spricht (Apg 1,16), führt (Röm 8,14) und kann von uns enttäuscht werden (Eph 4,30). Zuweilen wird er als der Geist Christi (Röm 8,9) oder der Geist Jesu (Apg 16,7) beschrieben. Er ist die Form, in der Jesus im Herzen der Christen gegenwärtig ist.

Wer ist der Heilige Geist eigentlich? Im griechischen Urtext wird er als »parakletos« bezeichnet (Joh 14,16). Dieses Wort ist nicht leicht zu übersetzen. Es bedeutet soviel wie einer, der jemandem zur Seite gerufen wird: ein Berater, ein Tröster, ein Helfer. Jesus sagte, daß der Vater einen »anderen« Berater (Tröster, Helfer) schicken werde. Das griechische Wort für einen anderen ist »allon«; dabei unausgesprochen mitgemeint ist ein anderer vom selben Typ. Anders gesagt, ist der Heilige Geist genau wie Jesus.

In diesem Kapitel möchte ich die Person des Heiligen Geistes betrachten: wer er ist und was wir aus der Bibel über ihn lernen können, wenn wir sein Handeln vom Buch Genesis bis zum Pfingsttag verfolgen.

Die Tatsache, daß die Pfingstbewegung zu Anfang dieses Jahrhunderts begonnen hat, könnte zu dem Schluß verleiten, der Heilige Geist sei eine Erscheinung des 20. Jahrhunderts. Dies ist natürlich völlig unrichtig.

Er war an der Schöpfung beteiligt

Gleich in den ersten Versen der Bibel ist von der aktiven Existenz des Heiligen Geistes die Rede: »Am Anfang erschuf Gott Himmel und Erde, die ganze Welt. Auf der Erde war es noch wüst und unheimlich; es war finster, und Wasserfluten bedeckten alles. Über dem Wasser schwebte der Geist Gottes« (Gen 1,1-2).

Im Schöpfungsbericht sehen wir, wie der Geist Gottes neue Dinge ins Leben rief und Chaos in Ordnung überführte. Derselbe Geist ist er auch heute. Er bringt Ordnung und Frieden in chaotische Menschenleben, und er befreit Menschen von zerstörerischen Gewohnheiten, Süchten und den Trümmern zerbrochener Beziehungen.

Als er den Menschen erschuf, »nahm Gott Erde, formte daraus den Menschen und blies ihm den Lebenshauch in die Nase. So wurde der Mensch lebendig« (Gen 2,7). Das hebräische Wort für Lebenshauch ist »ruach«, was zugleich auch *Geist* bedeutet. Der »ruach« Gottes bringt physisches Leben in einen Menschen, der aus Staub gemacht wurde. Parallel dazu bringt er geistliches Leben in Menschen und Kirchen, die beide gleichermaßen staubtrocken sein können!

Vor einigen Jahren unterhielt ich mich mit einem Pfarrer, dessen Dasein und dessen Kirche genau dies gewesen waren: reichlich verstaubt. Eines Tages wurden er und seine Frau mit dem Geist Gottes erfüllt; sie wurden von einer neuen Begeisterung für die Bibel gepackt, und ihr Leben war wie umgekrempelt. Seine Kirchengemeinde strahlte echte Lebendigkeit aus. Sein Sohn, der ebenfalls vom Geist erfüllt worden war, gründete eine Jugendgruppe, welche ein explosives Wachstum an den Tag legte und zu einer der größten weit und breit wurde.

Viele Menschen sind lebenshungrig; sie fühlen sich zu Menschen und Kirchen hingezogen, wo sie den lebendigen Geist Gottes am Werk sehen.

Er erfüllte bestimmte Menschen
zu bestimmten Zeiten zu einem bestimmten Zweck

Wo der Geist Gottes über jemanden kommt, da gerät die Welt in
Bewegung. Der Heilige Geist bringt mehr mit sich als nur ein
prima Gefühl! Er kommt zu einem bestimmten Zweck, und im
Alten Testament sehen wir eine Reihe von Beispielen dafür.

Er erfüllte Menschen mit künstlerischen Talenten. Der Geist
Gottes erfüllte Bezalel, um ihm »Können und Umsicht« zu geben
und ihn »zu jeder künstlerischen Tätigkeit« zu befähigen. Bezalel
konnte »Bilder und Gegenstände entwerfen und sie in Gold, Sil-
ber oder Bronze ausführen, Edelsteine schneiden und fassen und
Holz kunstvoll bearbeiten; in jeder künstlerischen Technik ist er
erfahren« (Ex 31,3-5).

Man kann ein begabter Musiker, Schriftsteller oder Künstler
sein, ohne vom Heiligen Geist erfüllt zu sein. Wenn der Geist
Gottes jedoch Menschen speziell zu diesen Aufgaben erfüllt, dann
bekommt ihre Arbeit nicht selten eine ganz neue Dimension. Sie
hat einen tieferen Effekt auf andere. Dies kann sogar dann zu-
treffen, wenn die angeborene Begabung des Musikers oder Künst-
lers als solche nicht unbedingt überragend ist. Ihre Arbeiten können Menschen auf eine tiefgreifende, lebensveränderte Weise ansprechen. Zweifellos war dies bei Bezalel der Fall.

Der Geist Gottes befähigte auch einzelne zu einer Führungsposition. Während der Zeit der Richter waren die Israeliten oft den Übergriffen fremder Stämme ausgesetzt. Einmal handelte es sich dabei um die Midianiter. Gott berief Gideon zum Anführer der Israeliten. Gideon war sich seiner eigenen Unzulänglichkeit nur zu bewußt, und er fragte: »Wie soll ich Israel befreien? Meine Sippe ist die kleinste im ganzen Stamm Manasse, und ich bin der Jüngste in meiner Familie« (Ri 6,15). Nachdem aber der Geist Gottes Besitz von Gideon ergriffen hatte, wurde er einer der gefeierten Anführer Israels im Alten Testament.

Zu führenden Ämtern beruft Gott nicht selten solche, die sich schwach, unzulänglich und unqualifiziert fühlen. Vom Heiligen Geist erfüllt, werden sie zu herausragenden kirchlichen Führungspersönlichkeiten. Ein weithin bekanntes Beispiel hierfür war Pfarrer E. J. H. »Bash« Nash. Als neunzehnjähriger Versicherungsangestellter war er zum Glauben an Christus gekommen; er war ein Mann, der vom Geist Gottes erfüllt war. John Eddison beschrieb ihn mit folgenden Worten: »Er hatte nichts besonders Beeindruckendes an sich ... Er war weder sportlich noch abenteuerlustig. Er nannte weder akademische noch künstlerische Talente sein eigen.« [32] John Stott, den er zum Glauben führte, sagte über ihn: »So unscheinbar er auch äußerlich wirkte, so loderte die Liebe Christi geradezu in ihm.« Der Nachruf in der nationalen und kirchlichen Presse faßte sein Leben folgendermaßen zusammen:

> *Bash ... war ein stiller, bescheidener Geistlicher, der nie im Rampenlicht der Öffentlichkeit stand, Schlagzeilen machte oder Privilegien verlangte, doch dessen Einfluß innerhalb der Church of England während der vergangenen fünfzig Jahre wohl von niemandem übertroffen wurde, denn es gibt sicherlich Hunderte von Menschen, viele davon in verantwortlichen Positionen, die Gott für ihn danken, wurden sie doch durch ihn zum christlichen Glauben geführt.*

Jene, die ihn gut kannten, und jene, die mit ihm zusammenarbeiteten, rechnen nicht damit, je wieder einem Mann wie ihm zu begegnen; denn es ist selten, daß ein einzelner so vielen Menschen so viel bedeutet hat wie dieser bescheidene, zutiefst gottesfürchtige Mann mit der sanften Stimme.[33]

Andere Beispiele führen uns vor Augen, wie der Heilige Geist Menschen mit besonderen Kräften und Macht ausgestattet hat. Die Geschichte von Simson ist hinreichend bekannt. Die Philister hatten ihn einmal mit Stricken gefesselt. »Da nahm der Geist des Herrn von ihm Besitz, und er befreite sich. Die Stricke an seinen Armen gaben nach, als wären sie vom Feuer versengt« (Ri 15,14).

Was im Alten Testament auf physischer Ebene geschah, gilt im Neuen Testament oft auf geistlicher Ebene. Wir sind nicht konkret durch Stricke gefesselt, sondern eher durch Ängste, Angewohnheiten oder Süchte, die uns gefangenhalten. Wir werden von Jähzorn beherrscht; wir können nicht los von einem Verhaltensschema wie Eifersucht, Neid oder Lüsternheit. Wir sehen unseren machtlosen Zustand erst ein, wenn wir von unserem Verhalten trotz bewußter Versuche nicht loskommen. Als der Geist Gottes über Simson kam, gaben die Stricke nach, und er wurde frei. In gleicher Weise kann der Geist Gottes Menschen heute von allem befreien, was sie fesselt.

Später schauen wir uns noch genauer an, wie der Geist Gottes über den Propheten Jesaja kam, um ihn dazu zu befähigen, »den Armen gute Nachricht zu bringen, den Verzweifelten neuen Mut zu machen, den Gefangenen zu verkünden: Ihr seid frei! Eure Fesseln werden gelöst! … und allen Freude zu bringen, die in Zion traurig sind« (Jes 61,1-3).

Manchmal fühlen wir uns machtlos, wenn wir uns mit den Problemen der Welt konfrontiert sehen. So erging es mir oft, bevor ich Christ wurde. Ich wußte, daß ich jenen, deren Leben ein Trümmerhaufen war, wenig oder keinerlei Hilfe anzubieten hatte. Manchmal ergeht es mir immer noch so. Doch jetzt weiß ich, daß wir mit der Hilfe des Geistes Gottes durchaus etwas anzubieten haben. Der Geist Gottes befähigt uns dazu, mit der guten Nachricht von Jesus Christus zu den Verzweifelten zu gehen; jenen Freiheit zu bringen, die einer verhaßten Abhängigkeit hörig sind; jene zu befreien, die von ihrem eigenen selbstzerstörerischen Handeln in Schach gehalten werden; und jenen den Trost des Heiligen Geistes zu bringen (der schließlich *der* Tröster schlechthin ist), die Kummer oder Trauer leiden. Wenn wir Menschen Hilfe mit Ewigkeitswirkung bringen wollen, können wir das nicht ohne den Heiligen Geist tun.

Er war vom Vater angekündigt

Im Alten Testament haben wir Beispiele für das Wirken von Gottes Geist gesehen. Dieses Wirken war jedoch auf bestimmte Menschen, bestimmte Zeiten und bestimmte Aufgaben begrenzt. Wenn wir durch das Alte Testament blättern, stellen wir fest, daß Gott dort etwas ganz Neues für die Zukunft ankündigt. Das Neue Testament nennt dies »die Verheißung des Vaters«. Die Erwartungshaltung steigert sich. *Was wird Gott unternehmen?*

Im Alten Testament schloß Gott ein Abkommen mit seinem Volk. Er sagte ihnen zu, daß er ihr Gott sein würde und sie sein Volk. Er verlangte von ihnen, seine Gebote zu halten. Traurigerweise stellte das Volk fest, daß es nicht in der Lage war, die Gebote zu halten. Der alte Bund wurde ständig gebrochen.

Gott versprach, eines Tages einen *neuen* Bund mit seinem Volk einzugehen. Dieses Bündnis sollte sich wesentlich von dem ersten unterscheiden: »Der neue Bund, den ich mit dem Volk Israel schließen will, wird völlig anders sein: Ich werde ihnen mein Gesetz nicht mehr auf Steintafeln, sondern in Herz und Gewissen schreiben« (Jer 31,33). Anders ausgedrückt sollte das Gesetz unter dem neuen Bündnis nicht mehr von außen auferlegt, sondern etwas Lebendiges in uns sein. Wenn Sie zu einer langen Wanderung starten, gehen Sie mit Ihrem Proviant im Rucksack los. Der Proviant wiegt schwer auf Ihrem Rücken, und Sie kommen nur langsam vom Fleck. Haben Sie den Proviant aber aufgegessen, dann sind Sie nicht nur das Gewicht von Ihrem Rücken los, sondern Sie haben neue innere Energien. Gott versprach seinem Volk, daß das Gesetz eines Tages nicht mehr eine äußere Last darstellen würde, sondern eine innere Energiequelle. *Aber wie?*

Ezechiel beantwortet diese Frage. Er war ein Prophet, und Gott sprach durch ihn, als er die frühere Weissagung genauer ausführte. »Ich gebe euch ein neues Herz und einen neuen Geist«, ließ er seinem Volk sagen. »Ich nehme das versteinerte Herz aus eurer

Brust und schenke euch ein Herz, das fühlt. Ich erfülle euch mit meinem Geist und mache aus euch Menschen, die nach meinem Willen leben, die auf meine Gebote achten und sie befolgen« (Ez 36,26-27).

Durch den Propheten Ezechiel sagte Gott, daß dies geschieht, wenn Gott uns seinen Geist eingibt. So verändert er unsere Herzen; aus harten Herzen (»versteinerten Herzen«) macht er weiche (»Herzen, die fühlen«). Der Geist Gottes wird uns dazu bewegen, auf das zu achten, was Gott am Herzen liegt.

Jackie Pullinger hat die vergangenen zwanzig Jahre auf den Straßen Hongkongs verbracht, um unter den Prostituierten, Heroinsüchtigen und Bandenmitgliedern zu arbeiten. Zu Beginn eines eindrücklichen Vortrags sagte sie einmal: »Gott möchte, daß wir weiche Herzen und harte Füße haben. Bedauerlicherweise sind es aber unsere Herzen, die hart sind, und unsere Füße sind weich.« Als Christen sollten wir harte Füße haben, auf denen wir die christliche Lebensführung standfest vertreten können. Jackie ist ein glänzendes Beispiel hierfür, indem sie dazu bereit ist, auf Schlaf, Essen und Luxus zu verzichten, um anderen zu helfen. Neben harten Füßen besitzt sie aber auch ein weiches Herz, ein Herz voller Anteilnahme. Die Härte betrifft ihre Füße, nicht ihr Herz.

Wir haben gesehen, was »die Verheißung des Vaters« ist und wie sie erfüllt werden soll. Der Prophet Joel sagt uns, an wem sie erfüllt werden soll. Durch Joel kündigt Gott an:

> »Es kommt die Zeit, da werde ich alle Menschen mit meinem Geist erfüllen. Alle Männer und Frauen in Israel werde ich dann zu Propheten machen. Alte wie Junge werden Träume und Visionen haben. Sogar den Knechten und Mägden werde ich zu jener Zeit meinen Geist geben« (Joel 3,1-2).

Joel weissagt hier, daß die Verheißung nicht mehr nur ganz bestimmten Menschen zu ganz bestimmten Zeiten und Zwecken vorbehalten sein wird, sondern für alle gelten soll. Gott wird seinen Geist unabhängig vom Geschlecht des Empfängers ausgießen (»... Männer und Frauen«), unabhängig vom Alter (»... Alte wie Junge«), unabhängig von Herkunft, Rasse, Hautfarbe oder Status

(».. . Sogar den Knechten und Mägden«). Man wird eine neue Befähigung zur Wahrnehmung Gottes haben (».. . zu Propheten machen ... Träume und Visionen haben«). Joel weissagt, daß der Geist in aller Großzügigkeit auf Gottes Volk ausgegossen werden wird.

Doch diese Verheißungen blieben die nächsten dreihundert Jahre lang vorerst unerfüllt. Die Menschen warteten sehnsüchtig darauf, daß die »Verheißung des Vaters« in Erfüllung ging. Die Ankunft Jesu war dann plötzlich von einer vermehrten Aktivität des Geistes Gottes begleitet.

Bei der Geburt Jesu erschallt die Posaune. Fast jeder im direkten Umfeld der Geburt Jesu wurde mit dem Geist Gottes erfüllt. Johannes der Täufer, dessen Aufgabe es war, den Weg zu bereiten, wurde schon vor seiner Geburt vom Geist erfüllt (Lk 1,15). Der Engel sagte zu Maria, der Mutter Jesu: »Gottes Geist wird über dich kommen, seine Kraft wird es bewirken« (Lk 1,35). Als ihre Verwandte Elisabeth in die Gegenwart Jesu kam, der sich noch im Mutterleib befand, wurde auch sie vom Geist Gottes erfüllt (Vers 41), und sogar der Vater von Johannes dem Täufer war vom Geist Gottes erfüllt (Vers 67). In fast jedem dieser Fälle folgt ein spontaner Lobpreis Gottes oder eine Weissagung.

Johannes der Täufer
erwähnt ihn im Zusammenhang mit Jesus

Als Johannes gefragt wurde, ob er der Christus sei, antwortete er: »Ich taufe euch nur mit Wasser. Es kommt aber der, der viel mächtiger ist als ich. Ich bin nicht gut genug, ihm die Schuhe aufzubinden. Er wird euch mit heiligem Geist taufen und mit dem Feuer des Gerichts« (Lk 3,16). Die Taufe mit Wasser ist zwar sehr wichtig, aber sie reicht nicht aus. Jesus ist der Geisttäufer. Das griechische Wort für »taufen« bedeutet völlig durchtränken, eintauchen oder untertauchen. Genau dies sollte geschehen, wenn wir mit dem Heiligen Geist getauft werden: völlig durchtränkt sollten wir sein, eingetaucht und untergetaucht im Geist Gottes.

Die Analogie eines ausgetrockneten Schwammes, der in Wasser gelegt wird, bietet sich hier an. In unserem Leben kann es Verhärtungen geben, die uns daran hindern, den Geist Gottes aufzusaugen. Vielleicht braucht es ein wenig Zeit, bis die ersten Verhärtungen gelöst werden und der Schwamm gefüllt wird. Es geht im Grunde um zwei Aspekte: den Schwamm im Wasser (»taufen«) und das Wasser im Schwamm (»erfüllen«). Wenn der Schwamm mit Wasser gesättigt ist, strömt das Wasser buchstäblich aus ihm heraus.

Jesus war ein Mann, der vollkommen vom Geist Gottes erfüllt war. Der Geist Gottes senkte sich in körperlicher Form auf ihn herab, als er getauft wurde (Lk 3,22). »Vom heiligen Geist erfüllt«, kehrte er an den Jordan zurück und wurde »vom Geist in der Wüste umhergetrieben« (Lk 4,1). »Erfüllt mit der Kraft des heiligen Geistes« kehrte er nach Galiläa zurück (Vers 14). In einer Nazarether Synagoge las er den Text aus Jesaja 61,1 vor: »Der Herr hat mich mit seinem Geist erfüllt«, und er erklärte: »Dieses Wort ist heute für euch in Erfüllung gegangen, eben jetzt, als ihr es aus meinem Mund gehört habt« (Vers 21).

Jesus kündigte sein Kommen an

Jesus nahm einmal am Laubhüttenfest teil. Zu Tausenden kamen die Juden nach Jerusalem, um dieses Fest zu feiern, eine Art Erntedankfest, bei dem die Begebenheit, als Moses Wasser aus einem Felsen hervorbrachte, eine besondere Rolle spielte. Die Pilger dankten Gott dafür, daß er sie im vergangenen Jahr mit Wasser versorgt hatte, und beteten zu ihm, ihnen auch im kommenden Jahr Wasser zu geben. Sie feierten den Ausblick auf die von Ezechiel prophezeiten Wasserströme des Lebens, der Fruchtbarkeit und der Heilung, die einmal vom Tempel ausgehen sollten (Ez 47).

Dieser Text wurde beim Laubhüttenfest verlesen und als symbolisches Schauspiel aufgeführt. Der Hohepriester ging zum Teich Siloam und füllte einen goldenen Krug mit Wasser. Dann führte er das Volk in einer Prozession zum Tempel, wo er das Wasser durch einen Trichter auf der Westseite des Altars und auf den Boden goß; dies stellte eine Vorausschau auf den großen Wasserstrom dar, der einmal von dem Tempel fließen sollte. In der rabbinischen Tradition heißt es, Jerusalem sei der Nabel der Welt, und der Tempel auf dem Zion sei das Zentrum des Nabels (sein »Bauch« oder »innerstes Wesen«).

Am letzten Tag dieses Festes stand nun Jesus auf und verkündete: »Wer durstig ist, soll zu mir kommen und trinken – jeder, der mir vertraut! Denn in den heiligen Schriften heißt es: Aus seinem Innern [das Wort im Urtext bedeutet Bauch oder innerstes Wesen] wird lebendiges Wasser strömen« (Joh 7,37-38). Damit stellte er klar, daß die Verheißungen Ezechiels und anderer Propheten nicht an einem bestimmten Ort, sondern in einer Person ihre Erfüllung finden sollten. Aus dem innersten Wesen Jesu wird der Strom des Lebens fließen. Im abgeleiteten Sinn wird der Strom des lebendigen Wassers auch aus jedem Christen fließen (»jeder, der mir vertraut«; Vers 38). Aus uns, sagt Jesus, wird dieser Strom hervorfließen und anderen Menschen das Leben, Gedeihen und die Heilung bringen, die Gott durch Ezechiel versprochen hatte.

Johannes führt aus, daß Jesus von dem Geist gesprochen hatte, den die Gläubigen zu einem späteren Zeitpunkt erhalten sollten (Vers 38). Er fügt hinzu: »Damals hatten sie den Geist noch nicht«; die Verheißung des Vaters war noch immer nicht in Erfüllung gegangen. Auch nach der Kreuzigung und Auferstehung war der Geist noch nicht ausgegossen worden. Jesus sagte seinen Jüngern später: »Ich aber werde den Geist, den mein Vater euch versprochen hat, zu euch senden. Wartet hier in der Stadt, bis ihr mit der Kraft von oben gestärkt werdet« (Lk 24,49).

Kurz vor seiner Himmelfahrt versprach Jesus nochmals: »Aber ihr werdet vom Geist Gottes erfüllt werden« (Apg 1,8). Doch bis dahin mußten sie noch weitere vierzig Tage warten und beten. Endlich, am Pfingsttag, war es soweit: »Plötzlich hörte man ein mächtiges Rauschen, wie wenn ein Sturm vom Himmel herabweht. Das Rauschen erfüllte das ganze Haus, in dem sie waren. Dann sah man etwas wie Feuer, das sich zerteilte, und auf jeden von ihnen ließ sich eine Flammenzunge nieder. Alle wurden vom Geist Gottes erfüllt und begannen in verschiedenen Sprachen zu reden, jeder wie es ihm der Geist Gottes eingab« (Apg 2,2-4).

Es war geschehen. Die Verheißung des Vaters war in Erfüllung gegangen. Die Menschenmenge war grenzenlos verwundert. Man stand vor einem Rätsel.

Petrus stand auf und erklärte, was sich ereignet hatte. Er begann bei den Verheißungen Gottes im Alten Testament und machte den Zuhörern klar, daß ihre langgehegte Hoffnung vor ihren Augen in Erfüllung gegangen war. »Er [Jesus] wurde zu dem Ehrenplatz an Gottes rechter Seite erhoben und erhielt von seinem Vater die versprochene Gabe, den heiligen Geist, damit er ihn an uns weitergibt. Was ihr hier seht und hört, sind die Wirkungen dieses Geistes«, erläuterte er ihnen (Apg 2,33).

Als die Menge fragte, was nun zu tun sei, wies Petrus sie an, umzukehren und sich auf den Namen Jesu Christi taufen zu lassen, damit sie die Vergebung ihrer Schuld bekommen konnten. Dann versprach er ihnen, daß sie die Gabe des Heiligen Geistes empfangen würden, denn: »Was Gott versprochen hat, ist für euch und eure Kinder bestimmt und für *alle*, die jetzt noch fern sind und die der Herr, unser Gott, hinzurufen wird« (Vers 39; Hervorhebung durch den Autor).

Wir leben im Zeitalter des Geistes. Die Verheißung des Vaters ist in Erfüllung gegangen. Jeder Christ bekommt die vom Vater versprochene Gabe. Sie ist nicht mehr auf einige wenige beschränkt, auf bestimmte Situationen und bestimmte Zwecke. Der Heilige Geist ist für *alle* Christen da, auch für Sie und mich.

Kapitel 8

Was bewirkt
der Heilige Geist?

>»Jesus antwortete: Ich versichere dir: nur wer von Wasser und Geist geboren wird, kann in Gottes neue Welt hineinkommen. Was Menschen zur Welt bringen, ist und bleibt menschlich. Geistliches aber kann nur vom Geist Gottes geboren werden. Wundere dich nicht, wenn ich dir sage: Ihr müßt von neuem geboren werden. Der Wind weht, wo es ihm gefällt. Du hörst ihn nur rauschen, aber du weißt nicht, woher er kommt und wohin er geht. So ist es auch bei denen, die vom Geist geboren werden« (Joh 3,5-8).

Vor ein paar Jahren war ich in einer Gemeinde in Brighton. Eine der Sonntagsschullehrerinnen erzählte uns, was sich am vergangenen Sonntag in ihrer Klasse ereignet hatte. Sie hatte mit den Kindern die Verse aus Johannes 3,5-8 durchgenommen und versucht, ihnen den Unterschied zwischen leiblicher und geistlicher Geburt zu verdeutlichen. Um die Kinder zum Nachdenken zu bringen, hatte sie gefragt: »Wird man als Christ geboren?«, worauf ein kleiner Junge antwortete: »Nein, man wird normal geboren!«

Der Ausdruck »wiedergeboren« ist inzwischen zum Klischee geworden. In Amerika wurde er sehr populär; mit ihm hat man sogar schon für Autos geworben. Jesus war der Urheber dieses Begriffs, als er von jenen sprach, die »vom Geist geboren werden« (Joh 3,8).

Die Geburt eines Babys ist das Resultat der geschlechtlichen Vereinigung eines Mannes und einer Frau. Auf geistlicher Ebene entsteht ein neues geistliches Wesen, wenn der Geist Gottes und der Geist eines Menschen zusammenkommen. Dies ist die geistliche Geburt, die Jesus meinte, als er sagte: »Ihr müßt alle von neuem geboren werden.«

Damit erklärte Jesus, daß die physische Geburt nicht ausreicht. Wir müssen durch den Geist von neuem geboren werden. Genau das geschieht, wenn wir Christ werden. Jeder Christ ist wiedergeboren. Vielleicht können wir keinen exakten Zeitpunkt dafür nennen, doch genau wie wir wissen, daß wir physisch lebendig sind, sollten wir auch wissen, ob wir geistlich gesehen lebendig sind.

Wenn wir physisch geboren werden, werden wir in eine Familie hineingeboren. Durch unsere geistliche Geburt werden wir in eine Christengemeinschaft hineingeboren. Vieles vom Wirken des Geistes läßt sich in Begriffen aus dem Familienleben ausdrücken: Der Heilige Geist versichert uns, daß wir eine echte Vater-Kind-Beziehung zu Gott haben, und er hilft uns, diese Beziehung auszubauen. Er bewirkt eine Familienähnlichkeit in uns. Er stellt eine Gemeinschaft unter unseren Brüdern und Schwestern her und gibt jedem Familienmitglied ganz besondere Begabungen und Fähigkeiten. Und er bringt es fertig, daß die Familie stetig größer wird!

In diesem Kapitel soll es uns um diese Aspekte seines Wirkens an uns Christen gehen. Bevor wir zum Glauben kommen, konzentriert sich die Arbeit des Heiligen Geistes in erster Linie darauf, uns unsere Sünden vor Augen zu führen und uns klarzumachen, daß wir ohne Jesus Christus verloren sind; außerdem überzeugt er uns von der Wahrheit und befähigt uns dazu, an ihn zu glauben (Joh 16,7-15).

Kinder Gottes

In dem Moment, wo wir zu Christus kommen, sind uns alle Sünden restlos vergeben. Die Barriere zwischen uns und Gott ist niedergerissen. Paulus schreibt: »Darum: Wer mit Jesus Christus verbunden ist, braucht das Strafgericht Gottes nicht mehr zu fürchten« (Röm 8,1). Jesus nahm alle unsere Sünden auf sich, vergangene, gegenwärtige sowie zukünftige. Gott nimmt unsere Sünden und wirft sie in die Tiefen der See (Mi 7,19), und wie die niederländische Schriftstellerin Corrie ten Boom zu sagen pflegte, stellt er dort ein Schild mit der Aufschrift auf: »Angeln verboten!«

Er macht nicht nur reinen Tisch zwischen uns und Gott, sondern er stellt auch ein Vater-Kind-Verhältnis zwischen Gott und uns her. Nicht alle Menschen sind in diesem Sinn Kinder Gottes, obwohl er uns allesamt erschaffen hat. Nur jenen, die Jesus annehmen, jenen, die an seinen Namen glauben, gibt er »das Recht, Kinder Gottes zu werden« (Joh 1,12). Die Gottessohnschaft, ein Begriff, der auch die »Gottestochterschaft« mit einschließt, ist kein physisch-natürlicher Zustand, sondern ein geistlicher. Wir werden nicht durch die natürliche Geburt Kinder Gottes, sondern durch die Wiedergeburt des Geistes.

Der Römerbrief wird manchmal der »Himalaja des Neuen Testaments« genannt. Kapitel 8 ist Mount Everest, und die Verse 14-17 könnte man gut und gern als den Everestgipfel bezeichnen.

»Alle, die sich von Gottes Geist leiten lassen, sind Gottes Kinder. Ihr müßt euch also nicht mehr vor Gott fürchten. Er hat euch seinen Geist gegeben, und das zeigt euch, daß ihr nicht seine Sklaven, sondern seine Kinder seid. Weil sein Geist in uns lebt, sagen wir zu Gott: Abba! Vater! Und Gottes Geist bestätigt unserem Geist, daß wir wirklich Gottes Kinder sind. Wenn wir aber Gottes Kinder sind, dann wird Gott uns auch schenken, was er seinen Kindern versprochen hat. Er will uns das Leben in Herrlichkeit schenken, das er Christus gegeben hat. Wenn wir wirklich mit Christus leiden, dann sollen wir auch seine Herrlichkeit mit ihm teilen« (Röm 8, 14-17).

Erstens gibt es kein höheres Privileg, als ein Kind Gottes zu sein. Nach römischem Recht konnte ein Erwachsener sich seine Erben selbst aussuchen; entweder wählte er einen seiner Söhne, oder er adoptierte einen Sohn. Gott hat nur einen einzigen eigenen Sohn, nämlich Jesus, aber er hat viele Adoptivsöhne. Es gibt ein Märchen, in dem ein König lauter obdachlose Kinder adoptiert und sie zu Prinzen und Prinzessinnen macht. Durch Christus ist dieses Märchen Wirklichkeit geworden. Wir haben einen festen Platz in Gottes Familie. Eine höhere Ehre gibt es nicht.

1794 wurde der Bergmann Billy Bray geboren. Er war ein rechter Säufer und führte ein verlottertes Leben in Cornwall. Ständig war er in Schlägereien verwickelt, und der Haussegen hing schief. Mit neunundzwanzig Jahren wurde er Christ. Er ging nach Hause und sagte zu seiner Frau: »Von jetzt an wirst du mich nie wieder betrunken sehen. Der Herr wird mir helfen.« Und so kam es auch. Seine Worte, sein Tonfall, seine Gesten: alles strahlte eine innere Kraft aus. Es war, als sei er an das Stromnetz des Himmels angeschlossen. Die Bergmänner kamen in Scharen, um ihn predigen zu hören. Viele wurden bekehrt, und einige beachtliche Heilungen ereigneten sich. Billy lobte Gott immerzu; er habe unermeßlichen Grund zur Freude, sagte er. Er bezeichnete sich als einen »jungen Prinzen«. Er war ein adoptierter Sohn Gottes, des Königs aller Könige, und daher ein Prinz, der schon jetzt königliche Rechte und Privilegien genoß. Sein Lieblingssatz war: »Ich bin ein Königssohn.«[34]

Wenn wir uns unseren Status als Adoptivsöhne und -töchter Gottes klargemacht haben, wissen wir, daß kein Rang der Welt vergleichbar mit dem eines Kindes ist, das den Schöpfer des Universums zum Vater hat.

Zweitens haben wir als Kinder Gottes das innigste Verhältnis zu ihm, das es nur für uns geben kann. Nirgendwo im Alten Testament wird Gott als Vater angeredet. Paulus sagt, daß wir Gott durch den Geist »Abba, Vater« nennen. Es war bezeichnend für Jesus, Gott »Abba« zu nennen. Es ist so gut wie unmöglich, das aramäische Wort »Abba« völlig exakt zu übersetzen. Am treffendsten läßt es sich vielleicht durch *Papa* oder *lieber Papi* wiedergeben, vor allem dann, wenn es von einem gewissen Respekt getragen ist. Denn ein Vater zu Lebzeiten Jesu war eher eine Autoritätsfigur, die auch Kinder zu achten hatten, und obwohl »Abba« eine innige Vertrautheit mit einschloß, war diese Anrede mehr als nur der Ausdruck kindlicher Naivität. Jesus redete Gott mit diesem Wort an, und nun lädt er uns ein, dieses innige Vater-Sohn-Verhältnis mit ihm zu teilen, wenn wir den Heiligen Geist empfangen. »Er hat euch seinen Geist gegeben, und das zeigt euch, daß ihr nicht seine Sklaven, sondern seine Kinder seid« (Vers 15).

Prinz Charles hat viele Titel: Thronfolger, Seine Königliche Hoheit, Prinz von Wales, Herzog von Cornwall, Regimentschef des Königlichen Regiments von Wales, Herzog von Rothesay, Ritter der Distel, Kommandant der Königlichen Marine, Großer Meister des Ordens von Bath, Graf von Chester, Graf von Carrick, Baron von Renfrew, Lord der Inseln und Great Steward von Schottland. Wir würden ihn mit »Eure Königliche Hoheit« anreden, aber für William und Harry ist er vermutlich schlicht und einfach »Daddy« – auf deutsch eben »Papa«. Wenn wir Kinder Gottes werden, stehen wir mit unserem himmlischen König auf du und du. John Wesley, der vor seiner Bekehrung ein streng religiöser Mann gewesen war, sagte von seiner Bekehrung: »Ich habe den Glauben eines Dieners mit dem eines Sohnes vertauscht.«

Drittens läßt der Heilige Geist uns Gott aus allernächster Nähe erleben. »Und Gottes Geist bestätigt unserem Geist, daß wir wirklich Gottes Kinder sind« (Vers 16). Er möchte, daß wir im tiefsten Grunde unserer Seele die Gewißheit haben, Gottes Kinder zu sein. Genau wie ich möchte, daß meine Kinder wissen und erleben, wie sehr ich sie liebe, so möchte Gott, daß seine Kinder sich seiner Liebe und ihrer Vater-Kind-Beziehung völlig sicher sind.

Einer, der dies erst ziemlich spät in seiner Laufbahn erlebte, ist der südafrikanische Bischof Bill Burnett, der eine Zeitlang Erzbischof von Kapstadt war. Ich hörte ihn sagen: »Als ich Bischof wurde, glaubte ich an Theologie [die wahren Aussagen über Gott], aber nicht an Gott. Praktisch gesehen war ich ein Atheist. Ich glaubte, mir meine Gerechtigkeit durch gute Taten verdienen zu können.« Eines Tages, als er schon fünfzehn Jahre lang Bischof gewesen war, hielt er eine Konfirmationspredigt über den Vers aus dem Römerbrief: »Diese Hoffnung aber gibt uns die Gewißheit, daß Gott uns nicht fallen läßt. Er hat ja unsere Herzen mit seiner Liebe [seiner Liebe zu uns] erfüllt, als er uns den heiligen Geist geschenkt hat« (Röm 5,5). Nach seiner Predigt ging er nach

Hause, goß sich einen harten Drink ein und las die Zeitung, als er Gott sagen spürte: »Geh und bete!« Er ging in seine Kirche, kniete sich schweigend nieder und spürte, wie Gott zu ihm sagte: »Ich will deinen Körper.« Er begriff nicht, was das nun zu bedeuten hatte; er ist groß und hager und pflegt von sich zu sagen: »Ich bin nicht gerade Mr. Universum.« Trotzdem übergab er Gott seinen gesamten Körper. »Danach«, erzählte er, »passierte genau das, über das ich gepredigt hatte. Ich spürte, wie ich von einem Orkan der Liebe durchströmt wurde.« Flach am Boden lag er da, und er hörte Gott sagen: »Du bist mein Sohn.« Als er wieder aufstand, wußte er, daß etwas Tiefgreifendes geschehen war. Dieses Erlebnis erwies sich als Wendepunkt seines Lebens und seiner Arbeit. Seither haben durch seinen Einfluß viele andere die Gotteskindschaft durch das Zeugnis des Heiligen Geistes angenommen.

Viertens sagt uns Paulus, daß Söhne oder Töchter Gottes zu sein die beste Vorsorge der Welt ist. Sind wir nämlich Kinder Gottes, so sind wir auch Erben Gottes und Miterben Christi (Röm 8,17). Nach römischem Recht nahm ein Adoptivsohn den Namen seines Vaters an und erbte den Nachlaß. Als Kinder Gottes sind wir seine Erben. Der Unterschied ist nur der, daß wir das Erbe nicht beim Tod des Vaters, sondern bei unserem eigenen Tod antreten. Deshalb freute Billy Bray sich auch so sehr darüber, daß sein himmlischer Vater ewige Herrlichkeit und Seligkeit für ihn bereithielt. Eine ganze Ewigkeit voller Liebe bei Jesus wartet auf uns.

Paulus fügt hinzu: »Wenn wir wirklich mit Christus leiden, dann sollen wir auch seine Herrlichkeit mit ihm teilen« (Vers 17). Dies ist keine Bedingung, sondern eine Feststellung. Christen identifizieren sich mit Jesus Christus. Dies mag hier und da dazu führen, daß wir von anderen abgelehnt oder angefeindet werden, doch das ist alles unbedeutend im Vergleich zu unserem Erbe als Kinder Gottes.

Nahkontakt zu Gott

Die Geburt ist nicht nur das große Finale der Schwangerschaft, sondern auch der Anfang eines Lebens und diverser zwischenmenschlicher Beziehungen. Unsere Beziehung zu unseren

Eltern vertieft sich im Laufe der Jahre. Dies geschieht nicht von einem Tag zum anderen, sondern allmählich, durch den Umgang miteinander.

Wie wir in den vorangegangenen Kapiteln gesehen haben, wächst und vertieft sich unsere Beziehung zu Gott ebenfalls durch den Umgang miteinander. Der Geist Gottes hilft uns dabei, die Beziehung zu Gott auszubauen. Er bringt uns in die Gegenwart Gottes. In Epheser 2,18 heißt es: »Durch ihn [Jesus] dürfen wir beide, Juden und Nichtjuden, in einem Geist vor Gott, den Vater, treten.«

Durch seinen Tod am Kreuz hat Jesus die Barriere zwischen uns und Gott aus dem Weg geschafft. Darum dürfen wir jetzt in Gottes Gegenwart kommen. Oft wissen wir das nicht richtig zu schätzen, wenn wir beten.

Als Student hatte ich ein Zimmer über der Barclay's Bank in der High Street. In meinem Zimmer trafen wir uns zu mehreren regelmäßig zum Mittagessen, und eines Tages unterhielten wir uns darüber, ob der Lärm, den wir veranstalteten, wohl unten in der Bank zu hören war. Um der Sache auf den Grund zu gehen, beschlossen wir, ein Experiment zu machen. Ein Mädchen namens Kay ging nach unten in die Bank. Um die Mittagszeit war es dort gerammelt voll. Wir hatten verabredet, unseren Lärm gradweise zu steigern. Zuerst sollte einer allein auf dem Boden herumhüpfen, dann zwei, dann drei, dann vier und schließlich fünf. Als nächstes würden wir von Stühlen auf den Boden springen und dann vom Tisch. Wir wollten wissen, ab welchem Lärmpegel wir unten in der Bank zu hören waren.

Wie sich herausstellte, war die Decke erheblich dünner, als wir angenommen hatten. Schon der erste Sprung war deutlich vernehmbar. Der zweite verursachte ein lautes Krachen. Ab dem fünften, der sich wie ein Gewitter ausnahm, herrschte totales Schweigen in der Bank. Alle Kunden standen mit ihren uneingelösten Schecks da und sahen zur Decke. Was in aller Welt ging da oben vor sich? Kay stand mitten in der Bank und dachte: »Was tu' ich jetzt bloß? Wenn ich mich aus dem Staub mache, sieht das verdächtig aus; bleib' ich aber hier, dann machen die da oben wie verrückt weiter!« Sie blieb. Der Krach wurde immer schlimmer. Es dauerte nicht lange, bis die ersten Styroporstücke zu Boden hagelten. Vor lauter Angst, die ganze Decke könnte einstürzen, wenn wir nicht sofort aufhörten, rannte Kay nach oben zurück und teilte uns das Ergebnis des Experiments mit: Jawohl, man konnte uns sehr wohl unten in der Bank hören!

Seitdem die Barriere zwischen Gott und uns durch Jesus beseitigt wurde, hört Gott uns, wenn wir beten. Sein Geist verschafft uns unmittelbaren Zutritt in seine Gegenwart. Es erübrigt sich, nach Leibeskräften herumzuspringen, um ihn auf uns aufmerksam zu machen!

Der Heilige Geist bringt uns nicht nur in die Gegenwart Gottes, sondern er hilft uns auch zu beten (Röm 8,26). Es kommt nicht darauf an, wo wir beten, in welcher Körperhaltung wir beten oder ob wir bestimmte Gebetsformen einhalten; es kommt einzig darauf an, ob wir im Geist beten. Alles Gebet sollte vom Heiligen Geist geleitet sein. Ohne seine Hilfe kann Gebet sehr leicht leblos und nichtssagend werden. Im Heiligen Geist treten wir in die Gegenwart des dreieinigen Gottes, und das Gebet wird zu dem wichtigsten Bestandteil unseres täglichen Lebens.

Ein anderer Aspekt unserer stetig wachsenden Beziehung zu Gott liegt im Verständnis dessen, was Gott uns sagen will. Auch hier hilft uns Gottes Geist. Paulus sagt: »Und ich bitte den Gott unseres Herrn Jesus Christus, den Vater, dem alle Macht und Hoheit gehört, euch Weisheit zu geben, so daß ihr ihn und seine Weisheit erkennen könnt. Er lasse euch erkennen ...« (Eph 1,17-18). Der Geist Gottes ist ein Geist der Weisheit und Erkenntnis. Er öffnet uns die Augen, so daß wir verstehen können, was Gott uns beispielsweise durch die Bibel sagen will.

Bevor ich Christ wurde, hatte ich endlos viel in der Bibel gelesen und darüber gehört, doch verstanden hatte ich nichts. Die Bibel bedeutete mir absolut gar nichts. Der Grund, weshalb sie für mich keinen Sinn ergab, war die Tatsache, daß ich den Geist Gottes nicht als »Dolmetscher« besaß. Der Geist Gottes macht uns wie kein zweiter verständlich, was Gott gesagt hat.

Letztendlich werden wir das Christentum niemals begreifen, wenn der Heilige Geist uns nicht die Augen dafür öffnet. Unser Sehvermögen reicht aus, um den Schritt zum Glauben zu tun, was keineswegs ein blinder Sprung ins Ungewisse ist; doch ein echtes Verständnis ist oftmals nur die Folge des Glaubens. Augustinus sagte: »Ich glaube, auf daß ich verstehen möge.« Erst wenn wir glauben und den Heiligen Geist empfangen, sind wir dazu in der Lage, Gottes Offenbarung wirklich zu begreifen.

Der Geist Gottes hilft uns, unsere Beziehung zu Gott auszubauen, und er befähigt uns dazu, diese Beziehung aufrechtzuerhalten. Viele Leute befürchten anfangs vielleicht, ihre christliche Lebensführung nicht lange in Gang halten zu können. Diese Sorge ist berechtigt. Aus eigener Kraft können wir es nicht, aber durch seinen Geist hält Gott uns auf dem richtigen Kurs. Es ist der Heilige Geist, der uns in eine Beziehung zu Gott führt, und es ist auch der Heilige Geist, der diese Beziehung aufrechterhält. Wir sind restlos auf ihn angewiesen.

Familienähnlichkeit

Ich finde es immer wieder interessant, daß Kinder beiden Eltern gleichermaßen ähnlich sehen, während die Eltern ihrerseits ein völlig unterschiedliches Aussehen haben. Sogar manche Eheleute sehen einander im Laufe der gemeinsamen Jahre immer ähnlicher!

Je mehr Zeit wir in der Gegenwart Gottes verbringen, desto mehr wandelt der Heilige Geist uns um. Paulus drückt es folgendermaßen aus: »Wir alle sehen mit unverhülltem Gesicht die Herrlichkeit des Herrn. Dabei werden wir selbst in das verwandelt, was wir sehen, und bekommen mehr und mehr Anteil an seiner Herrlichkeit. Das bewirkt der Herr durch seinen Geist« (2 Kor 3,18). Wir werden Jesus wesensmäßig immer ähnlicher gemacht. Die Frucht des Geistes reift in uns heran. Paulus sagt uns, woraus die Frucht des Geistes besteht: »Liebe, Freude, Frieden, Geduld, Freundlichkeit, Güte, Treue, Nachsicht und Selbstbeherrschung« (Gal 5,22-23). Dies sind die Wesenszüge, die der Geist Gottes in uns entwickelt. Wir werden nicht schlagartig perfekt, aber über einen längeren Zeitraum hinweg sollte durchaus eine deutliche Veränderung an uns zu bemerken sein.

Die erste und wichtigste Frucht des Geistes ist Liebe. Liebe ist ein zentrales Element des christlichen Glaubens. Die Bibel ist Gottes Liebeserklärung an uns. Er wünscht sich, daß wir uns von dieser Liebe anrühren lassen und ihn und unsere Mitmenschen unsererseits lieben. Das Indiz dafür, daß der Heilige Geist in uns am Werk ist, besteht darin, daß wir Gott und unsere Mitmenschen immer lieber gewinnen. Ohne diese Liebe ist alles andere wertlos.

An zweiter Stelle führt Paulus Freude auf. Der Journalist Malcolm Muggeridge schrieb: »Das typischste und schönste Merkmal einer Bekehrung ist dieses absolute Hingerissensein: eine unaussprechliche Freude, die unser ganzes Wesen durchdringt, die unsere Ängste wie Schnee vor der Sonne zum Schmelzen bringt, und wir richten das Augenmerk erwartungsvoll auf den Himmel« [35] Diese Freude ist unabhängig von äußeren Umständen; sie entspringt dem Geist, der in uns wohnt. Richard Wurmbrand, der viele Jahre in Gefangenschaft zubrachte und wegen seines Glaubens gefoltert wurde, erzählte, wie er jeden Abend allein, frierend, hungrig und in Lumpen vor lauter Freude in seiner Zelle herumtanzte. Manchmal fühlte er sich zum Bersten von Freude erfüllt.[36]

Die dritte Frucht, die Paulus in seiner Liste aufführt, ist Frieden. Innerer Frieden ohne Christus ist wie ein geistliches Gummibärchen, weich und süß, aber von dürftiger Substanz. Das griechische Wort und seine hebräische Entsprechung »schalom« bedeuten Ganzsein, Wohlergehen und Einssein mit Gott. In jedem Menschenherzen wohnt eine Sehnsucht nach einem solchen Frieden. Epiktet, ein heidnischer Philosoph des 1. Jahrhunderts, sagte: »Der Kaiser mag zwar Frieden schaffen, indem er von Landkriegen und Seekriegen abläßt, aber keinen Frieden im Elend, Kummer und Neid. Er kann keinen Herzensfrieden geben, nach welchem sich der Mensch mehr als nach äußerem Frieden sehnt.«

Es ist eine Freude, diese Wesensangleichung an Jesus bei Menschen festzustellen, die diese und die übrigen Früchte des Geistes sichtbar an den Tag legen. Eine etwa achtzigjährige Frau aus unserer Gemeinde sagte über einen ehemaligen Vikar: »Er gleicht dem Herrn Jesus von Tag zu Tag mehr.« Ich kann mir kein schöneres Kompliment vorstellen. Es ist der Geist Gottes, der diese wachsende Ähnlichkeit zu Jesus in uns bewirkt, so daß wir den »Wohlgeruch seiner Wahrheit« überall verströmen können (2 Kor 2,14).

Einheit innerhalb der Familie

In dem Moment, wo wir zum Glauben kommen und Söhne und Töchter Gottes werden, gehören wir einer riesig großen Familie an. Wie jeder Vater und jede Mutter wünscht Gott sich, daß in seiner Familie Einheit besteht. Jesus betete um Einheit unter seinen Nachfolgern (Joh 17).

Paulus bat die Christen in Ephesus eindringlich, »*die Einheit* zu bewahren, die der *Geist Gottes* euch geschenkt hat. Der Frieden, der von Gott kommt, soll euch alle verbinden! (Eph 4,2; Hervorhebung durch den Autor).

Derselbe Heilige Geist wohnt in jedem Christen, ganz gleich, um welchen Ort, welche Gemeindezugehörigkeit, Herkunft, Hautfarbe oder Rasse es sich dabei handelt. Der gleiche Heilige Geist wohnt in jedem Gotteskind, und er möchte, daß wir ein harmonisches Miteinander bilden. Kirchenspaltungen sind absolut widersinnig, denn: »Ihr seid alle *ein* Leib, in euch allen lebt *ein* Geist, ihr habt alle *eine* Hoffnung ... Es gibt für euch nur *einen* Herrn, nur *einen* Glauben und nur *eine* Taufe. Und ihr kennt nur den *einen* Gott, den Vater von *allem*, was lebt. Er steht über *allen*. Er wirkt durch *alle* und in *allen*« (Eph 4,4-6).

Derselbe Geist ist in den Christen Rußlands lebendig, in den Christen Chinas, Afrikas, Amerikas, Englands und überall sonst auf der Welt. In gewisser Hinsicht ist es nicht so bedeutend, welcher Konfession wir angehören, ob wir römisch-katholisch oder evangelisch sind, Methodisten, Baptisten, Charismatiker, Anglikaner oder Hauskirchler. Es kommt vielmehr darauf an, ob wir den Geist Gottes haben.

Alle, die den Geist Gottes in sich haben, sind Christen und als solche unsere Brüder und Schwestern. Es ist ein enormes Vorrecht, zu dieser weltweiten Familie zu gehören; wer sich für Jesus entscheidet, der kommt in den Genuß dieser harmonischen Gemeinschaft. Innerhalb der christlichen Kirche bestehen eine Innigkeit und ein Tiefgang der zwischenmenschlichen Beziehungen, wie ich sie nirgendwo sonst je erlebt habe. Wir müssen alles daransetzen, diese Einheit des Geistes auf jeder Ebene zu wahren: vom kleinsten Hauskreis über Ortsgemeinden und Glaubensgemeinschaften bis hin zur weltweiten Kirche.

Gaben für alle Kinder

Obwohl eine Familie oft durch Familienähnlichkeiten und idealerweise auch Harmonie gekennzeichnet ist, bestehen andererseits auch große individuelle Unterschiede. Keine zwei Kinder sind völlig identisch, nicht einmal eineiige Zwillinge. So ist es auch innerhalb der Familie Jesu. Jeder Christ ist ein Individuum; jeder trägt auf seine Weise zum Miteinander bei; jeder hat unterschiedliche Gaben. Im Neuen Testament finden sich Auflistungen der Geistesgaben. In 1 Korinther 12 erwähnt Paulus neun Gaben:

> »Was nun der Geist in jedem einzelnen von uns wirkt, das ist zum Nutzen aller bestimmt. Einer erhält vom Geist die Gabe, göttliche Weisheit zu verkünden, der andere, Erkenntnis Gottes zu vermitteln. Derselbe Geist gibt dem einen eine besondere Glaubenskraft und dem anderen die Kraft zu heilen. Der Geist ermächtigt den einen, Wunder zu tun; den anderen macht er fähig, Weisungen von Gott zu empfangen. Wieder ein anderer kann unterscheiden, was aus dem Geist Gottes kommt und was nicht. Den einen befähigt der Geist, in unbekannten Sprachen zu reden; einem anderen gibt er die Fähigkeit, das Gesagte zu deuten. Aber das alles bewirkt ein und derselbe Geist. Aus freiem Ermessen gibt er jedem seine besondere Fähigkeit« (1 Kor 12,7-11).

An anderen Stellen erwähnt er weitere Gaben: Apostel, Lehrer, Helfer, Verwalter (1 Kor 12,28-30), Evangelisten und Pastoren (Eph 4), Dienst an anderen, Ermutigung, Freigebigkeit, Gemeindeleitung, Wohltätigkeit (Röm 12,7-8), Gastfreundschaft und Reden (1 Petr 4). Zweifellos waren diese Aufzählungen nicht als vollständige Listen gedacht.

Alle guten Gaben kommen von Gott, auch wenn einige, darunter Wunder, die übernatürliche Macht Gottes in dieser Welt deutlicher sichtbar machen als andere. Geistliche Gaben schließen auch natürliche Talente ein, die vom Heiligen Geist umgewandelt wurden. Der deutsche Theologe Jürgen Moltmann macht darauf aufmerksam, daß grundsätzlich jede menschliche Fähigkeit und

Begabung durch eine besondere Berufung zu einer charismatischen (d. h. vom Geist gegebenen) werden kann, solange sie in Christus ihre Anwendung findet.

Diese Gaben werden allen Christen geschenkt. Wie ein roter Faden zieht sich der Gedanke »jedem einzelnen« durch den ersten Korintherbrief Kapitel 12. Jeder Christ ist ein Teil des Leibes Christi. Es gibt viele verschiedene Körperteile, doch nur einen einzigen Körper (Vers 12). Wir werden alle durch einen (oder auf einen) einzigen Geist getauft (Vers 13). Wir haben alle Anteil an einem einzigen Geist (Vers 13). Es gibt keine Christen erster und zweiter Klasse. Alle Christen empfangen den Geist. Alle Christen besitzen geistliche Gaben.

Diese Gaben sind dazu da, ausgeübt zu werden. Eins der größten Probleme der Kirchen liegt darin, daß nur so wenige Menschen ihre Gaben ausüben. Eddie Gibbs, der sich auf Fragen des Gemeindewachstums spezialisiert hat, sagt: »Die gegenwärtige hohe Arbeitslosenquote verblaßt bis zur Belanglosigkeit im Vergleich zu der Untätigkeit, die in den Kirchen grassiert.« [37] Die Folge ist, daß einige wenige die gesamte Arbeitslast tragen, während die übrigen sich viel zu wenig beteiligen. Die Kirche gleicht einem Fußballspiel, wo sich Tausende von Leuten, die dringend mehr Bewegung brauchen, an dem Anblick von zweiundzwanzig Leuten ergötzen, die dringend eine Pause brauchen!

Die Kirche wird ihre Höchstleistung nie erreichen, solange nicht jeder seinen Beitrag leistet. Der Schriftsteller und Kirchenmann David Watson hat einmal gesagt: »Jahrelang hat sich in den unterschiedlichen Richtungen alles entweder um die Kanzel oder den Altar gedreht. In beiden Fällen wurde die beherrschende Rolle entweder vom Pfarrer oder vom Priester gespielt.« [38] Die Kirche wird erst ihre maximale Wirksamkeit erreichen, wenn alle Beteiligten ihre Gaben zur Anwendung bringen.

Der Geist Gottes schenkt jedem von uns Gaben. Gott verlangt nicht von uns, viele Gaben zu haben; er verlangt nur von uns, daß wir jene, die wir haben, auch benutzen, und uns nach mehr ausstrecken (1 Kor 12,31; 14,1).

Familienzuwachs

Familienzuwachs ist etwas Natürliches. Gott sagte zu Adam und Eva: »Seid fruchtbar und vermehrt euch.« Auch bei Gottes Familie sollte Wachstum an der Tagesordnung sein. Dies geschieht ebenfalls durch das Wirken des Heiligen Geistes. Jesus sagte: »Aber ihr werdet vom Geist Gottes erfüllt werden. Der wird euch fähig machen, überall als meine Zeugen aufzutreten: in Jerusalem und in ganz Judäa, in Samarien und bis ans äußerste Ende der Erde« (Apg 1,8).

Der Geist Gottes stattet uns sowohl mit dem Wunsch als auch mit der Fähigkeit aus, anderen unseren Glauben mitzuteilen. Der Stückeschreiber Murray Watts erzählt die Geschichte eines jungen Mannes, der zwar vom Wahrheitsgehalt des Christentums überzeugt war, doch der eine lähmende Angst davor hatte, seinen Mitmenschen einzugestehen, »ein Christ« zu sein. Die bloße Vorstellung, sich zum Glauben zu bekennen und womöglich ein religiöser Spinner geschimpft zu werden, war ihm ein Greuel.

Viele Wochen lang versuchte er, einfach nicht an den Glauben zu denken, doch dies erwies sich als zwecklos. Es war, als hörte er eine Stimme in seinem Gewissen, die ihm immer wieder zuflüsterte: »Folge mir nach!«

Schließlich hielt er es nicht mehr aus. Er ging zu einem steinalten Mann, der den größten Teil des Jahrhunderts Christ gewesen war. Ihm erzählte er von seinem Alptraum, diesem entsetzlichen Horror davor, »ein Zeugnis des Lichts« zu sein; es sei nur dieser Horror, so erzählte er dem alten Mann, der ihn davon abhalte, Christ zu werden. Der Alte seufzte und schüttelte den Kopf.

»Das geht nur dich und Christus an«, sagte er. »Was haben andere Leute schon damit zu tun?«

Der junge Mann nickte bedächtig.

»Geh nach Hause«, sagte der alte Mann. »Geh allein in dein Zimmer. Laß andere Leute aus dem Spiel. Laß deine Familie aus dem Spiel und mache die Sache mit Gott allein ab.«

Dem jungen Mann fiel eine zentnerschwere Last vom Herzen.

»Dann brauche ich also keinem etwas davon zu sagen?«

»Nein«, sagte der Alte.

»Keiner Seele auf der Welt?«

»Nicht, wenn du nicht willst.«

Einen solchen Ratschlag hatte ihm noch niemand zu geben gewagt.

»Ganz *bestimmt* nicht?« fragte der junge Mann und begann, vor freudiger Erregung zu zittern. »Kann das denn stimmen?«

»In deinem Fall schon«, antwortete der Alte.

Daraufhin ging der junge Mann nach Hause, kniete sich zum Gebet und wurde Christ. Unverzüglich rannte er die Treppe hinunter und in die Küche, wo seine Frau, sein Vater und seine drei Freunde saßen.

»Habt ihr gewußt«, fragte er, vor lauter Begeisterung ganz außer Atem geraten, »daß man Christ werden kann, ohne anderen davon ein Wort zu erzählen?«[39]

Wenn wir den Geist Gottes erleben, brennen wir darauf, anderen unseren Glauben mitzuteilen. Damit bringen wir das Wachstum der Familie ins Rollen. Die Familie Gottes sollte niemals stagnieren. Sie sollte ständig wachsen und neue Mitglieder bekommen, die ihrerseits die Macht des Heiligen Geistes empfangen und anderen von Jesus erzählen.

In diesem Kapitel habe ich immer wieder betont, daß jeder Christ den Heiligen Geist besitzt. Paulus sagt: »Wer nicht den Geist hat, den Christus schenkt, der gehört nicht zu ihm« (Röm 8,9). Doch nicht jeder Christ ist vom Geist erfüllt. Paulus schreibt an die Christen in Ephesus: »Laßt euch ... vom Geist Gottes erfüllen« (Eph 5,18). Im nächsten Kapitel schauen wir uns an, wie man vom Geist erfüllt wird.

Das vorangegangene Kapitel begannen wir mit einer Betrachtung von Genesis Kapitel 1, Verse 1-2 (die ersten Verse der Bibel), und ich möchte dieses Kapitel mit Offenbarung 22, Vers 17 abschließen, einem der letzten Verse der Bibel. Der Geist Gottes ist in der ganzen Bibel, von der Genesis bis zur Offenbarung, aktiv am Werk.

»Der Geist und die Braut antworten: Komm! Jeder, der dies hört, soll sagen: Komm! Wer durstig ist, soll kommen, und wer von dem Wasser des Lebens trinken möchte, wird es geschenkt bekommen« (Offb 22,17).

Gott möchte jeden mit seinem Geist erfüllen. Manche Menschen sehnen sich danach. Andere sind sich nicht so sicher, ob sie den Geist überhaupt haben möchten. Letztere sind im Grunde genommen nicht durstig. Wenn Sie nicht durstig nach der Fülle des Geistes sind, dann können Sie um einen solchen Durst bitten. Gott nimmt uns so an, wie wir sind. Wenn wir Durst haben und um den Geist bitten, dann wird Gott uns das »Wasser des Lebens« zum Geschenk machen.

Kapitel 9

Wie werde ich vom Heiligen Geist erfüllt?

Bei einer Konferenz hielt der Evangelist J. John einen Vortrag, in dem er die Tatsache beklagte, Prediger forderten ihre Zuhörer oft zu bestimmten Handlungen auf, ohne ihnen zu sagen, *wie* sie es tun sollen.

»Lest die Bibel!« fordern diese Prediger, doch er hätte gern gewußt: »Ja, aber wie?« Die Prediger sagen: »Betet mehr!«; er möchte wissen: »Ja, aber wie?« Sie verlangen: »Erzählt anderen von Jesus!«; er fragt: »Ja, aber wie?« In diesem Kapitel möchte ich auf die Frage eingehen, *wie* man mit dem Geist erfüllt werden kann.[40]

Wir haben einen alten Gasboiler zu Hause. Die Zündflamme brennt ununterbrochen. Doch der Boiler selbst gibt nicht ununterbrochen Wärme und Energie ab. Bei manchen Menschen brennt nur die Zündflamme des Heiligen Geistes, während Menschen, die vom Heiligen Geist erfüllt sind, mit Volldampf vorausfahren (bitte verzeihen Sie mir diese Mixtur von Bildern!). Den Unterschied sieht man so gut wie auf den ersten Blick.

Die Apostelgeschichte wird manchmal Band 1 der Kirchengeschichte genannt. Sie führt uns mehrere Beispiele von Menschen vor Augen, die den Heiligen Geist an sich selbst erfuhren. In einer idealen Welt wäre jeder Christ von dem Moment seiner Bekehrung an vom Heiligen Geist erfüllt. So geschieht es auch manchmal (sowohl im Neuen Testament als auch heute noch), aber nicht immer – sogar im Neuen Testament nicht. Die Ausgießung des Heiligen Geistes am Pfingsttag, wie sie in Apostelgeschichte Kapitel 2 beschrieben wird, haben wir schon betrachtet. Darüber hinaus liefert uns die Apostelgeschichte weitere Beispiele.

Als Petrus und Johannes für die Gläubigen in Samarien beteten und der Heilige Geist über diese Gläubigen kam, war der Zauberer Simon so beeindruckt, daß er ihnen Geld anbot, damit sie ihn mit der gleichen Fähigkeit ausstatteten (Apg 8,14-18). Petrus wies ihn streng zurecht; Gottes Gaben ließen sich nicht mit Geld kaufen, sagte er. Aus diesem Bericht läßt sich schließen, daß etwas außerordentlich Wundervolles geschehen sein mußte.

Gleich im darauffolgenden Kapitel lesen wir von der beachtlichsten Bekehrung aller Zeiten. Als Stephanus, der erste christliche Märtyrer, gesteinigt wurde, war Saulus vollkommen einverstanden mit dieser Hinrichtung gewesen (Apg 8,1). Im Anschluß daran suchte er die Kirche mit allen Mitteln zu zerstören. Er ging von Haus zu Haus und schleppte Männer und Frauen ins Gefängnis (Vers 3). Zu Beginn von Kapitel 9 »ging Saulus noch immer heftig gegen die Jünger des Herrn vor und tat alles, um sie auszurotten.«

Nur wenige Tage später predigte Saulus in den Synagogen, daß Jesus der Sohn Gottes sei (Vers 20). Damit richtete er große Verwirrung unter den Juden an: »Ist das nicht der Mann, der in Jerusalem alle verfolgt hat, die sich zu Jesus bekannten?« (Vers 21).

Was war der Auslöser dieser drastischen Verwandlung gewesen? Erstens war ihm Jesus auf dem Weg nach Damaskus begegnet. Zweitens war er vom Geist erfüllt worden (Vers 17). In dem Moment »fiel es Saulus wie Schuppen von den Augen, und er konnte wieder sehen« (Vers 18). Manchmal erlebt man, daß Menschen, die keine Christen waren oder sogar äußerst kritisch gegenüber dem Christentum waren, eine völlige Kehrtwende machen, wenn sie zum Glauben kommen und mit dem Geist erfüllt werden. Aus ihnen können mächtige Fürsprecher des christlichen Glaubens werden.

In Ephesus stieß Paulus auf eine Gruppe von Menschen, die zwar gläubig waren, doch die noch nie vom Heiligen Geist gehört hatten. Er legte ihnen die Hände auf, der Heilige Geist kam über sie, und sie beteten in anderen Sprachen und weissagten (Apg

19,1-7). Auch heute gibt es Menschen, die in derselben Situation stecken. Vielleicht sind sie schon eine Zeitlang – oder sogar ihr ganzes Leben lang – gläubig; vielleicht sind sie getauft und konfirmiert und gehen mehr oder weniger regelmäßig in die Kirche. Dennoch wissen sie wenig oder so gut wie nichts über den Heiligen Geist.

In der ersten Hälfte der Apostelgeschichte findet sich eine weitere Begebenheit, auf die ich etwas genauer eingehen möchte. Hier wurden zum ersten Mal Nichtjuden vom Heiligen Geist erfüllt. Gott tat etwas Außergewöhnliches; angefangen hatte es mit einem Mann namens Kornelius, der eine Vision hatte. Auch zu Petrus sprach Gott durch eine Vision und trug ihm auf, mit den Nichtjuden bei Kornelius zu Hause zu reden. Mitten in seiner Rede geschah etwas Überwältigendes: »Während Petrus noch sprach, kam der heilige Geist auf alle herab, die ihm zuhörten. Die Christen jüdischer Herkunft, die mit Petrus aus Joppe gekommen waren, gerieten außer sich vor Staunen, daß Gott auch den Nichtjuden seinen Geist schenkte. Sie hörten nämlich, wie die Versammelten in unbekannten Sprachen redeten und Gott priesen« (Apg 10,44-46). Den Rest dieses Kapitels möchte ich darauf verwenden, drei Aspekte dieser Begebenheit zu beleuchten.

Sie erlebten die Macht des Heiligen Geistes

Petrus mußte seinen Vortrag unterbrechen, weil offensichtlich etwas höchst Bedeutsames im Gange war. Die Erfüllung mit dem Heiligen Geist vollzieht sich selten unmerklich, wenn jeder sie auch auf seine eigene Weise wahrnimmt.

In seiner Beschreibung des Pfingsttags (Apg 2) benutzt Lukas Begriffe, die einen schweren tropischen Regensturm kennzeichnen. Bildhaft gesprochen, durchflutet der Heilige Geist die Menschen an Leib und Seele. Das Ereignis wurde von physikalischen Erscheinungen begleitet: Die Anwesenden hörten ein Rauschen wie das eines Sturmwinds (Vers 2), wobei es sich nicht wortwörtlich um einen Sturmwind handelte, sondern um etwas, das einem Sturmwind glich. Es war die mächtige, unsichtbare Kraft von Gottes »ruach« – dasselbe Wort, das im Alten Testament für *Wind*,

Atem und *Geist* verwendet wird. Manche Menschen zittern wie ein Blatt im Wind, wenn sie vom Geist erfüllt werden. Andere atmen in tiefen Atemzügen, als atmeten sie den Geist förmlich ein.

Ebenfalls wahrnehmbar war etwas, was Feuer glich (Vers 3). Manchmal empfinden Menschen, die vom Geist erfüllt werden, eine deutliche Wärme in ihren Händen oder anderen Körperteilen. Jemand beschrieb dieses Gefühl einmal als »Glut am ganzen Körper«. Jemand anders sprach von »flüssiger Wärme«. Ein Dritter beschrieb die Empfindung als »Brennen in meinen Armen, obwohl mir nicht heiß war.« Vielleicht stellt das Feuer symbolisch die Kraft, die Leidenschaft und die Reinheit dar, die der Geist Gottes in unser Leben bringt.

Für andere ist die Erfahrung des Geistes eher eine überwältigende Empfindung der Liebe Gottes. Paulus betet für die Christen in Ephesus, »daß ihr begreifen möget mit allen Heiligen, welches da sei die Breite und die Länge und die Höhe und die Tiefe; auch erkennen möget die Liebe Christi« (Eph 3,18-19a; Luther-Übersetzung). Die Liebe Christi ist so breit, daß sie jeden Menschen auf der Welt umfaßt. Sie umspannt alle Kontinente und wendet sich an Menschen jeder Rasse, Hautfarbe, Abstammung und Herkunft. Sie ist lang genug, um ein ganzes Leben lang und darüber hinaus in die Ewigkeit hinein anzudauern. Sie ist tief genug, um uns jederzeit zu erreichen, auch wenn wir noch so tief gefallen sein mögen. Sie ist hoch genug, um uns in den Himmel hinaufzutragen. Diese Liebe sehen wir am deutlichsten am Kreuz Christi. Wir wissen, wie sehr Christus uns liebt, weil er bereit war, für uns zu sterben. Paulus betete, daß wir das Ausmaß dieser Liebe »begreifen«.

Doch hier bleibt er nicht stehen. Er erbittet nicht nur für uns, daß wir das Ausmaß der Liebe Christi begreifen, sondern auch, daß wir »*erkennen* die Liebe Christi, die alle *Erkenntnis übertrifft,* damit ihr erfüllt werdet mit aller Gottesfülle« (Vers 19). Wir sollen diese Liebe nicht nur begreifen, sondern auch erleben. Oft ist es die Erfüllung mit dem Geist, die uns die Liebe Christi tief in unseren Herzen erleben läßt.

Thomas Goodwin, ein Puritaner, der vor dreihundert Jahren lebte, illustrierte diesen Vorgang. In seiner Darstellung geht ein Mann mit seinem kleinen Sohn an der Hand die Straße entlang.

Der kleine Junge weiß, daß der Mann sein Vater ist und daß sein Vater ihn liebhat. Doch plötzlich bleibt der Vater stehen, hebt den Jungen in seine Arme, umarmt ihn, küßt ihn und drückt ihn zärtlich an sich. Dann stellt er ihn wieder auf den Boden, und die beiden gehen weiter. Es ist ein schönes Gefühl, an der Hand unseres Vaters zu gehen; es ist aber unvergleichlich schöner, von ihm in die Arme geschlossen zu werden.

»Er hat seine Arme um uns geschlossen«, um mit Spurgeon zu sprechen; er gießt seine Liebe über uns aus, und er drückt uns zärtlich an sich. Martyn Lloyd-Jones zitiert diese Beispiele neben vielen anderen in seinem Buch über den Römerbrief und schreibt folgendes über die Begegnung mit dem Geist:

> *Die Tiefe dieses Erlebnisses sollten wir uns unbedingt klarmachen. Es ist weder unbedeutend, oberflächlich noch alltäglich; es ist nichts, von dem man sagen kann: »Alles nur eine Sache des Gefühls.« Eine Sache des Gefühls? Man verspürt eine solche Gefühlstiefe, daß man geneigt ist zu meinen, bislang gar nicht gewußt zu haben, was ein Gefühl überhaupt ist. Dieses Erlebnis ist das umwälzendste, das ein Mensch nur haben kann.*[41]

Sie brachen in Lobpreis aus

Als die Nichtjuden mit vom Geist erfüllt wurden, begannen sie, Gott zu preisen. Spontaner Lobpreis ist die Reaktion von Menschen, die überglücklich und voller Begeisterung über ihre Begegnung mit Gott sind. An diesem Lobpreis sollte unsere gesamte Persönlichkeit beteiligt sein, einschließlich unserer Gefühle. Nun könnten Sie einwenden: »Ist es richtig, Gefühle in der Kirche zum Ausdruck zu bringen? Besteht hier nicht die Gefahr der Gefühlsduselei?«

Meistens ist die Gefahr bei der Beziehung zu Gott nicht so sehr ein Überschwang an Gefühlen, sondern eher das Fehlen jeglicher Gefühle. Unsere Beziehung zu Gott kann zuweilen recht kühl sein. Jede Beziehung zwischen zwei Menschen, die einander liebhaben, beinhaltet Gefühle. Selbstverständlich sollten Gefühle nicht das einzige Element sein. Auch Freundschaft, Austausch, Verständnis und Opferbereitschaft gehören dazu. Doch wenn ich meiner Frau gegenüber keinerlei Gefühlsregung zeigte, dann wäre meine Liebe zu ihr unvollständig. Wenn wir keinerlei Gefühle in unserer Beziehung zu Gott empfinden, dann sind wir nicht mit Leib und Seele bei der Sache. Wir sind dazu angehalten, Gott mit unserem *ganzen* Wesen zu lieben, zu preisen und anzubeten.

Nun könnte man der Meinung sein, gegen Gefühle im Privatbereich sei zwar nichts einzuwenden, doch öffentliche Gefühlsbezeigungen seien eindeutig fehl am Platze. Nach einer Konferenz in Brighton, bei der auch der Erzbischof von Canterbury, Carey, anwesend war, druckte *Die Times* eine Reihe von Leserbriefen zum Thema »Gefühle und die Kirche« ab. Unter der Überschrift »Carey's Charisms« schrieb ein Mann:

> *Warum ist das eigentlich so: Wenn eine Kinokomödie Gelächter hervorruft, gilt sie als Erfolg; wenn ein Theaterstück die Zuschauer zu Tränen rührt, bezeichnet man es als gelungen; wenn ein Fußballspiel die Zuschauer von den Stühlen reißt, nennen die Reporter es spannend. Werden aber die Gottesdienstbesucher von Gottes Gegenwart zu Äußerungen von Anbetung bewegt, dann beschuldigt man sie der Gefühlsduselei.*

Selbstverständlich haben wir uns vor Gefühlsduselei in acht zu nehmen und dafür zu sorgen, daß Gefühle nicht das feste Fundament biblischer Lehre verwässern. Doch der ehemalige Bischof von Coventry, Cuthbert Bardsley, drückte es einmal so aus: »Die Hauptgefahr innerhalb der anglikanischen Kirche ist mit Sicherheit nicht ein Taumel überschwenglicher Gefühle.« Man möchte hinzufügen: »Das gleiche gilt für viele andere Kirchen.« Bei unserer Anbetung Gottes sollte unsere gesamte Persönlichkeit beteiligt sein: unser Verstand, unser Herz, unser Wille und unsere Gefühle.

Sie empfingen eine neue Sprache

Wie am Pfingsttag und bei den Christen in Ephesus (Apg 19) empfingen die Nichtjuden die Gabe des Sprachengebets, als sie vom Geist erfüllt wurden. Unter »Sprachengebet« ist die Fähigkeit zu verstehen, in einer Sprache zu beten, die man normalerweise nicht beherrscht. Hierbei kann es sich entweder um die Sprache der Engel handeln (1 Kor 13,1), die uns Menschen von Natur aus fremd ist, oder um eine erkennbare menschliche Sprache (wie an Pfingsten). Penny, ein junges Mädchen aus unserer Gemeinde, betete einmal mit einem anderen Mädchen. Bald fand sie keine passenden englischen Worte mehr und begann in einer anderen Sprache zu beten. Das andere Mädchen schmunzelte, machte die Augen auf und fing an zu lachen.

»Du hast mir gerade etwas auf russisch gesagt«, sagte sie. Das Mädchen war zwar Engländerin, sprach aber fließend Russisch und hatte eine große Vorliebe für diese Sprache.

»Was habe ich denn gesagt?« wollte Penny wissen.

Das Mädchen erzählte ihr, daß sie immer wieder gesagt hatte: »Mein liebes Kind!« Penny spricht kein Wort Russisch. Für das Mädchen waren diese drei Worte ungemein bedeutsam. Durch sie erhielt sie die Gewißheit, daß Gott sehr viel an ihr lag.

Die Gabe des Sprachengebets hat sich bei vielen Menschen segensreich ausgewirkt. Sie ist, wie wir gesehen haben, eine der Gaben des Geistes. Sie ist weder die einzige Gabe des Geistes noch die wichtigste. Nicht alle Christen beten in anderen Sprachen, und das Sprachengebet ist nicht unbedingt das Anzeichen dafür, vom Geist erfüllt zu sein.

Es ist durchaus möglich, vom Geist erfüllt zu sein, ohne in anderen Sprachen zu beten. Andererseits begleitet diese Gabe nicht selten, sowohl im Neuen Testament als auch im heutigen Christentum, die Erfüllung mit dem Heiligen Geist, und sie kann die erste Begegnung mit dem deutlich übernatürlichen Wirken des Geistes sein. Vielfach herrscht Unkenntnis und Verwirrung, was diese Gabe betrifft. Deshalb habe ich diesem Thema gleich mehrere Seiten in diesem Kapitel gewidmet. Im ersten Korintherbrief Kapitel 14 spricht Paulus eine Reihe von Fragen an, die häufig gestellt werden.

Was ist Sprachengebet eigentlich?

Das Beten in einer anderen Sprache ist eine von mehreren Formen des Gebets, die im Neuen Testament erwähnt werden. »Wer in unbekannten Sprachen redet, der spricht nicht zu Menschen, sondern *zu Gott*« (1 Kor 14,2; Hervorhebung durch den Autor), schreibt Paulus und klassifiziert den Gebrauch unbekannter Sprachen damit eindeutig als Gebet. Diese Form des Gebets ist eine sehr positive Sache für den Betreffenden (Vers 4). Natürlich sind die Gaben, die der Gemeinde direkter dienen, sogar noch wichtiger, doch dadurch wird das Sprachengebet nicht belanglos. Der große Vorteil des Sprachengebets ist, daß es nicht an die Grenzen der menschlichen Sprache gebunden ist. Das will Paulus anscheinend zum Ausdruck bringen, wenn er schreibt: »Wenn er in solchen Sprachen redet, betet der heilige Geist in ihm, aber sein Verstand ist nicht daran beteiligt« (1 Kor 14,14).

Jeder lebt mit den Grenzen seines individuellen Sprachvermögens. Meines Wissens verfügt ein durchschnittlicher Engländer über einen Wortschatz von fünftausend Wörtern. Winston Churchill hatte mit fünfzehntausend Wörtern einen ungewöhnlich großen Wortschatz, doch selbst er war auf diesen Wortschatz beschränkt. Oft macht es uns zu schaffen, daß wir unsere Gefühle nicht vollständig durch Worte zum Ausdruck bringen können, nicht einmal unseren engsten Vertrauten gegenüber. Wir haben Empfindungen, die wir einfach nicht in Worte fassen können. Dies ist auch oft der Fall in unserer Beziehung zu Gott.

Hier kann sich die Gabe des Sprachengebets als große Hilfe erweisen. Das Sprachengebet befähigt uns dazu, Gott zu sagen, was wir in unserer tiefsten Seele empfinden, ohne dies erst in unsere Muttersprache übersetzen zu müssen. Daher sagt Paulus auch: »Sein Verstand ist nicht daran beteiligt.« Ein Sprachengebet ist nichts Irrsinniges; der Verstand ist deshalb nicht daran beteiligt, weil man den Gedanken nicht erst in eine erlernte Sprache übersetzen muß.

Wann ist Sprachengebet hilfreich?

Es gibt insbesondere drei Aspekte, bei denen diese Gabe als hilfreich empfunden wird.

Erstens bei *Lobpreis und Anbetung*. Unser Wortschatz stellt eine echte Begrenzung dar. Wenn Kinder (oder auch Erwachsene) sich schriftlich für ein Geschenk bedanken wollen, gehen ihnen schnell die zutreffenden Ausdrücke aus, und man findet Adjektive wie »schön«, »toll« oder »phantastisch« in mehrfacher Wiederholung vor. Wenn wir Gott loben und anbeten, reicht uns unser Wortschatz oft einfach nicht aus.

Wir sehnen uns danach, unsere Liebe, unsere Anbetung und unser Lob Gottes zum Ausdruck zu bringen, besonders wenn wir vom Geist erfüllt sind. Die Gabe des Sprachengebets ermöglicht es uns, dies ohne die Einengung der menschlichen Sprache zu tun.

Zweitens ist das Sprachengebet eine große Hilfe, wenn wir *unter Druck beten*. Es gibt Zeiten im Leben, wo man kaum weiß, wie man beten soll. Das kann daran liegen, daß wir unter Druck stehen, große Sorgen oder Kummer haben. Vor einiger Zeit betete ich mit einem sechsundzwanzigjährigen Mann, dessen Frau nach einem einzigen Ehejahr an Krebs gestorben war. Er bat um die Gabe des Sprachengebets und erhielt diese auch unverzüglich, und alles, was sich in ihm aufgestaut hatte, brach aus ihm hervor. Später sagte er mir, wie erleichtert er sei, diese Lasten ablegen zu können.

Ich selbst habe ähnliche Erfahrungen gemacht. Während einer Mitarbeiterbesprechung 1987 in unserer Gemeinde bekam ich die Nachricht, daß meine Mutter einen Herzinfarkt gehabt hatte und ins Krankenhaus gebracht worden war. Während ich nun zur Hauptstraße rannte und ein Taxi zum Krankenhaus erwischte, war ich so dankbar wie noch nie, in anderen Sprachen beten zu können. Ich wollte so dringend beten, doch es gelang mir einfach nicht, irgendwelche Sätze auf englisch zu formulieren. Die Gabe des Sprachengebets ermöglichte es mir, den ganzen Weg zum Krankenhaus zu beten und Gott die Situation trotz des enormen Stresses anzubefehlen.

Drittens hat sich die Gabe des Sprachengebets vielfach als hilfreich bei *der Fürbitte für andere* erwiesen. Es ist nicht leicht, für andere zu beten, besonders wenn man sie längere Zeit nicht gesehen oder von ihnen gehört hat. »Herr, sei mit Soundso« ist dann manchmal unser ausführlichstes Gebet. Es kann eine echte Hilfe sein, in unbekannten Sprachen für sie zu beten. Wenn wir dies tun, dann gibt Gott uns nicht selten Worte in unserer Muttersprache für ein fürsprechendes Gebet.

Es ist nicht selbstsüchtig, den Wunsch zu haben, in unbekannten Sprachen zu beten. Im ersten Korintherbrief Kapitel 14, Vers 4 heißt es zwar: »Wenn einer in unbekannten Sprachen spricht, hat nur er selbst etwas davon«, doch die indirekten Auswirkungen können sehr bedeutsam sein. Jackie Pullinger beschreibt den Wendepunkt in ihrer Arbeit, als sie diese Gabe anzuwenden begann:

> *Täglich betete ich genau fünfzehn Minuten in der Sprache des Geistes, ohne irgend etwas zu spüren, wenn ich den Geist um Hilfe bat, für jene zu beten, die er erreichen wollte. Nach etwa sechs Wochen begann ich plötzlich, Menschen wie von selbst zu Jesus zu führen. Kriminelle fielen weinend auf die Knie, Frauen wurden geheilt, Heroinsüchtige wurden durch ein Wunder von ihrer Sucht befreit. Und ich wußte, daß dies alles nicht das geringste mit mir zu tun hatte.*

Diese Gabe war auch der Vorbote für andere Geistesgaben, die sie empfing:

> *Gemeinsam mit meinen Freunden begann ich, mich über die anderen Geistesgaben zu informieren, und wir erlebten einige wirklich beachtliche Jahre in unserem Dienst. Hunderte von Kriminellen und wohlhabenden Leuten, Studenten und Kirchenleuten wurden bekehrt, und alle empfingen eine neue Sprache für ihre persönlichen Gebete sowie andere Geistesgaben, die sie bei Versammlungen einsetzten. Wir machten mehrere Heime für Heroinsüchtige auf, und allesamt wurden sie auf schmerzlose Weise von ihrer Drogensucht befreit. Dies bewirkte die Macht des Heiligen Geistes.[42]*

Billigt Paulus das Sprachengebet?

Der Hintergrund zu 1 Korinther 14 ist der übermäßige öffentliche Gebrauch des Sprachengebets. Paulus sagt: »Aber *in der Gemeindeversammlung* spreche ich lieber fünf verständliche Sätze, um andere im Glauben zu unterweisen, als zehntausend Wörter, die keiner versteht« (Vers 19; Hervorhebung durch den Autor). Es wäre nutzlos, wenn Paulus nach Korinth käme und seine Predigt in einer unbekannten Sprache hielte. Keiner würde verstehen, was er sagt, es sei denn, jemand könnte das Gesagte übersetzen. Daher gibt er Richtlinien für den öffentlichen Gebrauch von Sprachengebet (Vers 27).

Andererseits stellt Paulus klar, daß das Sprachengebet keineswegs verboten werden soll (Vers 39). Was den persönlichen Gebrauch dieser Gabe betrifft (wenn wir allein sind und zu Gott beten), so befürwortet er dies stark. Er schreibt: »Ich wünschte, daß ihr alle in Sprachen des Geistes reden könntet« (Vers 5) und: »Ich danke Gott, daß ich mehr als ihr alle in Sprachen des Geistes rede« (Vers 18). Das soll nicht bedeuten, daß jeder Christ in unbekannten Sprachen beten muß, oder daß wir Christen zweiter Klasse wären, wenn wir dies nicht tun. Ebensowenig bedeutet es nicht, daß Gott uns weniger liebhätte, wenn wir noch nicht in unbekannten Sprachen beten. Dennoch ist die Gabe des Sprachengebets eine Segnung von Gott.

Wie empfängt man die Gabe des Sprachengebets?

Manche sagen von sich: »Ich möchte die Gabe des Sprachengebets gar nicht haben.« Gott wird uns niemals ein Geschenk aufdrängen. Das Beten in unbekannten Sprachen ist nur eine der vielen wunderbaren Gaben des Geistes, und bei weitem nicht die einzige, wie wir im vorigen Kapitel gesehen haben. Wie jede Gabe muß sie im Glauben angenommen werden.

Nicht jeder Christ betet in unbekannten Sprachen. Dennoch sagt Paulus: »Ich wünschte, daß ihr alle in Sprachen des Geistes reden könntet«, wodurch er klarstellt, daß diese Gabe nicht nur für eine bestimmte Klasse von Christen bestimmt ist. Sie kann von allen Christen erworben werden. Es gibt keinen Grund, warum jemand, der diese Gabe haben möchte, sie nicht bekommen könnte. Paulus will nicht behaupten, das Sprachengebet sei das Nonplusultra des Christseins, sondern nur, daß es ein sehr hilfreiches Geschenk ist. Wenn Sie es gern bekommen möchten, spricht nichts dagegen.

Wie bei allen Gaben Gottes müssen wir uns dem Geist bereitwillig zur Verfügung stellen. Gott drängt uns seine Gaben nicht auf. Als ich gerade Christ geworden war, las ich irgendwo, daß die Gaben des Geistes nach dem Zeitalter der Apostel (also nach dem 1. Jahrhundert) versiegt seien; heute gebe es sie nicht mehr. Als ich vom Sprachengebet hörte, beschloß ich zu beweisen, daß dies nicht für unsere Zeit bestimmt ist, und so betete ich um diese Gabe und machte den Mund fest zu! Ich betete nicht in unbekannten Sprachen, und das zeigte, wie ich meinte, daß die Gaben des Geistes tatsächlich mit den Aposteln ausgestorben waren.

Eines Tages kamen zwei Freunde von mir vorbei, die gerade vor kurzem vom Geist erfüllt worden waren und die Gabe des Sprachengebets bekommen hatten. Ich sagte mit dem Brustton der Überzeugung zu ihnen, daß die Gaben des Geistes mit dem Zeitalter der Apostel ausgestorben seien, aber es war offensichtlich, daß die beiden irgendwie davon verändert worden waren. Sie hatten eine neue Ausstrahlung, und die haben sie auch heute noch. Ich entschloß mich dazu, die Leute, die für sie gebetet hatten, zu bitten, auch für mich zu beten, daß ich vom Geist erfüllt würde und die Gabe des Sprachengebets erhielt. Als sie es taten, erfuhr ich die Kraft des Heiligen Geistes am eigenen Leib. Meine Freunde erklärten mir, daß man, wenn man die Gabe des Sprachengebets bekommen möchte, den Geist bereitwillig an sich arbeiten lassen muß; man muß den Mund öffnen, um mit Gott in jeder Sprache außer seiner Muttersprache oder anderen erlernten Fremdsprachen zu reden. Als ich dies tat, empfing auch ich die Gabe des Sprachengebets.

Welche Hindernisse können der Erfüllung mit dem Geist im Weg stehen?

Jesus redete einmal über das Thema Gebet und Heiliger Geist mit seinen Jüngern (Lk 11,9-11). Hier ging es um die zentralen Verständnisschwierigkeiten, was Gebetserhörung betrifft.

Zweifel

Auf diesem Gebiet gibt es vielerlei Zweifel. Der größte lautet: »Bekomme ich wirklich, um was ich bitte?«

Jesus sagt einfach nur: »Bittet, und ihr werden bekommen!«

Jesus muß gewußt haben, daß die Jünger etwas skeptisch waren, denn er sagt das gleiche mit anderen Worten: »Sucht, und ihr werdet finden!«

Und ein drittes Mal: »Klopft an, und man wird euch öffnen!«

Weil er das menschliche Wesen so gut kennt, sagt er es ein viertes Mal: »Denn wer bittet, der bekommt.«

Die Jünger scheinen immer noch nicht sehr überzeugt zu sein, und er sagt zum fünften Mal: »Wer sucht, der findet.«

Und wieder, zum sechsten Mal: »Wer anklopft, dem wird geöffnet.«

Warum betont er die gleiche Aussage sechsmal? Weil er uns so gut kennt. Es fällt uns sehr schwer zu glauben, daß Gott uns jeden Wunsch erfüllen kann – besonders wenn wir uns etwas so Ungewöhnliches und Wunderbares wie seinen Heiligen Geist und die Gaben dieses Geistes wünschen.

Ängste

Angenommen, wir haben die erste Hürde, nämlich Zweifel, mit Bravour genommen. Die nächste ist eine Hürde von Ängsten. Die Ängste haben mit dem erbetenen Geschenk zu tun. Wird es tatsächlich etwas Positives sein?

Jesus bringt den Vergleich mit einem irdischen Vaters. Wenn ein Kind um einen Fisch bittet, dann wird ihm sein Vater doch keine Schlange geben! Oder wenn das Kind um ein Ei bittet, welcher Vater würde ihm einen Skorpion geben? (Lk 11,11-12). Es ist undenkbar, daß wir unsere Kinder so gemein behandeln würden. Als nächstes führt Jesus uns vor Augen, wie bösartig wir im Vergleich zu Gott sind. Wenn wir unsere Kinder schon nicht so schäbig behandeln, dann ist es um so unwahrscheinlicher, daß Gott dies mit seinen Kindern tun würde. Er wird uns nicht enttäuschen. Wenn wir um den Heiligen Geist und die Gaben, die er mit sich bringt, bitten, dann werden wir auch haargenau das bekommen (Lk 11,13).

Unzulänglichkeit

Selbstverständlich ist es wichtig, daß wir keine unvergebene Sünden mit uns herumtragen und daß wir uns von allem, was ungut ist, abgewandt haben. Doch selbst wenn wir dies getan haben, werden wir nicht selten von einem unbestimmten Schuldkomplex und einem Gefühl der Unzulänglichkeit geplagt. Wir können uns kaum vorstellen, daß Gott ausgerechnet uns einen Wunsch erfüllen würde. Daß er Leuten, die schon jahrelang Christ sind, Geschenke gibt, ist uns einsichtig, aber uns? Jesus sagte nicht etwa: »Wieviel mehr wird der Vater im Himmel allen reifen Christen seinen Geist geben«, sondern: »Wieviel mehr wird der Vater im Himmel denen seinen Geist geben, *die ihn darum bitten*« (Lk 11,13; Hervorhebung durch den Autor).

Wenn Sie gern vom Geist erfüllt werden möchten, dann könnten Sie sich jemanden suchen, der für Sie betet. Wenn Sie niemanden kennen, der dazu in der Lage wäre, dann hält Sie nichts davon ab, selbst darum zu beten. Manche Menschen werden vom Geist erfüllt, ohne die Gabe des Sprachengebets zu erhalten. Diese beiden Dinge sind nicht notwendigerweise aneinander gebunden, wenn sie auch im Neuen Testament und auch heute noch häufig gemeinsam auftreten. Es gibt keinen Grund, weshalb wir nicht um beides beten sollten.

Wenn Sie für sich beten, gehen Sie folgende Schritte im Gebet:

1. Bitten Sie Gott, Ihnen alles zu vergeben, was Ihrer Gebetserhörung im Weg stehen könnte.
2. Kehren Sie sich von allen Bereichen Ihres Lebens ab, die eindeutig sündig sind.
3. Bitten Sie Gott, Sie mit seinem Geist zu erfüllen und Ihnen die Gabe des Sprachengebets zu schenken. Suchen Sie, bis Sie finden. Klopfen Sie an, bis Ihnen die Tür geöffnet wird. Suchen Sie Gott aus ganzem Herzen.
4. Machen Sie den Mund auf und loben Sie Gott in jeder Sprache, die nicht Ihre Muttersprache ist oder die Sie erlernt haben.
5. Glauben Sie, daß das, was Sie empfangen, von Gott ist. Lassen Sie sich von niemandem einreden, Sie hätten es nur erfunden (dies wäre höchst unwahrscheinlich).
6. Geben Sie nicht auf. Es braucht Zeit, Sprachen zu entwickeln. Meistens fangen wir mit einem sehr begrenzten Wortschatz an, der allmählich immer größer wird. Beim Sprachengebet ist dies genauso. Es braucht Zeit, diese Gabe zu entwickeln. Nur Mut!

Vom Geist erfüllt zu werden ist keine Sache, die man nur ein einziges Mal erlebt. Innerhalb von drei Kapiteln wird Petrus dreimal vom Geist erfüllt (Apg 2,4; 4,8.31). Wenn Paulus schreibt: »Laßt euch ... vom Geist Gottes erfüllen« (Eph 5,18), dann schreibt er es in der Verlaufsform der Gegenwart. Damit bittet er die Christen in Ephesus und auch uns dringend, uns immerzu vom Geist erfüllen zu lassen.

Kapitel 10

Wie widerstehe ich dem Bösen?

Im Englischen ist der enge innere Zusammenhang zweier bedeutender Begriffspaare auch rein sprachlich erkennbar: *gut* und *Gott* (»good«/»god«) und *böse* und *Teufel* (»evil«/»devil«).

Hinter der Macht des Guten steht der Gütige selbst. Direkt oder indirekt hinter unseren üblen Wünschen und den Versuchungen dieser Welt steht das Übel in Person: der Teufel.

Weil es soviel Böses in der Welt gibt, finden manche Menschen es leichter, an den Teufel zu glauben als an Gott. »An Gott glaube ich nicht ... aber was den Teufel betrifft, da sieht die Sache schon anders aus ... der Teufel rührt die Werbetrommel ... der Teufel macht fleißig Reklame«, sagte William Peter Blatty, der *The Exorcist* geschrieben und produziert hat.[43]

Andererseits sind viele Menschen in westlichen Ländern eher dazu bereit, an Gott als an den Teufel zu glauben. Dies mag zum Teil an dem falschen Bild liegen, das man sich vom Teufel macht. Wenn die Vorstellung von Gott als altem, bärtigen Mann auf einer Flöckchenwolke völlig absurd und unglaubwürdig ist, dann ist die Vorstellung vom Teufel als gehörntem Wesen, das durch Dantes Inferno stapft, dies nicht minder. Wir haben es nicht etwa mit einer Art Marsmensch zu tun, sondern mit einer realen, persönlichen Macht des Bösen, die in unserer Welt aktiv am Werk ist.

Wenn wir schon an einen transzendenten Gott glauben, dann ist es in gewisser Hinsicht nur eine logische Folgerung, auch an einen Teufel zu glauben.

Michael Green schreibt:

> *Der Glaube an eine große, transzendente Macht des Bö-*
> *sen stellt keine größere Herausforderung an uns als der*
> *Glaube an eine transzendente Macht des Guten. Ganz im*
> *Gegenteil: Das eine erleichtert das andere. Gäbe es*
> *nämlich keinen Satan, dann würde man fast unweiger-*
> *lich zu dem Schluß gelangen, Gott sei ein feindliches We-*
> *sen, und zwar nicht nur aufgrund seines Handelns in der*
> *Natur, sondern auch aufgrund dessen, was er an mensch-*
> *licher Grausamkeit zuläßt.*[44]

Der biblischen Weltsicht zufolge steckt hinter dem Bösen auf der Welt kein anderer als der Teufel. Das griechische Wort für *Teufel*, »diabolos«, ist eine Entsprechung des hebräischen Wortes »satan«. Die Bibel gibt uns nicht viel an Informationen über die Herkunft Satans. Aufgrund von Jesaja 14,12-23 läßt sich unter Umständen herleiten, daß er ein gefallener Engel ist. Im Alten Testament ist nur an einigen wenigen Stellen die Rede von ihm (Hiob 1; 1 Chr 21,1); aus diesen ist ersichtlich, daß er keine unbestimmte Macht, sondern ein persönliches Wesen ist.

Das Neue Testament zeichnet ein ausführlicheres Bild von sei-nem Handeln. Der Teufel ist eine übernatürliche Person, die ak-tiv gegen Gott rebelliert und die eine Anzahl von Dämonen be-fehligt. Paulus weist uns an: »Legt die Waffen an, die Gott euch gibt, dann können euch die Schliche des Teufels nichts anhaben. Denn wir kämpfen nicht gegen Menschen. Wir kämpfen gegen unsichtbare Mächte und Gewalten, gegen die bösen Geister zwi-schen Himmel und Erde, die jetzt diese dunkle Welt beherrschen« (Eph 6,11-12).

Paulus warnt uns also, den Teufel und seine Engel auf keinen Fall zu unterschätzen. Sie sind hinterlistig (»die Schliche des Teu-fels«). Sie sind mächtig (»Mächte«, »Gewalten«). Sie sind bösar-tig (»die bösen Geister«). Es sollte uns daher nicht überraschen, wenn wir gewaltigen Attacken des Feindes ausgesetzt werden.

Warum sollten wir mit der Existenz des Teufels rechnen?

Was überzeugt uns von der Existenz des Teufels? Manche Menschen sagen: »Heutzutage kann man nicht mehr an den Teufel glauben.« Es gibt jedoch eine Reihe von guten Gründen, die für seine Existenz sprechen.

Erstens ist es biblisch. Das soll nicht heißen, daß die Bibel schwerpunktmäßig vom Teufel spricht. Satan wird nur selten im Alten Testament erwähnt, und erst im Neuen Testament wird diese Lehre weiter entfaltet. Jesus war offensichtlich von Satans Existenz überzeugt; er wurde auch von ihm versucht. Jesus trieb häufig Dämonen aus, um Menschen von den Mächten des Bösen und von Sünde zu befreien; er gab seinen Jüngern die Vollmacht, dasselbe zu tun. Auch im übrigen Neuen Testament finden sich viele Textstellen über das Wirken des Teufels (z. B. 1 Petr 5,8-11; Eph 6,1-12).

Zweitens haben die Christen seit jeher fast ausnahmslos an die Existenz des Teufels geglaubt. Die frühen Theologen der Kirche, die Reformatoren, die großen Evangelisten wie Wesley und Whitefield, die überwältigende Mehrheit der Gläubigen aller Zeiten haben gewußt, daß die übernatürlichen Mächte des Bösen keine Erfindung, sondern ernste Wirklichkeit sind. Sobald wir anfangen, Gott zu dienen, sind wir die Zielscheibe seiner Aufmerksamkeit. Von Jean-Bapiste Vianney stammt der Ausspruch: »Der Teufel versucht nur jene Seelen, die sich von der Sünde abkehren wollen. ... Die übrigen gehören ihm schon; er braucht sie nicht zu versuchen.« [45]

Drittens bestätigt uns der gesunde Menschenverstand, daß der Teufel existiert. Jede Theologie, die die Existenz einer persönlichen, widergöttlichen Intelligenz leugnet, ist mit einer großen Anzahl von ungelösten Fragen behaftet. Korrupte politische Regimes, vom Staat gebilligte Folter und Gewalt, Massenmorde, brutale Vergewaltigungen, groß angelegte Drogenringe, Terroristenanschläge, sexueller und körperlicher Mißbrauch von Kindern, Okkultismus und satanische Messen: Wer steckt hinter alledem?

Die Existenz des Teufels läßt sich also aus der Bibel, aus der Kirchengeschichte sowie rein verstandesmäßig begründen. Dies soll jedoch keineswegs bedeuten, daß unser ganzes Denken von nun an nur um ihn kreisen sollte. C. S. Lewis schreibt: »Was die Teufel betrifft, so gibt es zwei gleichermaßen falsche, doch entgegengesetzte Irrtümer, denen die Menschen erliegen können. Der eine ist, ihre Existenz einfach zu leugnen. Der andere ist, an sie zu glauben und ein übertriebenes, ungesundes Interesse für sie zu hegen. Über beide Fehleinschätzungen freuen sie sich gleichermaßen und begrüßen einen Materialisten mit demselben Vergnügen wie einen Zauberer.« [46]

Michael Green führt dazu folgendes aus:

> *Wie jeder General, der den Feind dazu bringen kann, ihn zu unterschätzen, freut Satan sich zweifelsohne über den gegenwärtigen Zustand der Dinge, der es ihm erlaubt, mit einem Höchstmaß an Effektivität vorzugehen, denn man tut ihm weitgehend den Gefallen, ihn nicht ernst zu nehmen. Je mehr seine Existenz bezweifelt wird, desto besser für ihn. Je mehr er das Denken der Menschen dahingehend manipulieren kann, daß sie blind für die Wahrheit sind, desto besser kann er seine Zwecke verfolgen.*[47]

Viele Menschen erliegen der entgegengesetzten Gefahr und entwickeln ein übertriebenes, ungesundes Interesse an ihm. Neuerdings beschäftigt man sich intensiv mit Spiritismus, Handlesen, Buchstabenbrettern, Geisterbeschwörung (Kontaktaufnahme mit Verstorbenen), Astrologie, Horoskopen, Hexenkunst und okkulten Mächten. Die Bibel verbietet jede Beschäftigung mit diesen Dingen (Dtn 18,10; Lev 19,20 ff; Gal 5,19; Offb 21,8; 22,15). Wenn wir uns je auf eines dieser Gebiete eingelassen haben, können wir um Vergebung bitten. Wir müssen unseren Ungehorsam aufrichtig bereuen und alles zerstören, was damit zu tun hat, sämtliche Bücher, Schmuckstücke, Videokassetten, Zeitschriften usw. (Apg 19,19).

Auch Christen können ein ungesundes Interesse an diesen Dingen haben. Jemand, der vor kurzem zum Glauben gekommen war, zeigte mir einmal zwei angeblich christliche Bücher, in denen es ausschließlich um das Wirken des Feindes ging. Vieles daran war reine Spekulation: ein Zusammenhang wurde hergestellt zwischen der Zahl des Tieres in der Offenbarung und unseren modernen Kreditkarten! Der Autor hatte zweifellos aus guter Absicht gehandelt, doch ich hielt es für eine ungesunde Sache, den Schwerpunkt auf den Widersacher zu legen. Die Bibel tut dies nie. Sie richtet das Augenmerk immer auf Gott.

Was sind die Methoden des Teufels?

Das Hauptziel Satans ist es, jedes menschliche Lebewesen zu zerstören (Joh 10,10). Er will uns dazu bringen, ins eigene Verderben zu laufen. Zu diesem Zweck setzt er alles daran, Menschen vom Glauben an Jesus Christus fernzuhalten. Paulus sagt uns: »Der Satan, der diese Welt beherrscht, hat sie mit Blindheit geschlagen, so daß sie dieser Guten Nachricht nicht glauben und ihren hellen Glanz nicht sehen können. In diesem Glanz enthüllt sich die Herrlichkeit Christi, und in Christus wird Gott selbst sichtbar« (2 Kor 4,4).

Solange wir in unserer Blindheit auf Satans Weg entlangtrotten, werden wir vermutlich nichts von seiner Taktik wahrnehmen. Wenn wir aber den Weg einschlagen, der zum Leben führt, und uns die Augen für die Wahrheit öffnen lassen, dann wird uns klar, daß wir unter Beschuß des Feindes stehen.

Oft greift er uns zuerst auf dem Gebiet des Zweifelns an. Gleich in den ersten Kapiteln der Bibel sehen wir ein Beispiel dafür. Der Widersacher in der Gestalt einer Schlange sagt zu Eva: »Hat Gott das wirklich gesagt ...?« Seine erste Maßnahme ist es, Zweifel in ihr zu erwecken.

Dieselbe Methode sehen wir auch in der Versuchung Jesu. Der Teufel kommt zu ihm und sagt: »*Wenn* du Gottes Sohn bist ...« (Mt 4,3; Hervorhebung durch den Autor). Zuerst sät er Zweifel; dann bombardiert er uns mit Versuchungen. An seinen Methoden hat sich bis heute nichts geändert. Noch immer will er Zweifel in uns wecken: »Hat Gott *wirklich* gesagt, daß dies oder jenes falsch ist?« oder: »*Wenn* du ein Christ bist ...«. Er will unsere Gewißheit dessen, was Gott gesagt hat, und unsere Beziehung zu Gott untergraben. Wir müssen uns klarmachen, was die eigentliche Ursache unserer Zweifel ist.

Das Streuen von Zweifeln ging dem Hauptangriff in beiden Fällen voraus. Genesis 3 beschreibt das Schema, das Satan, der »Versucher« (Mt 4,3), häufig befolgt.

In Genesis 2,16 und 17 gab Gott Adam und Eva große Handlungsfreiheit (»Du darfst von allen Bäumen des Gartens essen«), eine einzige Einschränkung (»nur nicht von dem Baum, dessen Früchte Wissen geben«) und eine Warnung dessen, welche Konsequenzen ihr etwaiger Ungehorsam nach sich ziehen würde (»Sonst mußt du sterben«).

Satan ignoriert nun die große Handlungsfreiheit und redet nur von der einen Einschränkung, die er in übertriebener Form darstellt (Gen 3,1). An seinen Methoden hat sich nichts geändert. Er übergeht die Tatsache, daß Gott uns in seiner Großzügigkeit alle Dinge zu unserem reichlichen Genuß zur Verfügung gestellt hat (1 Tim 6,17). Er ignoriert den großen Segen einer innigen Verbindung mit Gott. Er entwertet den inneren Reichtum von christlichen Ehen und Familien, die Geborgenheit einer christlichen Gemeinschaft, die stabilen Freundschaften unter Christen und die zahllosen anderen Dinge, die Gott für jene bereithält, die ihn kennen und lieben. Über diese großen Geschenke verliert er kein Wort. Statt dessen will er unser Augenmerk auf eine winzige, lächerliche Liste von Dingen richten, die Christen verboten sind: Wir dürfen uns beispielsweise nicht betrinken, wir dürfen nicht fluchen und mit x-beliebigen Leuten schlafen. Gott verbietet uns relativ wenige Dinge, und wenn er dies tut, dann hat er gute Gründe dafür.

Als nächstes leugnet er die Strafe. »Auf keinen Fall werdet ihr sterben!« sagt er (Gen 3,4). Er will uns einreden, daß es nicht schadet, Gott ungehorsam zu sein. Er will uns glauben machen, daß Gott im Grunde ein Spielverderber ist, daß Gott keineswegs das Beste für uns will und daß wir uns etwas entgehen lassen, wenn wir ihm nicht ungehorsam werden. Dabei ist genau das Gegenteil der Fall, wie Adam und Eva entdeckten. Durch Ungehorsam entgeht uns so viel von dem, was Gott für uns bereithält.

In den nächsten Versen sehen wir die Konsequenzen des Ungehorsams Gott gegenüber. Zuerst: Scham und Bestürzung. Adam und Eva merkten, daß sie nackt waren, und machten sich hastig eine Körperbedeckung (Vers 7). Wie schnell würden wir aus dem

Zimmer laufen, wenn jede unserer Handlungen auf einem Bildschirm abliefe, gefolgt von einer schriftlichen Liste jedes Gedankens, den wir je gedacht haben! Im Grunde unseres Herzens schämen wir uns wegen unserer Sünde; sie ist uns peinlich. Sir Arthur Conan Doyle spielte zwölf seiner Zeitgenossen einmal einen Streich. Diese zwölf waren ausnahmslos bekannte, respektierte Bürger, die als Stützen der Gesellschaft galten. An jeden schickte er ein Telegramm mit dem Wortlaut: »Sofort fliehen stop alles aufgeflogen.« Innerhalb von vierundzwanzig Stunden hatten alle zwölf das Land verlassen! Wir alle haben irgendwann Dinge getan, für die wir uns schämen, Dinge, die wir auf keinen Fall unters Volk getragen haben wollen. Oft bauen wir Mauern um uns auf, um zu verhindern, daß jemand unsere geheimen Missetaten entdeckt.

Als nächstes erlitt Adams und Evas Freundschaft mit Gott einen Bruch. Als sie Gott kommen hörten, versteckten sie sich (Vers 8). Auch heute weichen viele Menschen vor Gott zurück. Sie wollen der Möglichkeit seiner Existenz nicht ins Auge sehen. Wie Adam haben sie Angst (Vers 10). Manche haben extreme Angst davor, in die Kirche zu gehen oder Umgang mit Christen zu pflegen. Ein Ehepaar aus unserer Gemeinde erzählte mir von einem knapp neunzig Kilo schweren Rugbyspieler aus Australien, den sie zum Gottesdienst eingeladen hatten. Er kam bis an die Einfahrt; dann fing er an, im Auto zu zittern. »Ich schaff's nicht. Ich hab' zuviel Angst, in die Kirche zu gehen«, sagte er. Er brachte es nicht fertig, Gott unter die Augen zu treten. Zwischen ihm und Gott stand eine Trennwand, genau wie bei Adam und Eva. Gott wollte die Freundschaft unverzüglich wiederherstellen, indem er rief: »Wo bist du?« (Vers 9). Genau das will er auch heute noch.

Und dann tut sich eine Kluft zwischen Adam und Eva auf. Adam beschuldigt Eva. Eva schiebt die Schuld auf den Teufel. Dabei sind sie, genau wie wir alle, selbst verantwortlich für ihre Sünde. Es geht nicht an, daß wir Gott, anderen Menschen oder sogar dem Teufel die Schuld zuschieben (Jak 1,13-15). Diese Schluchten zwischen Menschen können wir in unserer heutigen Gesellschaft beobachten. Wo sich Menschen von Gott abwenden, da bricht Streit aus. Überall, wo wir uns umsehen, gibt es zerrüttete Beziehungen: zerrüttete Ehen, zerrüttete Familien, zerrüttete Beziehungen unter Arbeitskollegen, Bürgerkriege und Kriege zwischen Nationen.

In Gottes Strafe (Vers 14 und folgende Verse) sehen wir ganz klar, daß Adam und Eva von Satan betrogen worden waren. Durch seine Täuschung hatte er sie von Gott weg auf einen Weg gelockt, der, wie Satan von Anfang an gewußt hatte, zum Verderben führt.

Satan ist ein Betrüger, ein Zerstörer, ein Versucher und ein Anstifter des Zweifels. Er ist auch ein Ankläger. Das hebräische Wort für Satan bedeutet ursprünglich *Ankläger* oder *Verleumder*. Er macht Gott bei den Menschen schlecht. Er gibt Gott die Schuld an allem. Gott, so behauptet er, kann man nicht vertrauen. Zweitens will er auch die Menschen vor Gott schlechtmachen (Offb 12,10). Er leugnet die Macht, die der Tod Jesu in sich birgt. Er urteilt schlecht über uns und verursacht uns Schuldgefühle – nicht etwa wegen einer bestimmten Sünde, sondern einfach ganz allgemein und vage. Der Heilige Geist dagegen lenkt unser Augenmerk auf ganz bestimmte Sünden, damit wir uns bewußt davon abwenden können.

Versuchung ist nicht dasselbe wie Sünde. Manchmal streut der Teufel einen Gedanken in unser Denken, von dem wir wissen, daß er ungut ist. An diesem Punkt stehen wir vor einer Entscheidung: Geben wir nach, oder bleiben wir standhaft? Wenn wir nachgeben, sind wir auf dem besten Weg zu einer sündigen Handlung. Lehnen wir aber ab, so folgen wir damit dem Beispiel Jesu. Er »wurde genau wie wir auf die Probe gestellt und blieb doch ohne Sünde« (Heb 4,15). Als Satan ungute Gedanken ausstreuen wollte, wies er sie von sich. Doch oft klagt Satan uns an, bevor wir überhaupt dazu kommen, eine Entscheidung zu treffen. Im Bruchteil einer Sekunde hält er uns auch schon vor: »Schau dich nur an! Und du willst ein Christ sein? *Was* hast du da gerade gedacht? Du kannst ja gar kein Christ sein. So etwas denken Christen nicht!« Er will, daß wir ihm recht geben und sagen: »Au weia! Ein Christ kann ich schon mal nicht sein!«, oder: »Ach du Schande! Jetzt hab' ich alles vermasselt. Da kommt's nicht darauf an, ob ich noch einen Schnitzer mehr mache.« Wir sind auf dem absteigenden Ast, und genau darauf hat er es abgesehen. Abwertung und Anklage sind seine Methoden. Wenn er es schafft, Schuldgefühle in uns hervorzurufen, dann ist die Schlacht schon halb gewonnen, denn wir denken: »Jetzt ist es sowieso egal, ob ich es tue oder nicht. Ich habe ja schon versagt.« In dem Moment, wo wir nachgeben und es tun, wird aus Versuchung Sünde.

Er will, daß Scheitern unser Verhaltensschema wird. Er weiß genau: je mehr wir nachgeben und sündigen, desto mehr wird Sünde unser Leben beherrschen. Die erste Heroinspritze mag vielleicht nicht direkt zur Abhängigkeit führen, aber wer Tag für Tag, Monat für Monat, Jahr für Jahr Heroin spritzt, der wird süchtig und kommt nicht mehr davon los. Heroin ist zur Übermacht geworden. Wenn wir der Gewohnheit verfallen, Dinge zu tun, von denen wir wissen, daß sie ungut sind, dann werden wir zum Sklaven dieses Verhaltens. Wir werden süchtig, und wir befinden uns auf dem Weg, den Satan sich wünscht: nämlich auf dem Weg, der ins Verderben führt (Mt 7,13).

Wo stehen wir?

Für uns Christen gilt: »Er hat uns aus der Gewalt der dunklen Mächte gerettet und uns unter die Herrschaft seines geliebten Sohnes gestellt« (Kol 1,13). Bevor wir Christen wurden, so sagt Paulus, waren wir dem Reich der Dunkelheit hörig. Satan beherrschte uns, und wir waren Sklaven der Sünde, des Todes und des Verderbens. So sieht das Reich der Dunkelheit aus.

Aber jetzt, sagt Paulus, sind wir vom Reich der Dunkelheit in das Königreich des Lichtes versetzt worden. In dem Moment, wo wir zu Christus kommen, sind wir von der Dunkelheit zum Licht übergewechselt, und im Königreich des Lichts ist Jesus der König. Dort finden wir Vergebung, Freiheit, Leben und Errettung. Wenn wir den Wechsel vollzogen haben, gehören wir einem anderen: Jesus Christus und seinem Königreich.

1992 bezahlte der italienische Verein Lazio fünfeinhalb Millionen Pfund für Paul Gascoigne, der von Tottenham Hotspur zu Lazio überwechselte. Angenommen, »Gazza«, der jetzt für Lazio spielt, bekäme eines Tages einen Anruf von Terry Venables, seinem ehemaligen Trainer bei Tottenham Hotspur: »Gazza, wieso warst du heute morgen nicht beim Training?«, worauf Gazza antworten würde: »Ich spiel' doch gar nicht mehr bei euch, Mensch. Ich bin zu einem anderen Verein übergewechselt.« (Oder wenigstens etwas in der Art würde er sagen.)

Unser »Vereinswechsel« ist unvergleichlich bedeutsamer. Wir sind vom Königreich der dunklen Mächte, wo Satan König ist, zum Königreich Gottes übergewechselt, wo Jesus das Sagen hat. Wenn Satan uns aufträgt, seine Schmutzarbeit zu tun, lautet unsere Antwort: »Wir gehören nicht mehr zu euch.«

Satan ist ein besiegter Feind (Lk 10,17-20). Was Jesus am Kreuz vollbrachte, beschreibt Kolosser 2,15 mit folgenden Worten: »Die unsichtbaren Mächte hat er entwaffnet und sie zu ihrer Schande vor aller Welt in seinem Triumphzug mitgeführt.« Satan mitsamt seinen Gehilfen wurden am Kreuz besiegt, und das ist auch der Grund, weshalb Satan und seine Dämonen bei dem Namen Jesus von Entsetzen gepackt werden (Apg 16,18). Sie wissen, daß sie unterlegen sind.

Jesus hat uns von aller Schuld befreit, so daß wir keine Verurteilung mehr fürchten müssen. Er hat uns von Abhängigkeiten befreit. Jesus hat die Macht dieser Dinge gebrochen und uns die Freiheit geschenkt. Er brach die Angst vor dem Tod, als er den Tod selbst besiegte. Dadurch gab er uns die Möglichkeit, von allen Ängsten frei zu werden. Schuld, Abhängigkeit und Angst gehören dem Königreich der dunklen Mächte an. Jesus hat uns in ein anderes Königreich geholt.

Das Kreuz war ein überwältigender Sieg über Satan und seine Gehilfen, und wir leben nun in einer Ära der Entrümpelungsaktionen. Obwohl der Feind noch nicht endgültig zerstört ist und noch immer Schaden anrichten kann, ist er entwaffnet, besiegt und auf verlorenem Posten. Dies ist unsere Situation. Hier stehen wir, und es ist extrem wichtig, daß wir uns die Macht unserer Position klarmachen, einer Position, die Jesus am Kreuz für uns errungen hat.

Wie verteidigen wir uns?

Solange wir noch unter Beschuß stehen und Satan noch nicht endgültig vernichtet ist, müssen wir dafür sorgen, eine intakte Verteidigung zu haben. Paulus fordert uns auf: »Legt die Waffen an,

die Gott euch gibt, dann können euch die Schliche des Teufels nichts anhaben« (Eph 6,11). In den darauffolgenden Versen erwähnt er sechs Rüstungsgegenstände, die wir brauchen. Manchmal hört man die Formulierung: »Das Geheimnis des Lebens als Christ liegt darin, daß ...« Aber es gibt kein Element, auf das es einzig und allein ankommt. Wir brauchen die *gesamte* Rüstung.

Als erstes brauchen wir die »Wahrheit Gottes als Gürtel«. Damit ist sicherlich das Fundament der christlichen Lehre und Wahrheit gemeint. Wir sollen die ganze christliche Wahrheit (oder soviel davon, wie wir nur irgend können) in uns aufnehmen. Dies tun wir, indem wir die Bibel lesen, Predigten und Vorträge hören, christliche Bücher lesen und Kassetten hören. Auf diese Weise lernen wir, Wahrheit von Satans Lügen zu unterscheiden, denn Satan »ist ein Lügner, und alle Lüge stammt von ihm« (Joh 8,44).

Als nächstes brauchen wir das »Tun des Guten als Panzer«. Diesen »Panzer der Gerechtigkeit« (Luther; Anm. d. Übers.) erhalten wir von Gott durch das, was Jesus für uns am Kreuz erreicht hat. Wir können nun in einer innigen Verbindung mit Gott leben und ein aufrichtiges, reines Leben führen. Wir müssen dem Teufel widerstehen. Der Apostel Jakobus sagt: »Leistet dem Satan Widerstand, und er wird vor euch fliehen. Nähert euch Gott, und er wird sich euch nähern« (Jak 4,7-8). Es passiert uns allen hin und wieder, daß wir fallen. Es ist wichtig, schnell wieder aufzustehen. Dies tun wir, indem wir Gott sagen, wie sehr wir unsere Handlung bereuen; dabei sollten wir die Dinge so genau wie möglich beim Namen nennen (1 Joh 1,9). Dann verspricht Gott uns, die Freundschaft zwischen sich und uns wiederherzustellen.

Unsere Schuhe sind »die Bereitschaft, die Gute Nachricht vom Frieden mit Gott zu verkünden« (Vers 15). Darunter verstehe ich, daß wir bereitwillig über das Evangelium von Jesus Christus reden sollten. John Wimber pflegt zu sagen: »Es ist schwer, durch Nichtstun ein effektives Leben zu führen.« Wenn wir ständig nach Gelegenheiten Ausschau halten, um die gute Nachricht weiterzugeben, sind wir gut gegen den Feind gerüstet. Sobald wir uns vor unseren Verwandten und Arbeitskollegen zum christlichen Glauben bekennen, haben wir eine wirkungsvolle Abwehr. Dies ist nicht leicht, denn wir wissen, daß andere uns nun beobachten; sie wollen wissen, ob wir unseren Glauben konsequent ausleben. Doch nun haben wir einen großen Anreiz, dies zu tun.

Das vierte Element unserer Waffenrüstung ist »das feste Vertrauen« als Schild (Vers 16). Mit diesem Schild können wir »die Brandpfeile des Satans abfangen«. Vertrauen ist das Gegenteil von Zynismus und Skepsis, Dinge, die schon bei vielen Menschen verheerenden Schaden angerichtet haben. Ein Aspekt dieses Vertrauens wurde einmal als die Bereitschaft beschrieben, »ein Versprechen Gottes zu nehmen und es zu wagen, daran zu glauben«. Satan wird uns mit seinen Pfeilen des Zweifels bombardieren, weil er uns untergraben will – doch mit dem Schild des Glaubens widerstehen wir ihm.

Fünftens weist Paulus uns an: »Die Gewißheit eurer Rettung sei euer Helm« (Vers 17). Wie Bishop Westcott, Theologieprofessor an der Universität Cambridge, einmal erläuterte, hat unsere Errettung drei Zeitformen: Jesus *befreite* uns von der Strafe der Sünde. Er *befreit* uns von der Macht der Sünde. Er *wird* uns von der Gegenwart der Sünde *befreien*. Diese grundlegenden Konzepte müssen wir uns klarmachen; wir müssen sie in- und auswendig kennen, damit wir sie den Zweifeln und Anklagen des Feindes entgegenhalten können.

Als letztes erwähnt Paulus das »Wort Gottes« als »das Schwert, das der Geist euch gibt« (Vers 17). Zweifellos denkt er hier an die Heilige Schrift. Jesus verteidigte sich mit Zitaten aus der Schrift, als er von Satan angegriffen wurde. Jeder Versuchung Satans antwortete er mit dem Wort Gottes, und Satan mußte sich schließlich geschlagen geben. Es lohnt sich in der Tat, Bibelverse auswendig zu lernen, denn mit ihnen können wir den Feind in die Flucht schlagen und uns selbst die Verheißungen Gottes in Erinnerung rufen.

Womit greifen wir an?

Wie wir schon gesehen haben, wurden Satan und seine Dämonen am Kreuz besiegt, und wir befinden uns in einer Ära der letzten Aufräumaktionen vor der Wiederkunft Jesu. Als Christen brauchen wir uns nicht vor Satan zu fürchten; Satan dagegen hat guten Grund, vor den Aktivitäten der Christen zu zittern.

Wir sind zum Gebet angehalten. Wir haben es mit einer Schlacht der unsichtbaren Mächte zu tun, wobei gilt: »Ich benutze in meinem Kampf nicht die Waffen menschlicher Selbstsucht, sondern die mächtigen Waffen Gottes. Mit ihnen zerstöre ich feindliche Festungen« (2 Kor 10,4). Jesus maß dem Gebet größte Bedeutung zu, und das sollten wir ebenfalls tun. In dem Lied »Welch ein Freund ist unser Jesus« heißt es: »Wenn des Feindes Macht uns drohet und manch Sturm rings um uns weht, brauchen wir uns nicht zu fürchten, stehn wir gläubig im Gebet.«

Auch zum Handeln sind wir angehalten. Wieder ist es Jesus, von dem wir lernen können, daß Gebet und Handeln eng miteinander verknüpft sind. Jesus verkündigte das Königreich Gottes, heilte die Kranken und trieb Dämonen aus. Er gab seinen Jüngern Vollmacht, dasselbe zu tun. Später werden wir genauer betrachten, was dies konkret bedeutet.

Es ist wichtig, die Größe Gottes und die relative Bedeutungslosigkeit des Feindes zu unterstreichen. Wir glauben nicht etwa an zwei gleich starke Mächte, Gott und Satan, die sich direkt gegenüberstehen. Dies entspricht nicht der Darstellung der Bibel. Vielmehr ist Gott der Schöpfer des Universums. Satan ist nur ein Teil seiner Schöpfung, ein entarteter, abgestürzter Teil. Ein kleiner Teil. Darüber hinaus ist er ein besiegter Feind und wird endgültig vernichtet werden, wenn Jesus wiederkommt (Offb 12,12).

C. S. Lewis gibt uns in seinem Werk *Die große Scheidung* eine hervorragende bildliche Darstellung der Hölle, wo Satan und seine Dämonen am Werk sind. Ein Mann ist soeben im Himmel angekommen und bekommt die neue Umgebung von seinem Lehrer gezeigt. Er kriecht auf Händen und Knien, nimmt sich einen Grashalm, benutzt das spitze Ende des Halms als Zeigestock und findet schließlich eine winzige Öffnung am Boden, in der die gesamte Hölle verborgen liegt.

> *»Du sagst also, daß die Hölle – diese endlose Geisterstadt – samt und sonders in einer winzigen Spalte wie dieser hier steckt?«*
>
> *»So ist es. Die ganze Hölle ist kleiner als ein einziger Kieselstein auf eurer irdischen Welt; kleiner noch als ein einziges Atom dieser Welt, der Wahren Welt. Schau dir den Schmetterling dort an. Wenn er die ganze Hölle verschluckte, dann wäre die Hölle zu klein, um ihm irgendwelches Bauchweh zu verursachen; nicht einmal schmecken könnte er sie.«*
>
> *»Für einen, der darin wohnen muß, ist sie aber ziemlich groß, Sir.«*
>
> *»Doch wollte man alle Einsamkeit, alle Wut, Haßgefühle, Eifersüchte und Seelenjucken, die sie enthält, in eine einzige Erfahrung zusammenrollen und gegen den geringsten Moment der Freude, die der Geringste im Himmel erlebt, in die Waagschale legen, so würden sie so wenig wiegen, daß man sie nicht einmal messen könnte. Das Böse kann nicht einmal so erfolgreich böse sein, wie das Gute gut ist. Wenn das gesamte Elend der Hölle das Bewußtsein jenes kleinen gelben Vogels beträte, so würde es dort spurlos verschluckt werden, so wie ein Tropfen Tinte, der in den Großen Ozean dort drüben fiele, im Vergleich zu dem euer irdischer Pazifik nur ein Molekül ist.«[48]*

Kapitel 11

Wie führt uns Gott?

Wir alle müssen im Leben Entscheidungen fällen. Unsere Entscheidungen betreffen Beziehungen, Ehe, Kinder, Zeiteinteilung, Arbeitsplatz, Wohnung, Geld, Urlaub, Eigentum, Geldspenden usw. Manche dieser Entscheidungen sind extrem schwerwiegend, während andere nicht so bedeutend sind. In vielen Fällen ist es von größter Wichtigkeit, daß wir die richtige Entscheidung treffen – beispielsweise bei der Wahl eines Ehepartners. Wir brauchen Gottes Hilfe.

Gottes Führung entspringt unserer Beziehung zu ihm. Er verspricht, jene zu führen, die mit ihm durchs Leben gehen. Er sagt: »Ich sage dir, was du tun sollst, und zeige dir den richtigen Weg« (Ps 32,8). Jesus verspricht, seine Nachfolger zu führen und zu leiten: »Die Schafe hören auf seine Stimme, wenn er sie einzeln beim Namen ruft und ins Freie führt. Draußen geht er vor ihnen her, und die Schafe folgen ihm, weil sie seine Stimme kennen« (Joh 10,3-4). Er möchte, daß wir seinen Willen ergründen (Kol 1,9; Eph 5,17). Er hat ein großes Interesse an jedem einzelnen von uns. Er liebt uns und möchte mit uns über das reden, was wir mit unserem Leben anfangen sollten – sowohl im kleinen wie auch im großen.

Gott hat einen Plan für unser Leben (Eph 2,10). Manchen Leuten ist das vielleicht gar nicht so recht. Sie denken sich: »Ich weiß nicht, ob ich Gottes Plan für mein Leben überhaupt akzeptieren will. Hat er denn tatsächlich nur Gutes mit mir vor?« Keine Sorge! Gott liebt uns und will nur das Allerbeste für uns. Paulus sagt uns, daß Gottes Wille für unser Leben »das Gute und Wohlgefällige und Vollkommene« (Röm 12,2; Luther-Übersetzung) ist. Durch seinen Propheten Jeremia ließ er seinem Volk ausrichten: »Denn mein Plan mit euch steht fest: Ich will euer Glück und nicht euer Unglück. Ich habe im Sinn, euch eine Zukunft zu schenken, wie ihr sie erhofft. Ich, der Herr, sage es« (Jer 29,11).

Er will uns klarmachen: »Wißt ihr denn nicht, daß ich einen wirklich guten Plan für euch habe? Ich halte wunderbare Dinge für euch bereit!« Mit diesem Ruf aus seinem Herzen wollte Gott sein Volk zurückholen, nachdem sich die Israeliten durch ihren starrsinnigen Ungehorsam in einen chaotischen, hoffnungslosen Zustand manövriert hatten. Überall um uns her sehen wir Menschen, deren Dasein ein solches Chaos ist. Oft höre ich von Menschen, die vor kurzem zum Glauben gekommen sind: »Wenn ich diesen Schritt doch nur schon vor fünf oder zehn Jahren gewagt hätte! Schauen Sie sich mein Leben an. Nichts als Trümmer und Scherben!«

Wenn wir wissen wollen, was Gott mit uns vorhat, müssen wir ihn danach fragen. Gott hat sein Volk davor gewarnt, Entscheidungen zu treffen, ohne ihn zuerst zu befragen: »Der Herr sagt: ›Weh euch, meine eigensinnigen Kinder! Ihr führt Pläne aus, mit denen ich nichts zu tun habe. Ihr schließt Bündnisse gegen meinen erklärten Willen. Damit häuft ihr Schuld auf Schuld. *Ohne mich um Rat zu fragen*, lauft ihr nach Ägypten, um beim Pharao Schutz zu suchen« (Jes 30,1-2; Hervorhebung durch den Autor). Jesus war unbestritten das beste Beispiel dafür, was es heißt, nah dem Willen des Vaters zu fragen. Er war beständig »vom heiligen Geist erfüllt« (Lk 4,1) und handelte ausschließlich nach dem Vorbild des Vaters (Joh 5,19).

Gott führt uns, wenn wir bereit sind, seinen Willen zu tun, anstatt auf unserem eigenen Gutdünken zu bestehen. Der Psalmist schreibt: »Den Entrechteten verhilft er zu ihrem Recht und lehrt sie, seinen Willen zu erkennen« (Ps 25,9). In Vers 14 heißt es: »Wer den Herrn ernst nimmt, den zieht er ins Vertrauen und enthüllt ihm das Geheimnis seines Bundes.« Gott leitet jene, deren Einstellung wie die von Maria ist: »Ich will ganz für Gott dasein. Es soll so geschehen, wie du es gesagt hast« (Lk 1,38). In dem Moment, wo wir bereit sind, nach seinem Willen zu handeln, beginnt er, uns seine Pläne zu enthüllen.

In den Psalmen steht ein Vers, auf den ich immer wieder zurückkomme: »Leg dein Schicksal in Gottes Hand; verlaß dich auf ihn, er macht es richtig!« (Ps 37,5). Unsere Aufgabe ist es, die Entscheidung Gott anzubefehlen und ihm völlig zu vertrauen. Wenn wir das getan haben, können wir seinem Handeln erwartungsvoll entgegensehen.

Gegen Ende meines Studiums lernte ein Freund von mir namens Nicky, der etwa zur gleichen Zeit wie ich zum Glauben gekommen war, ein Mädchen kennen, das keine Christin war. Er hielt es für unrichtig, sie zu heiraten, solange sie seinen Glauben an Jesus nicht teilte. Deshalb befolgte er die Anweisung des Psalmisten und befahl Gott die Situation an. Er sagte: »Herr, wenn diese Beziehung falsch ist, dann bitte ich, daß du sie beendest. Wenn wir aber füreinander bestimmt sind, dann bitte laß meine Freundin bis zum letzten Tag des Frühjahrstrimesters gläubig werden.« Von diesem Datum sagte er weder ihr noch sonst jemandem etwas. Er legte sein »Schicksal in Gottes Hand« und wartete auf Gottes Handeln. Der letzte Tag des Frühjahrstrimesters kam, und es ergab sich so, daß die beiden an diesem Abend gemeinsam auf eine Party gingen. Kurz vor Mitternacht sagte sie zu ihm, daß sie Lust zu einer Spazierfahrt habe. Die beiden stiegen ins Auto, und aus lauter Jux und Tollerei gab sie ihm eine ganze Reihe von Anweisungen: »Dreimal links abbiegen, dreimal rechts abbiegen, drei Meilen geradeaus und dann anhalten.« Er spielte das Spiel mit und hielt sich an ihre Anweisungen. Als sie anhielten, befanden sie sich auf dem amerikanischen Soldatenfriedhof, auf dem in der Mitte ein riesenhaftes Kreuz steht, umgeben von Hunderten kleiner Kreuze. Sie war schockiert und zutiefst bewegt von dem Symbol des Kreuzes; es war überwältigend für sie, daß Gott ihre Fahrtanweisungen dazu benutzt hatte, um sie aufzurütteln. Sie brach in Tränen aus. Innerhalb von wenigen Momenten hatte sie Jesus ihr Leben übergeben. Die beiden sind nun schon seit vielen Jahren glücklich miteinander verheiratet und erinnern sich auch heute noch oft daran, wie Gottes Hand sie an diesem Tag geführt hatte.

Vorausgesetzt, wir sind bereit, Gottes Willen zu tun. Wie spricht Gott mit uns, wie führt er uns? Gott hat mehrere Möglichkeiten. Manchmal spricht Gott nur durch eines seiner Mittel, die ich im folgenden aufführe; manchmal sind es auch mehrere gleichzeitig. Wenn es sich um eine große Entscheidung handelt, spricht er vielleicht sogar durch sie alle.

Gottes schriftlich festgelegter Wille

Wie wir schon gesehen haben, hat Gott seinen grundsätzlichen Willen für die gesamte Menschheit zu allen Zeiten durch sein Wort bekanntgegeben. Aus der Bibel wissen wir, daß gewisse Dinge falsch sind. Daher können wir uns absolut sicher sein, daß Gott uns niemals auf ein solches Verhalten hinführen würde. Manchmal sagt ein verheirateter Mann oder eine verheiratete Frau: »Ich habe mich in Soundso verliebt. Wir lieben uns. Ich fühle mich von Gott geführt, meine Frau/meinen Mann zu verlassen und eine neue Beziehung einzugehen.« Aber Gott hat seinen Willen schon längst verkündet: »Du sollst nicht ehebrechen«, heißt es in Exodus 20,14 (Luther-Übersetzung). Wir können uns absolut gewiß sein, daß Gott uns nicht dahingehend führt, Ehebruch zu begehen.

Manche Menschen fühlen sich geführt, Geld zu sparen, indem sie ihre Einkommenssteuern nicht bezahlen! Doch Gott hat uns schon längst angewiesen, die Steuern zu zahlen, die wir schulden (Röm 13,7). Auf diesen und vielen anderen Gebieten hat Gott seinen grundsätzlichen Willen schon verkündet. Wir brauchen ihn nicht um besondere Führung zu bitten; er hat sie uns schon gegeben. Wenn wir uns in einem bestimmten Punkt unsicher sind, können wir jemanden fragen, der die Bibel vielleicht besser als wir selbst kennt. Wenn wir entdeckt haben, was die Bibel dazu sagt, erübrigt sich alles weitere Suchen.

Während Gottes grundsätzlicher Wille in der Bibel dargelegt ist, finden wir seinen besonderen Willen für unser Leben nicht immer auf ihren Seiten. Wie schon an anderer Stelle erwähnt, sagt uns die Bibel, daß Gottes allgemeiner Wille für die Menschheit die Zweisamkeit der Ehe ist. Ein Leben als Alleinstehender ist zwar eine hohe Berufung, doch dies ist eher der Ausnahme als der Normalfall (vgl. 1 Kor 7,2). Wir wissen, daß man als Christ nur einen Christen heiraten soll (2 Kor 6,14). Aber wen wir nun genau heiraten sollen, das steht nicht in der Bibel!

Wie wir in dem Kapitel über die Bibel gesehen haben, spricht Gott auch heute noch durch die Heilige Schrift zu uns. Er spricht mit uns, während wir lesen. Der Psalmist sagt: »Ich habe meine Freude an deinen Mahnungen; sie sind meine Ratgeber« (Ps 119,24). Damit will ich keineswegs behaupten, wir könnten Gottes Willen entdecken, indem wir die Bibel an einer x-beliebigen Stelle aufschlagen und nachschauen, was dort steht. Es ist eher so, daß wir die Gewohnheit des regelmäßigen, methodischen Bibellesens entwickeln und ein Auge dafür bekommen, wie bedeutsam jeder Tagestext für unsere jeweilige Situation ist.

Manchmal haben wir das Gefühl, als spränge uns ein Vers von der Seite entgegen, und wir spüren, wie Gott dadurch mit uns redet. Dies habe ich persönlich so erlebt, beispielsweise als ich mich von Gott dazu berufen fühlte, auf einen anderen Beruf umzuschulen. Jedesmal, wenn ich mich beim Bibellesen von Gott angesprochen fühlte, machte ich mir eine Notiz davon. Insgesamt habe ich über fünfzehn verschiedene Male erlebt, wie Gott mich durch die Bibel dazu berief, meinen Beruf als Rechtsanwalt an den Nagel zu hängen, um mich zum ordinierten Pfarrer der anglikanischen Kirche ausbilden zu lassen.

Führung durch den Heiligen Geist

Führung ist eine sehr persönliche Sache. Wenn wir Christ werden, kommt der Geist Gottes zu uns, um in uns zu wohnen. Nun beginnt er, mit uns zu sprechen. Wir müssen lernen, auf seine Stimme zu hören. Jesus sagte, daß seine Schafe (seine Nachfolger) seine Stimme kennen (Joh 10,4-5). Am Telefon erkennen wir die Stimme eines guten Freundes sofort. Kennen wir den Anrufer nicht so gut, dann dauert es länger und ist schwieriger. Je besser wir Jesus kennenlernen, desto leichter fällt es uns, seine Stimme zu erkennen.

Paulus und seine Mitarbeiter wollten beispielsweise nach Bithynien reisen, doch »daran hinderte sie der Geist Jesu« (Apg 16,7). So schlugen sie einen anderen Weg ein. Wir wissen nicht genau, wie der Geist ihnen den Willen Gottes klarmachte; es gibt da verschiedene Möglichkeiten.

Im folgenden beschreibe ich drei Beispiele für Gottes Führung durch seinen Geist:

1. Oft spricht Gott mit uns, wenn wir beten

Das Gebet ist ein Gespräch zwischen zwei Teilnehmern. Angenommen, ich gehe zum Arzt und sage: »Herr Doktor, ich habe Probleme. Ich habe Fußpilz unter dem Zehnagel, ich habe Hämorrhoiden, meine Augen jucken, ich muß mich gegen Grippe impfen lassen, ich leide an starken Rückenschmerzen, und ich habe einen Tennisarm.« Nachdem ich meine Liste von Beschwerden hergesagt habe, sehe ich auf die Uhr und sage: »Potztausend! Die Zeit rast mal wieder nur so. Ich muß weiter. Vielen Dank fürs Zuhören.« Da würde der Doktor einwenden: »Moment noch, wollen Sie denn nicht hören, was ich zu sagen habe?« Wenn wir beim Beten immerzu nur reden wollen und uns keine Zeit zum Zuhören nehmen, machen wir denselben Fehler. In der Bibel finden wir mehrfach Menschen, die Gott unmißverständlich ansprach. Einmal, als eine Gruppe von Christen gemeinsam fastete und betete, sagte der Heilige Geist zu ihnen: »›Gebt mir Barnabas und Saulus für die besondere Aufgabe frei, zu der ich sie berufen habe.‹ Nach einer weiteren Zeit des Fastens und Betens legten sie den beiden die Hände auf und sandten sie aus« (Apg 13, 2-3).

Auch hier wissen wir nicht genau, wie diese Anweisung des Heiligen Geistes übermittelt wurde. Möglicherweise kam ihnen diese Idee beim Beten. So spricht Gott häufig mit uns. Manche Menschen beschreiben dies als »Eindruck« oder als »etwas, das ich in den Knochen spürte«. Der Heilige Geist kann durchaus diese unterschiedlichen Wege wählen.

Natürlich müssen solche Gedanken und Gefühle geprüft werden (1 Joh 4,1). Stehen sie im Einklang mit den Aussagen der Bibel? Sind sie vom Grundton der Liebe getragen? Wenn nicht, dann können sie nicht von Gott stammen, der doch die Liebe selbst ist (1 Joh 4,16). Stellen sie eine Hilfe, eine Ermunterung, einen Trost dar (1 Kor 14,3)? Verspüren wir Gottes Frieden nach der Entscheidung (Kol 3,15)?

2. Manchmal spricht Gott mit uns, indem er einen starken Wunsch nach etwas in uns weckt

»Gott gibt euch nicht nur den guten *Willen*, sondern er selbst arbeitet an euch, damit seine Gnade bei euch ihr Ziel erreicht« (Phil 2,13; Hervorhebung durch den Autor). Wenn wir unseren Willen dem Willen Gottes unterordnen, arbeitet er an uns und verändert uns. Um wieder aus eigener Erfahrung zu berichten: Bevor ich Christ wurde, hätte ich auf nichts so gern verzichtet wie auf eine Ausbildung zum ordinierten Pfarrer der anglikanischen Kirche. Als ich aber Christ wurde und als ich Gott sagte, daß ich meine Wünsche und Ziele von jetzt an seinem Willen angleichen wollte, da stellte ich fest, wie sich meine Zielvorstellungen änderten. Heute kann ich mir kein größeres Vorrecht, keine befriedigendere Aufgabe vorstellen als den Beruf, den ich zur Zeit ausübe.

Manche Menschen überlegen sich, welche Aufgabe ihnen am wenigsten auf der Welt zusagen würde, und meinen dann, Gott würde ihnen genau diese Arbeit aufbürden. Ich glaube nicht, daß Gott so handelt. Reden Sie sich deshalb nur nicht ein: »Wenn ich Christ werde, wird Gott einen Missionar aus mir machen.« Sollte er dies wirklich mit Ihnen vorhaben, und Ihr Wille ist seinem Willen untergeordnet, dann wird er Ihnen auch ein großes Verlangen danach geben.

3. Manchmal führt Gott auf ungewöhnliche Weise

In der Bibel finden sich viele Beispiele dafür, wie Gott einzelne mit phänomenalen Mitteln geführt hat. Als er den jungen Samuel ansprach, geschah dies mit einer Stimme, die er akustisch hören konnte (1 Sam 3,4-14). Er führte Abraham (Gen 18), Josef (Mt 2,19) und Petrus (Apg 12,7) durch Engel. Oft sprach er durch Propheten, sowohl im Alten als auch im Neuen Testament (z. B. Agabus, Apg 11,27-28; 21,10-11). Er benutzte Visionen. Beispielsweise sprach er Paulus eines Nachts durch eine Vision an. Paulus sah einen Mann, der ihn bat, zu ihm nach Mazedonien zu kommen und ihm zu helfen. Es überrascht nicht, daß Paulus und sein Team darin Gottes Führung sahen, und sie machten sich unverzüglich auf den Weg nach Mazedonien, um den Menschen dort das Evangelium zu bringen (Apg 16,10).

Wir finden auch Beispiele dafür, wie Gott Menschen durch Träume führte (z. B. Mt 1,20; 2,12-13.22). Ich betete einmal regelmäßig für ein befreundetes Ehepaar. Der Mann war vor kurzem zum Glauben gekommen. Die Frau war hochintelligent, doch sie war energisch gegen die Entscheidung, die ihr Mann getroffen hatte. Sie wurde uns gegenüber sogar eine Spur feindselig. Eines Nachts hatte ich einen Traum, in dem ich sie mit einem veränderten Gesichtsausdruck sah, die Augen voll von der Freude des Herrn. Dieser Traum gab uns Ansporn, weiterhin für sie zu beten und den Kontakt zu den beiden aufrechtzuerhalten. Einige Monate später kam auch sie zum Glauben an Jesus. Ich erinnere mich noch gut, wie ich sie ansah und das Gesicht vor mir hatte, das ich vor Monaten im Traum gesehen hatte.

Durch diese Mittel hat Gott in der Vergangenheit Menschen geführt, und er tut es auch heute noch.

Gesunder Menschenverstand

Christ zu werden bedeutet nicht etwa, daß wir von jetzt an unseren gesunden Menschenverstand in die Ecke stellen sollen. Der Psalmist warnt uns: »Sei doch nicht unverständig wie ein Maultier oder Pferd, das man mit Zaum und Zügeln lenken muß!« (Ps 32,9).

Die Schreiber des Neuen Testaments fordern uns häufig zum Denken auf; an keiner Stelle halten sie uns davon ab, unseren Verstand zu gebrauchen (z. B. 2 Tim 2,7).

Wenn wir dem gesunden Menschenverstand den Rücken kehren, manövrieren wir uns ins Absurde. J. I. Packer erzählt die Geschichte einer Frau, die morgens beim Aufwachen den ganzen Tag in Gottes Hand legte. Im Anschluß an diese Weihe fragte sie Gott, ob sie nun aufstehen solle oder nicht, und sie rührte keinen Finger, bis »die Stimme« ihr das Signal zum Ankleiden gegeben hatte.

> *Bei jedem Kleidungsstück, das sie anzog, fragte sie den Herrn, ob sie es auch tatsächlich anziehen sollte, und oft befahl der Herr ihr, den rechten Schuh anzuziehen, aber nicht den linken; manchmal sollte sie beide Strümpfe, aber keine Schuhe anziehen; und manchmal beide Schuhe, aber keine Strümpfe. So ging es mit dem gesamten Ankleidungsprozeß weiter ...[49]*

Es läßt sich mit Sicherheit sagen, daß Gott uns seine Führung nicht etwa versprochen hat, damit wir uns die Mühe des Denkens sparen können. Ganz im Gegenteil: John Wesley, der Begründer des Methodismus, pflegte zu sagen, daß Gott *in den meisten Fällen* einsichtige Argumente benutzte, um ihn auf bestimmte Handlungen hinzuführen. Dies ist auf allen Gebieten wichtig, besonders aber da, wo es um Heirat und Beruf geht.

Verstandesmäßige Überlegungen gehören durchaus zu dem gesamten Entscheidungsprozeß der Wahl eines Ehepartners. Es entspricht dem gesunden Menschenverstand, mindestens drei wichtige Fragen zu beleuchten.

1. Passen wir geistlich gesehen zueinander?
Ein Christ sollte nur einen Christen heiraten. Paulus warnt uns vor der Gefahr, in die wir uns begeben, wenn wir einen Nichtchristen heiraten (2 Kor 6,14). In Ehen, wo der eine Partner kein Christ ist, kommt es in der Praxis fast immer zu großen Spannungen. Der Christ fühlt sich innerlich hin- und hergerissen; er möchte sowohl seinem Partner als auch Gott dienen. Doch geistliches Zusammenpassen beinhaltet mehr als nur die Tatsache, daß beide

Partner Christen sind. Es geht hier auch darum, daß der eine die geistlichen Aspekte des anderen respektiert, also um weitaus mehr als die Teststreifenprobe »Christ oder nicht?«.

2. Passen wir von der Persönlichkeit her zueinander?

Idealerweise sollte uns mit unserem Ehepartner eine Freundschaft, ein tiefes gegenseitiges Verständnis verbinden. Einer der vielen Vorteile der vorehelichen sexuellen Enthaltsamkeit liegt darin, daß man sich leichter auf die Persönlichkeit des anderen konzentrieren kann, um herauszufinden, ob man in dieser Hinsicht zueinander paßt. Oft kann die sexuelle Seite das Frühstadium einer Beziehung vollkommen beherrschen. Wenn der Überschwang der sexuellen Attraktion dann später nachläßt, steht die Beziehung auf einem wackligen Fundament, sofern sie nicht von Anfang an auf einer soliden Freundschaft beruhte.

3. Passen wir physisch zueinander?

Darunter verstehe ich, daß wir uns körperlich zueinander hingezogen fühlen sollten. Es reicht nicht aus, geistlich und gefühlsmäßig zueinander zu passen; auch auf körperlicher Ebene sollte Harmonie herrschen. Oft setzt unsere säkulare Umwelt hier das Hauptgewicht, doch von der Rangfolge her gehört diese Frage an letzte Stelle. Von Nichtchristen wird oft behauptet, daß es notwendig sei, das sexuelle Zusammenpassen vor der Ehe auszuprobieren. Dies ist völlig unrichtig. Vom biologischen Standpunkt aus sind Diskrepanzen, die durch sexuellen Verkehr meßbar wären, so selten, daß dieses Argument als belanglos gelten kann.

Auch bei der Frage nach Gottes Führung bezüglich Beruf und Karriere spielt der gesunde Menschenverstand eine große Rolle. Eine allgemeine Grundregel ist es, bei unserem gegenwärtigen Beruf zu bleiben, bis Gott uns einen anderen Weg weist (1 Kor 7,17-24). Dies schließt nicht aus, daß wir unseren gesunden Menschenverstand gebrauchen und unser Leben auf die lange Sicht betrachten. Es ist durchaus klug, zehn, fünfzehn oder zwanzig Jahre in die Zukunft vorauszudenken und sich zu fragen: »Wohin führt mein gegenwärtiger Beruf? Entspricht dies meinen langfristigen Zielen? Oder habe ich im Grunde ein anderes Ziel? Wenn ja, welche Maßnahmen sollte ich *jetzt* ergreifen, damit ich es nicht verfehle?«

Ratschlag der Heiligen[50]

Das Buch der Sprichwörter ist voller Aufforderungen, weise Ratschläge zu berücksichtigen. »Der Kluge hört auf klugen Rat«, heißt es in Sprichwörter Kapitel 12, Vers 15. »Pläne ohne Beratung schlagen fehl; durch gute Ratgeber führen sie zum Ziel«, sagt der Schreiber in Sprichwörter Kapitel 15, Vers 22, und in Sprichwörter Kapitel 20, Vers 18 heißt es wieder: »Durch Beratung kommen Pläne zum Ziel.«

So wichtig es auch ist, guten Rat einzuholen, so sollten wir nie vergessen, daß unsere Entscheidungen in erster Linie zwischen uns und Gott ausgemacht werden müssen. Diese Verantwortung können wir nicht auf Dritte abwälzen, und wenn etwas schiefgeht, können wir unseren Ratgebern nicht die Schuld daran in die Schuhe schieben. Der »Ratschlag der Heiligen« hat durchaus seinen Platz in der Führung Gottes, doch er ist nicht das einzige Element. Manchmal kann es richtig sein, über den Rat eines anderen hinweg zu entscheiden.

Wen sollten wir befragen, wenn wir vor einer Entscheidung stehen und Rat brauchen? Der Schreiber der Sprichwörter betont: »*Die Furcht des Herrn ist der Anfang der Erkenntnis*« (Spr 1,7; Luther-Übersetzung). Wenn wir Rat brauchen, sollten wir uns daher an jemanden wenden, der gottesfürchtig ist. Die besten Ratgeber sind meistens gottesfürchtige Christen, die über Weisheit und Erfahrung verfügen und deren Meinung wir respektieren. Es ist zudem auch klug, unsere Eltern, die wir respektieren, um Rat zu fragen, auch wenn wir nicht mehr minderjährig sind. Selbst wenn sie keine Christen sind, kennen sie uns sehr gut und können wertvolle Vorschläge einbringen.

Seitdem ich Christ bin, habe ich es immer als sehr hilfreich empfunden, jemanden zu haben, der ein reifer Christ ist und an den ich mich mit einem breiten Spektrum an Themen wenden kann. Zu verschiedenen Zeiten waren dies unterschiedliche Menschen. Ich danke Gott für ihre Weisheit und ihre Hilfe auf vielen Gebieten. Oft habe ich beim Gespräch mit ihnen Einsichten von Gott erhalten.

Wenn es um große Entscheidungen geht, habe ich es als nützlich empfunden, mehrere Menschen um Rat zu fragen. Bei der

Frage bezüglich meiner Ordination habe ich nicht nur meine beiden Berater um Rat gefragt, sondern auch zwei meiner engsten Freunde, meinen Vikar und die Leute, die am Auswahlverfahren beteiligt waren.

Wenn wir uns nach einem Ratgeber umschauen, dann sollten wir auf keinen Fall als Kriterium ansetzen, daß dieser mit unserer vorgefaßten Meinung einverstanden sein muß! Manch einer fragt zahllose Menschen um Rat, weil er hofft, irgendwann auf jemanden zu stoßen, der sein Vorhaben gutheißt. Ein solcher Ratschlag hat geringen Wert; der Ratsuchende hat nichts davon und kann lediglich behaupten: »Und mit Soundso habe ich mich auch beraten, und er/sie hat mir zugestimmt.«

Wir sollten Menschen auf der Grundlage ihrer geistlichen Autorität oder ihrer Beziehung zu uns befragen, ganz egal, welche Art von Ratschlag wir von ihnen erwarten. Als meine Freunde Nicky und Sila Lee, die inzwischen eine Kirchengemeinde in der Londoner Innenstadt leiten, zum Glauben kamen, waren sie sich nicht sicher, ob sie ihre Beziehung fortsetzen sollten, denn sie waren zwar sehr verliebt ineinander, aber noch ziemlich jung und vorerst nicht in der Lage zu heiraten.

Sie kannten einen sehr weisen Christen, den Nicky außerordentlich schätzte und respektierte. Nicky wußte, daß er ziemlich konsequente Ansichten vertrat, was Freundschaften und Beziehungen betraf; im allgemeinen hielt er es nicht für ratsam, als Student eine feste Beziehung einzugehen. Trotzdem beschloß Nicky, ihn um Rat zu fragen.

Der Mann fragte Nicky: »Hast du Gott deine Beziehung mit Sila anbefohlen?« Nicky antwortete etwas zögernd, doch mit größter Aufrichtigkeit: »Ich denke schon; manchmal bin ich mir aber nicht sicher«, worauf der Mann antwortete: »Ich kann dir anmerken, wie sehr du sie liebst. Ich meine, du solltest die Beziehung fortsetzen.« Weil dieser Ratschlag so überraschend ausgefallen war, bewertete Nicky ihn um so höher. Der Ratschlag erwies sich als gut, und die beiden schauen mittlerweile auf eine langjährige, glückliche Ehe zurück.

Besondere Umstände

Gott hat letztendlich alle Ereignisse in der Hand. Der Schreiber der Sprichwörter erläutert: »Der Mensch macht Pläne; ob sie ausgeführt werden, bestimmt Gott« (Spr 16,9). Manchmal öffnet Gott Türen (1 Kor 16,9), und manchmal schließt er sie (Apg 16,7). Ich habe zweimal erlebt, daß Gott die Tür zu etwas schloß, an dem mir sehr gelegen war und von dem ich damals glaubte, es sei Gottes Wille. Ich versuchte die Türen aufzustemmen. Ich betete und kämpfte mit aller Kraft, doch sie blieben verschlossen. Beide Male war meine Enttäuschung groß. Doch heute, mehrere Jahre später also, sehe ich ein, warum er damals diese Türen schloß. Ich bin ihm sogar sehr dankbar dafür. Allerdings werden wir nicht in allen Fällen schon in diesem Leben ergründen, warum Gott eine Tür schließt.

Manchmal setzt Gott höchst ungewöhnliche Mittel ein, um Türen zu öffnen. Die Umstände und der jeweilige Zeitpunkt lassen eindeutig auf Gottes Handeln schließen (vgl. Gen 24). Michael Bordeaux leitet das Keston College, ein Forschungsinstitut, dessen Ziel es ist, die Gläubigen in den ehemaligen kommunistischen Ländern zu unterstützen. Seine Arbeit und seine Forschungstätigkeit genießen weltweites Ansehen. In Oxford lernte er Russisch, und sein Russischlehrer, Dr. Zernov, schickte ihm einmal einen Brief zu, von dem er glaubte, er könnte von Interesse sein. In dem Brief wurde dargestellt, wie Mönche vom KGB zusammengeschlagen und unmenschlichen medizinischen Experimenten unterzogen wurden; wie sie mit Lastwagen viele Hunderte von Kilometern weit verschleppt wurden, um dann einfach ausgesetzt zu werden. Der Brief war sehr schlicht und sachlich geschrieben, ohne jede Sensationsmache. Michael Bordeaux glaubte, die wahre Stimme der verfolgten Kirche darin zu hören. Unterschrieben war der Brief mit »Varavva und Pronina«.

Im August 1964 reiste er nach Moskau. Gleich an seinem ersten Abend dort traf er sich mit alten Freunden, die ihm schilderten, wie sehr sich die Verfolgung verschlimmert hatte. Sie erzählten ihm, die alte Kirche Sankt Petrus und Sankt Paulus sei im Abbruch begriffen. Am besten, so schlugen sie vor, sollte er sich mit eigenen Augen dort umschauen.

Er nahm sich ein Taxi und kam um die Abenddämmerung dort an. Auf dem Platz, wo er einmal eine wunderschöne Kirche besichtigt hatte, fand er nur noch einen fast vier Meter hohen Zaun vor, hinter dem sich der Schutt der einstigen Kirche verbarg. Auf der anderen Seite des Platzes schickten sich gerade zwei Frauen an, an dem Zaun hochzuklettern, um die Überreste der Kirche sehen zu können. Er behielt sie im Auge, und als sie schließlich den Platz verließen, folgte er ihnen einige hundert Meter weit, bis er sie eingeholt hatte. Sie fragten ihn, wer er sei, und er antwortete: »Ich bin ein Ausländer. Ich bin gekommen, um mir einen Eindruck von den Verhältnissen hier in der Sowjetunion zu verschaffen.«

Die beiden Frauen nahmen ihn zu der Wohnung einer anderen Frau mit, und hier wurde er wieder gefragt, warum er gekommen sei. Er antwortete, er sei im Besitz eines Briefes, der ihm aus der Ukraine über Paris zugekommen sei. Als die Frau ihn fragte, von wem dieser Brief stammte, sagte er: »Von Varavva und Pronina.« Ein Schweigen entstand. Er fragte sich, ob er wohl etwas Falsches gesagt haben könnte, doch dann folgte eine Flut von Tränen und Schluchzen. Die Frau zeigte auf die beiden anderen Frauen und sagte: »Das ist Varavva, und das ist Pronina!«

Die Bevölkerung Rußlands beläuft sich auf 140 Millionen. Die Ukraine, von wo der Brief abgeschickt worden war, liegt eintausenddreihundert Kilometer von Moskau entfernt. Michael Bourdeaux war sechs Monate, nachdem dieser Brief geschrieben worden war, von England nach Moskau geflogen. Sie wären einander nie begegnet, wenn entweder er oder die beiden Frauen auch nur eine Stunde früher oder später an der abgerissenen Kirche eingetroffen wären. Dies war eins der Mittel, das Gott dazu benutzte, Michael Bordeaux zu seinem Lebenswerk zu berufen.[51]

Nur keine Eile!

Manchmal tritt Gottes Führung ein, sobald man darum gebetet hat (z. B. Gen 24), doch oft dauert es viel länger, manchmal Monate oder sogar Jahre. Vielleicht spüren wir, daß Gott etwas mit unserem Leben unternehmen wird, doch auf die Erfüllung müssen wir eine längere Zeit warten. In solchen Fällen brauchen wir die Geduld eines Abrahams: »Abraham wartete geduldig; darum erhielt er, was Gott ihm versprochen hatte« (Hebr 6,15). Während er wartete, erlag er der Versuchung, Gottes Versprechen durch eigene Kraft in die Wirklichkeit umzusetzen – doch dies hatte katastrophale Folgen (vgl. Gen 16 und 21).

Manchmal hören wir richtig, was Gott uns sagt, aber wir irren uns im Zeitpunkt. Gott zeigte Josef im Traum, welche Pläne er für ihn und seine Familie hatte. Vermutlich erwartete Josef eine sofortige Erfüllung, doch darauf mußte er noch Jahre warten. Während er im Gefängnis saß, muß es ihm wohl schwergefallen sein, daran zu glauben, daß sein Traum je in Erfüllung gehen würde. Doch dreizehn Jahre nach dem Traum erlebte er endlich Gottes Erfüllung. Die lange Wartezeit gehörte zu dem Prozeß der Vorbereitung (vgl. Gen 37-50).

Auf dem Gebiet des Geführtwerdens machen wir alle Fehler. Manchmal versuchen wir wie Abraham, Gottes Pläne durch unser eigenes Eingreifen zu manipulieren. Wie Josef irren wir uns, was den richtigen Zeitpunkt betrifft. Manchmal meinen wir, unser Leben vor unserer Bekehrung zu sehr verpfuscht zu haben, als daß Gott noch etwas Sinnvolles damit anzufangen wüßte. Doch Gott ist viel mächtiger. Er kann uns »die Jahre erstatten, deren Ertrag die Heuschrecken, Käfer, Geschmeiß und Raupen gefressen haben« (Joel 2,25; Luther-Übersetzung). Er kann etwas Gutes aus den Überresten unseres Lebens machen, ganz gleich, wieviel Zeit wir noch vor uns haben, wenn wir ihm nur die Herrschaft unseres Lebens übergeben und seinem Geist gehorchen.

In den zwanziger Jahren übernachtete Lord Radstock einmal in einem norwegischen Hotel. Im Flur hörte er ein kleines Mädchen Klavier spielen. Die Klimperei war kaum auszuhalten: »Plink ... plonk ... plink ...« Es war zum Auswachsen! Dann kam ein Mann, setzte sich neben die Kleine und spielte vierhändig mit ihr. Alle Lücken füllte er aus, und plötzlich klang die Musik wunderschön. Wie sich später herausstellte, war der Mann, der da mitspielte, der Vater des Mädchens. Er war Alexander Borodin, der Komponist der Oper *Prinz Igor*.

Paulus schreibt: »Wir wissen aber, daß denen, die Gott lieben, alle Dinge zum Besten dienen, denen, die nach seinem Vorsatz berufen sind« (Röm 8,28; Luther-Übersetzung). Während wir so unbeholfen und stockend unsere Partitur spielen – wir suchen seinen Willen durch Lesen (»Gottes schriftlich festgelegter Wille«), durch Hören (»Führung durch den Heiligen Geist«), Denken (»Gesunder Menschenverstand«), Gespräche (»Ratschlag der Heiligen«), Beobachten (»Besondere Umstände«) und durch Abwarten –, kommt Gott, setzt sich neben uns und sorgt dafür, daß »alle Dinge zum Besten dienen.« Er nimmt unser »Plink ... plonk ... plink ...« und macht einen harmonischen Wohlklang aus unserem Leben.

Kapitel 12

Parole Weitersagen – warum und wie?

Warum sollen wir über unseren christlichen Glauben reden? Ist das nicht unser Privatvergnügen? Ist der beste Christ nicht einer, der sein Christentum ohne große Worte in die Tat umsetzt? Manchmal bekomme ich erzählt: »Ich kenne jemanden (meistens die Mutter oder einen Freund/eine Freundin), der ein vorbildlicher Christ ist. Er/sie hat einen starken Glauben – aber ohne auch nur ein Wort darüber zu verlieren. Ist das nicht die höchste Form des Christseins?«

Die kürzere der beiden Antworten darauf lautet, daß irgend jemand ihm/ihr einmal von Jesus erzählt haben muß. Die etwas längere Antwort lautet, daß es eine Reihe von guten Gründen dafür gibt, anderen von Jesus mitzuteilen. Erstens hat Jesus dies selbst angeordnet. Tom Forrest, der katholische Priester, der dem Papst als erster vorschlug, die neunziger Jahre zum Jahrzehnt des Evangelisierens zu erklären, macht darauf aufmerksam, daß das Wort »go« (*gehe, gehet, geht, gehen* etc.) 1514mal in der Bibel (Revised Standard Version) vorkommt, davon zweihundertdreiunddreißigmal im Neuen Testament und vierundfünfzig mal im Matthäusevangelium. Jesus schickt uns mit der Anweisung zu gehen los:

»Geht zu der verlorenen Herde ...«

»Geht nun in die ganze Welt ...«

»Geh auf die Feldwege und an die Hecken und Zäune und dränge die Leute zusammen, damit mein Haus voll wird!«

»Geht nun zu allen Völkern der Welt und macht die Menschen zu meinen Jüngern!«

Die letzten schriftlich aufgezeichneten Worte Jesu im Matthäusevangelium lauten:

> »Jesus trat auf sie zu und sagte: Gott hat mir unbeschränkte Vollmacht im Himmel und auf der Erde gegeben. Darum geht nun zu allen Völkern der Welt und macht die Menschen zu meinen Jüngern! Tauft sie im Namen des Vaters und des Sohnes und des Heiligen Geistes, und lehrt sie, alles zu befolgen, was ich euch aufgetragen habe. Und das sollt ihr wissen: ich bin immer bei euch, jeden Tag, bis zum Ende der Welt« (Mt 28, 18-20).

Zweitens sagen wir anderen von Jesus weiter, weil die gute Nachricht von Jesus lebenswichtige Bedeutung für sie hat. Wenn wir in der Wüste Sahara wären und eine Oase entdeckt hätten, dann wäre es extrem selbstsüchtig von uns, den Verdurstenden um uns her kein Wort davon zu verraten, wo sie ihren Durst stillen können. Nur Jesus allein kann den Durst in den Herzen der Menschen stillen. Oft wird dieser Durst von einem Menschen richtig erkannt, dem wir dies am wenigsten zugetraut hätten. Der Sänger Sinead O'Connor sagte in einem Interview: »Hier fühlen sich alle total ausgelaugt. Das liegt daran, daß unsere Seelen ersticken und wir nicht mehr wissen, wie wir unser Innenleben zum Ausdruck bringen sollen. Die Folge ist, daß wir zur Flasche greifen oder Drogen, Sex und Geld zu Lückenbüßern machen. Die Leute schreien sich die Kehle wund nach der Wahrheit.«

Drittens erzählen wir anderen von Jesus, weil wir förmlich darauf brennen, die gute Nachricht weiterzugeben. Wenn wir gute Nachrichten erhalten, dann wollen wir sie gleich an den Mann oder die Frau bringen. Als unser erstes Kind zur Welt gekommen war, gab meine Frau Pippa mir eine Liste mit zehn Namen, die ich anrufen sollte. Als erstes rief ich ihre Mutter an. Ich sagte ihr, daß wir einen Sohn bekommen hätten und daß Pippa und der Kleine wohlauf seien. Als nächstes wollte ich meine Mutter anrufen, doch das Telefon war besetzt. Die dritte, die ich anrief, war

Pippas Schwester. Als ich sie erreichte, hatte sie die Neuigkeit schon von Pippas Mutter gehört. Das gleiche galt für alle übrigen auf der Liste. Das Telefon meiner Mutter war besetzt gewesen, weil Pippas Mutter mir schon zuvorgekommen war. Gute Neuigkeiten verbreiten sich wie ein Lauffeuer. Ich brauchte Pippas Mutter nicht einmal zu bitten, die Nachricht weiterzugeben. Sie platzte fast vor Eifer! Wenn wir begriffen haben, welch eine gute Neuigkeit das Evangelium ist, dann werden auch wir es mit Feuereifer weitergeben.

Aber wie stellen wir es an, anderen von Jesus zu erzählen? Mir scheint, hier gibt es zwei gegensätzliche Gefahren. Erstens besteht die Gefahr des mangelnden Einfühlungsvermögens. Dieser fiel ich zum Opfer, als ich gerade Christ geworden war. Ich war so hingerissen von dem, was ich erlebt hatte, daß ich alle Welt dazu bringen wollte, meinem Beispiel zu folgen. Ich war erst seit wenigen Tagen Christ, als ich auf eine Party ging, um allen Anwesenden von meiner Entscheidung zu erzählen. Ich sah eine Bekannte tanzen, und ich beschloß, ihr als allererstes klarzumachen, in welch einem bedürftigen Zustand sie sich befand. Ich ging also schnurstracks auf sie zu und sagte: »Du siehst verheerend aus. Was dir fehlt, ist Jesus.« Sie glaubte, ich sei übergeschnappt. Diese Methode war nicht besonders wirkungsvoll. (Übrigens wurde sie später dann trotzdem noch Christ, und zwar ganz unabhängig von mir, und heute ist sie meine Frau!)

Als ich das nächste Mal auf eine Party ging, beschloß ich, mit dem richtigen Rüstzeug dort aufzutauchen. Ich besorgte mir eine Auswahl an christlicher Literatur zu diversen Themen und ein Neues Testament. Mit diesen stopfte ich mir sämtliche Taschen voll. Auf der Party forderte ich ein Mädchen zum Tanzen auf. Das Tanzen mit einem solchen Ballast erwies sich als recht beschwerlich, so daß ich sie bat, sich mit mir hinzusetzen. Es dauerte nicht lange, bis ich das Thema Christsein zur Sprache gebracht hatte. Bei jeder Frage, die sie mir stellte, konnte ich ein Buch zu genau diesem Bereich aus der Tasche hervorholen. Eine Weile später ging sie mit einer ganzen Ladung Bücher nach Hause. Am nächsten Tag fuhr sie nach Frankreich, und auf dem Schiff las sie eins meiner Bücher. Plötzlich wurde ihr klar, was Jesus für sie getan hatte. Sie drehte sich zu ihrem Nachbarn um und sagte: »Ich bin gerade Christ geworden!« Sie starb mit einundzwanzig bei einem Reitunfall. Ich war unendlich froh darüber, daß sie vor ihrem Tod zum Glauben gekommen war – auch wenn ich nicht davon überzeugt bin, daß meine Methode unbedingt die beste gewesen war.

Wenn wir wie ein Elefant im Porzellanladen vorgehen, erleiden wir früher oder später einen unsanften Zusammenstoß. Auch wenn wir mit dem nötigen Taktgefühl auf andere zugehen, kann es unangenehme Szenen geben. In solchen Fällen neigen wir dazu, auf Distanz zu gehen. Hier spreche ich wiederum aus eigener Erfahrung. Innerhalb von wenigen Jahren machte ich nicht mehr so sehr den Fehler, mit der Tür ins Haus zu fallen und anderen allzu stürmisch von Jesus zu erzählen, sondern ich verfiel in eine übertriebene Befangenheit. Es gab eine Zeit, ironischerweise war dies während meiner Ausbildung am theologischen College, als ich vor lauter Angst kaum noch wagte, Nichtchristen mit dem Evangelium anzusprechen. Einmal wurde ich mit einer Studentengruppe von unserem College zu einer Gemeindemission in ein Randgebiet von Liverpool geschickt, um den Menschen dort die gute Nachricht von Jesus zu bringen. Jeden Abend aßen wir bei einer anderen Familie aus der Gemeinde. Eines Abends wurden mein Freund Rupert und ich zu einem Ehepaar geschickt, die gewissermaßen Zaungäste der Gemeinde waren, genauer gesagt, war die Frau Zaungast; der Mann ging überhaupt nicht in die Kirche.

Beim Hauptgericht fragte der Mann mich, wozu wir eigentlich gekommen seien. Verlegen stotterte ich mir etwas zurecht. Er wiederholte die Frage mehrmals, bis Rupert ihm endlich geradeheraus antwortete: »Wir sind hier, um den Leuten von Jesus zu erzählen.« Die Sache war mir so peinlich, daß ich am liebsten im Boden versunken wäre! Mir wurde klar, wie ängstlich ich geworden war. Ich brachte es ja kaum fertig, den Namen Jesus laut auszusprechen!

Um sowohl die Gefahr des mangelnden Taktgefühls als auch die der Angst zu vermeiden, müssen wir uns klarmachen, daß das Mitteilen unseres Glaubens eine natürliche Folge unserer Beziehung zu Gott ist. Wir gehen mit Gott durchs Leben; es ist nur natürlich, anderen in Zusammenarbeit mit dem Geist Gottes von dieser Beziehung zu erzählen.

Ich möchte das Thema »Weitersagen« in fünf Aspekte gliedern, die unseren Auftrag, anderen unseren Glauben mitzuteilen, beschreiben: Salz und Licht; Argumente; Zubringerdienste und Sprachrohr Gottes; tatkräftige Hilfe durch Gottes Macht; Gebet.

Salz und Licht

Jesus sagte zu seinen Jüngern:

> »Was das Salz für die Nahrung ist, das seid ihr für die Welt. Wenn aber das Salz seine Kraft verliert, wie soll es sie wiederbekommen? Man kann es zu nichts mehr gebrauchen. Darum wirft man es weg, und die Menschen zertreten es. Ihr seid das Licht der Welt. Eine Stadt, die auf einem Berg liegt, kann nicht verborgen bleiben. Auch brennt keiner eine Lampe an, um sie dann unter eine Schüssel zu stellen. Im Gegenteil, man stellt sie auf einen erhöhten Platz, damit sie allen im Haus leuchtet. Genauso muß auch euer Licht vor den Menschen leuchten: sie sollen eure guten Taten sehen und euren Vater im Himmel preisen« (Mt 5,13-16).

Jesus fordert uns dazu auf, einen weitreichenden Einfluß auszuüben (»... das seid ihr für *die Welt*« und »Licht *der Welt*«). Um diesen Einfluß überhaupt haben zu können, müssen wir uns in der »Welt« aufhalten, also am Arbeitsplatz, in unserer Nachbarschaft, unter Freunden und Verwandten, anstatt uns in Verstecke zurückzuziehen, die John Stott »elegante, kleine, kirchliche Salzkeller« nennt. Andererseits sind wir zum Anderssein berufen: wir sollen ein radikal anderes Leben als unsere Umwelt führen, so daß wir als Salz und Licht wirksam sein können.

Zuerst werden wir aufgefordert, Salz zu sein. In den Jahrhunderten vor der Erfindung des Kühlschranks wurde Salz dazu benutzt, Fleisch frisch zu halten und es vor dem Verderben zu schützen. Als Christen sind wir dazu berufen, die Gesellschaft um uns her vor dem Verfall zu bewahren. Dies tun wir verbal, indem wir unsere christliche Moral und Ethik standhaft vertreten und indem wir unseren Einfluß dahingehend einsetzen, daß Gottes Maßstäbe in unserer Gesellschaft Beachtung finden. Wir tun es durch unser Handeln, indem wir unsere Bürgerpflichten ernst nehmen, bessere soziale Strukturen schaffen und uns für Gerechtigkeit, Freiheit, die Würde des einzelnen sowie die Abschaffung von Diskriminierung einsetzen. Wir tun es auch durch unser soziales Engagement, indem wir jenen helfend zur Seite stehen, die zum Opfer unserer Gesellschaft geworden sind. Um auf diese Ziele hinzuarbeiten, sind manche Christen dazu berufen, politische Ämter wahrzunehmen. Andere sind dazu berufen, wie Mutter Teresa oder Jackie Pullinger den Ärmsten der Armen zu dienen. Wir alle sind angehalten, auf diesem Gebiet möglichst aktiv mitzuarbeiten.

Zweitens nennt Jesus uns das Licht der Welt. Er möchte, daß sein Licht durch uns in die Welt hineinleuchtet. Dies erreichen wir, indem wir unseren Mitmenschen durch gute Taten die Güte Jesu zeigen. Diese guten Taten entspringen unserem christlichen Glauben. Sie lassen sich auf die einfache Formel »Liebe deinen Nächsten wie dich selbst« bringen.

Eine christliche Lebensführung ist die angebrachteste Form, unseren Glauben an die Menschen um uns her weiterzugeben, also an unsere Verwandten, Arbeitskollegen und Nachbarn. Schon allein das Wissen, daß wir Christ sind, macht einen gewissen Eindruck auf sie. Wenn wir Tag und Nacht über nichts anderes als unseren Glauben reden, können wir unter Umständen mehr Schaden als Nutzen anrichten. Mit aufrichtiger Nächstenliebe kommen wir weiter. Am Arbeitsplatz sollten andere unsere konsequente Lebensführung bemerken, unsere Ehrlichkeit, gute Arbeitsleistung und Zuverlässigkeit; sie sollten merken, daß wir nicht schlecht über andere hinter deren Rücken reden und immer darauf bedacht sind, unsere Mitmenschen zu ermuntern. Zu Hause können wir unsere Eltern, Verwandten oder Mitbewohner durch unsere Geduld und unsere Gutmütigkeit weitaus mehr als durch unsere Worte beeindrucken.

Dies ist von größter Bedeutung, wenn der Ehepartner kein Christ ist. Petrus wendet sich an gläubige Frauen, deren Ehemänner keine Christen sind, wenn er schreibt: »Dann werden die von ihnen, die sich dem Wort der Botschaft verschließen, durch euer Beispiel auch *ohne Wort* für den Glauben gewonnen. Sie werden überzeugt werden, wenn sie sehen, daß ihr ihnen Respekt erweist und ein vorbildliches Leben führt« (1 Petr 3,1-2; Hervorhebung durch den Autor).

Der amerikanische Geschäftsberater Keith Miller beschreibt dies aus eigener Erfahrung. Als er seine Frau Mary Allen heiratete, herrschte Uneinigkeit zwischen den beiden, wessen Aufgabe es sei, den Abfall in die Mülltonne zu bringen. Sie war der Meinung, es sei seine Aufgabe, während er fand, es sei ihre. Er erbot sich sogar, jemanden für diese Arbeit einzustellen, weigerte sich jedoch, es selbst zu tun. Als er Christ wurde, bemühte er sich, auch sie zum Glauben zu bekehren, doch vergeblich. Sie meinte, er möge sie nicht mehr so leiden, wie sie war, und würde sie erst akzeptieren, wenn sie eine Art religiöse Fanatikerin aus sich machen ließ. Mit der Zeit wurde ihm klar, daß es wichtiger war, ihr die Auswirkungen seines Glaubens auf sein Leben ganz praktisch zu verdeutlichen:

> *Als ich mich nach einer anderen Methode umsah, um meiner Frau begreiflich zu machen, daß ich tatsächlich jetzt ein anderer geworden war, fiel mein Blick auf den vollen Abfalleimer am hinteren Hauseingang. »Nein, Herr, nur das nicht!« stöhnte ich innerlich. »Bloß nicht den Abfall! Mein Einkommen kannst du haben – alles, nur das nicht!« Trotzdem war mir auf einmal klar, daß für mich kein Weg an dem Abfall vorbeiführte. Ohne ein Wort brachte ich ihn nach draußen; ich sagte ihr keinen Ton davon ... Ich fing an, tagtäglich den Abfalleimer draußen zu entleeren ... und ich glaube, an diesem Punkt merkte Mary Allen, daß tief in meiner Seele tatsächlich etwas geschehen war.*[52]

Er erklärte ihr: »Als wir heirateten, habe ich mich nicht vertraglich dazu verpflichtet, dich zu ändern, sondern dich einfach nur zu lieben ... und das tue ich auch, und zwar so, wie du bist.« Es war befreiend für sie, dies zu hören. Innerhalb von einigen Wochen hatte sie Jesus ihr Leben aus freien Stücken übergeben, auf eine Weise, die für sie die angebrachteste war.

»Licht der Welt« zu sein ist jedoch nicht ausschließlich eine Frage der Lebensführung. Auch mit unseren Lippen sind wir daran beteiligt. Unsere Verwandten, Mitbewohner und Kollegen werden uns irgendwann Fragen über unseren Glauben stellen. Oft empfiehlt es sich, zu warten, bis sie dies tun. Wenn wir dann gefragt werden, sollten wir eine Antwort parat haben. Petrus schreibt: »Seid immer bereit, Rede und Antwort zu stehen, wenn jemand fragt, warum ihr so von Hoffnung erfüllt seid. Antwortet freundlich und mit dem gebotenen Respekt« (1 Petr 3,15-16).

Wenn sich eine Gelegenheit zum Reden bietet, wie tun wir dies am wirkungsvollsten?

Argumente

Viele Menschen haben Einwände gegen den christlichen Glauben oder zumindest Fragen, die sie beantwortet haben wollen, bevor sie bereit sind, Jesus ihr Leben zu übergeben. Sie müssen zuerst von der Wahrheit überzeugt werden. Paulus setzte alles daran, andere zu überzeugen. Dies betrachtete er als seine Pflicht; er tat es aus Liebe zu seinen Mitmenschen: »Wenn ich also Menschen *zu gewinnen* suche, so vergesse ich nie, daß ich dem Herrn Rechenschaft ablegen muß« (2 Kor 5,11).

Im Brief an die Thessalonicher »sprach«, »erklärte« und »zeigte« Paulus anhand der Heiligen Schrift, daß Christus leiden und sterben und danach vom Tod auferstehen mußte. Von den Juden ließen sich daraufhin einige »überzeugen« (Apg 17,4). In Korinth, wo er wochentags als Zeltmacher arbeitete, sprach er jeden Sabbat in der Synagoge und »versuchte, Juden und Griechen zu überzeugen« (Apg 18,4).

Beim Gespräch über den christlichen Glauben wird es oft Einwände geben; wir müssen bereit sein, darauf einzugehen und sie so ehrlich wie möglich zu beantworten suchen. Jesus sprach einmal mit einer Frau über ihr verpfuschtes Leben (Joh 4). Er bot ihr das ewige Leben an. Sie wich aus und stellte ihm eine theologische Frage über den Ort, an dem man Gott anbeten sollte. Er beantwortete diese Frage, kam aber dann wieder auf den eigentlichen Kern der Unterhaltung zurück. Diese Form der Gesprächsführung sollten wir uns zum Beispiel nehmen.

Meistens werden theologische Fragen und Einwände aus einem aufrichtigen Interesse an der Sache gestellt. Die Fragen, die mir am häufigsten gestellt werden, sind: »Warum läßt Gott soviel Elend auf der Welt zu?« und: »Haben andere Religionen nicht etwa denselben Anspruch auf Wahrheit?« Doch daneben gibt es ein breites Spektrum anderer Fragen. Diese können durchaus ernst gemeint sein und verdienen eine ernsthafte Antwort. Manchmal werden solche Fragen jedoch als Ablenkungsmanöver gestellt, um den eigentlichen Sachverhalten auszuweichen. Solche Menschen schieben die Entscheidung zum Christsein vor sich her, nicht etwa wegen irgendwelcher theologischer Bedenken, sondern aus persönlichen Vorbehalten heraus. Sie sind einfach nicht dazu bereit,

Christus ihr Leben zu übergeben, weil sie befürchten, ihren Lebensstil dann entscheidend ändern zu müssen.

Bei unserem Missionseinsatz, den ich an anderer Stelle in diesem Kapitel erwähnte, sprachen Rupert und ich bei einer Veranstaltung über unseren christlichen Glauben. Nach unserem Vortrag stellte ein Universitätsdozent eine ganze Reihe von kritischen Fragen. Ich hatte keine Ahnung, wie wir sie alle nur beantworten konnten, doch Rupert stellte ihn geradeheraus zur Rede: »Wenn wir Ihre Fragen samt und sonders zu Ihrer Zufriedenheit beantworten könnten, würden Sie dann Christ werden?« Unumwunden gab er zu: »Nein.« Es war also ziemlich zwecklos, daß wir auf Fragen eingingen, die er aus rein theoretischem Interesse gestellt hatte. Wenn die Fragen jedoch echt sind, haben Argumente, Erklärungen und Beweise durchaus ihren Platz im Bezeugen unseres christlichen Glaubens.

Zubringerdienste und Sprachrohr Gottes

Das Kernstück des Weitersagens ist die Verkündigung der guten Nachricht von Jesus Christus. Diesen Glauben teilen wir jenen mit, die außerhalb des Glaubens stehen. Dies läßt sich auf vielerlei Weise tun. Eine der effektivsten Methoden ist es, unsere Mitmenschen zu jemand anders zu bringen, der ihnen das Evangelium erläutert. Besonders im Frühstadium unseres Christseins ist dies oft ratsamer, als zu versuchen, das Evangelium selbst zu erklären.

Viele, die zum Glauben an Jesus gekommen sind, haben jede Menge Freunde, die keinerlei Beziehungen zur Kirche haben. Hier bietet es sich an, diese Freunde einzuladen, wie Jesus es einmal tat: »Kommt, dann werdet ihr es sehen!« (Joh 1,39). Eine Frau Mitte Zwanzig wurde vor nicht allzulanger Zeit Christ und ging regelmäßig in eine Gemeinde in London. Die Wochenenden verbrachte sie allerdings bei ihren Eltern in Wiltshire, und sie bestand darauf, dort um drei Uhr nachmittags wieder abzufahren, um rechtzeitig zum Gottesdienst wieder in London zu sein. Eines Sonntags geriet sie auf der Hammersmith-Überführung in einen Verkehrsstau und verpaßte den Abendgottesdienst. Vor lauter Enttäuschung brach sie in Tränen aus. Sie besuchte ein paar Freunde, die noch gar nicht wußten, daß sie Christ geworden war. Diese Freunde fragten sie, warum sie denn so unglücklich sei. Schluchzend antwortete sie: »Weil ich den Gottesdienst verpaßt habe!« Die Freunde waren vollkommen platt. Am nächsten Sonntag kamen sie alle mit, um mit eigenen Augen zu sehen, was ihnen da bislang entgangen war! Einer von ihnen wurde kurz darauf ebenfalls Christ.

Es gibt kein größeres Vorrecht, keine größere Freude als die, jemand anders mit Jesus Christus bekannt zu machen. Der ehemalige Erzbischof von Canterbury, William Temple, schrieb seine Auslegung des Johannesevangeliums kniend, nachdem er Gott gebeten hatte, ihn im tiefsten Grunde seiner Seele anzusprechen. Als er an die Worte gelangte: »Dann nahm er [Andreas] ihn mit zu Jesus« (Joh 1,42), schrieb er diesen kurzen, doch äußerst bedeutsamen Satz: »Der größte Dienst, den man einem anderen nur erweisen kann.«

Über Andreas erfahren wir nicht viel, außer daß er häufig andere zu Jesus brachte (Joh 6,8; 12,22). Sein Bruder Simon Petrus dagegen sollte einmal die Geschichte der Christenheit entscheidend beeinflussen. Wir können nicht alle wie Simon Petrus sein, doch wir können dem Beispiel des Andreas folgen und andere zu Jesus bringen.

Albert McMakin war ein vierundzwanzigjähriger Farmer, der vor kurzem zum Glauben an Jesus gekommen war. Er war so voller Feuereifer, daß er seine Bekannten scharenweise auf seinen Lastwagen lud und zu evangelistischen Veranstaltungen fuhr. Er kannte einen gutaussehenden Farmerssohn, den er besonders dringend zu einer dieser Veranstaltungen mitnehmen wollte, doch dieser junge Mann war schwer zu überzeugen; er hatte nichts als Mädchen im Kopf und schien sich keine Spur für das Christentum zu interessieren. Schließlich gelang es Albert McMakin aber doch, ihn zum Mitkommen zu überreden, indem er ihn bat, den Lastwagen zu fahren. Als sie ankamen, beschloß Alberts Gast, sich einmal anzuhören, was der Prediger zu sagen hatte. Er war wie gebannt; solche Dinge hatte er noch nie im Leben gehört. Er kam mehrmals wieder, und eines Abends ging er nach vorn, um Christus sein Leben zu übergeben. Dieser Mann, der Fahrer des

Lastwagens, hieß Billy Graham. Das Jahr war 1934. Seitdem hat Billy Graham Tausende von Menschen zum Glauben an Jesus Christus geführt. Wir können nicht alle ein Billy Graham sein, doch was Albert McMakin tat, können wir auch: Wir können unseren Freunden Zubringerdienste erweisen.

Manchmal haben wir die Gelegenheit, einem anderen das Evangelium selbst zu erklären. Ein effektiver Weg, dies zu tun, besteht darin, unser eigenen Erfahrungen mit dem lebendigen Jesus zu schildern. In Apostelgeschichte 26,9-23 gibt Paulus uns ein Beispiel dafür. Sein Bericht gliedert sich in drei Teile: Erst beschreibt er sein Leben vor seiner Bekehrung (Verse 9-11), dann seine Begegnung mit Jesus (Verse 12-15) und drittens sein Leben als Christ (Verse 19-23). Wenn wir jemandem erklären wollen, wie man Christ wird, kann eine systematische Darstellung sehr hilfreich sein. Es gibt viele unterschiedliche Ansätze, das Evangelium zu erläutern. In christlichen Buchhandlungen sind hierzu Anleitungen erhältlich. Anschließend können Sie Ihrem Gesprächspartner anbieten, das Gebet am Ende von Kapitel 3 dieses Buches mit ihm gemeinsam zu beten.

Ein Mann aus unserer Gemeinde erzählte mir neulich, wie er zum Glauben gekommen war. Er hatte berufliche Schwierigkeiten und mußte geschäftlich nach Amerika reisen. Er war nicht gerade in einer vergnügten Stimmung, als er mit dem Taxi zum Flughafen fuhr. Auf dem Armaturenbrett des Wagens sah er Fotos von den Kindern des Taxifahrers. Er konnte das Gesicht des Taxifahrers zwar nicht sehen, doch er erkundigte sich nach dessen Familie. Der Fahrer schien eine tiefe innere Liebe auszustrahlen. Im Verlauf der Unterhaltung sagte der Taxifahrer zu ihm: »Wissen Sie, ich kann Ihnen anmerken, daß Sie ziemlich unglücklich sind. Wenn Sie an Jesus glauben, sieht die Welt vollkommen anders aus.«

Der Geschäftsmann sagte zu mir: »Hier hatte ich es mit einem Mann zu tun, der mit Autorität sprach. Und dabei hatte ich gedacht, derjenige mit der Autorität sei ich selbst. Schließlich bezahlte ich ja die Fahrt.« Zum Schluß sagte der Taxifahrer: »Meinen Sie nicht auch, daß es an der Zeit ist, reinen Tisch zu machen und Jesus Ihr Leben zu übergeben?« Sie hatten den Flughafen erreicht. Zum ersten Mal drehte sich der Taxifahrer um, und der

Geschäftsmann sah sein Gesicht. Es war voller Güte. Der Fahrer sagte zu ihm: »Wie wär's, wenn wir zusammen beten? Wenn Sie Jesus annehmen wollen, bitten Sie ihn darum, in Ihr Herz zu kommen.« Die beiden Männer beteten zusammen, und der Taxifahrer schenkte ihm ein kleines Heft über den christlichen Glauben. Dieser Mann war ein bescheidener, einfacher Mensch, und die Begegnung mit ihm war kurz, doch er hatte die Gelegenheit beim Schopf ergriffen, die gute Nachricht von Jesus weiterzugeben. Auf diese Weise hatte er dazu beigetragen, daß das Leben des Geschäftsmannes eine völlig neue Richtung einschlug.

Tatkräftige Hilfe durch Gottes Macht

Die Verkündigung des Evangeliums geht im Neuen Testament oft mit sichtbaren Zeichen von Gottes Macht einher. Jesus verkündete: »Es ist soweit: Jetzt will Gott seine Herrschaft aufrichten und sein Werk vollenden. Ändert euer Leben und glaubt diese gute Nachricht!« (Mk 1,15). Im Anschluß daran machte Jesus die Macht des Evangeliums offenkundig, indem er böse Geister austrieb (Mk 1,21-28) und Kranke heilte (Mk 1,29-34; 40-45).

Jesus wies seine Jünger an, dasselbe zu tun, was sie ihn tun gesehen hatten. Er schickte sie los, um sich durch ihr Handeln für das Königreich einzusetzen – »Heilt die Kranken in der Stadt« – und dieses Königreich auch verbal zu verkünden – »sagt den Leuten: Gott richtet jetzt seine Herrschaft bei euch auf!« (Lk 10,9). Wenn wir die Evangelien und die Apostelgeschichte zu Ende lesen, stellen wir fest, daß sie genau das getan haben. Paulus schrieb an die Thessalonicher: »Denn als wir euch die Gute Nachricht verkündeten, erwies sie sich unter euch nicht als bloßes Wort. Gott selbst zeigte in ihr seine Macht« (1 Thess 1,5).

Verkündigung und machterfülltes Handeln sind eng miteinander verknüpft. Oft führt das eine zum anderen. Einmal waren Petrus und Johannes auf dem Weg zum Gottesdienst. Vor dem Eingang saß ein Mann, der von Geburt an körperlich behindert gewesen war. Schon seit Jahren bettelte er an diesem Platz um Geld. Auch Petrus und Johannes sprach er an. Petrus erklärte ihm sinngemäß: »Tut mir leid, Geld habe ich nicht, aber ich gebe dir gern

das, was ich habe. Im Namen Jesu Christi von Nazaret: Steh auf!«
Er nahm ihn bei der Hand und half ihm auf die Füße. Der Mann
sprang auf und fing an umherzulaufen. Als er begriffen hatte, daß
er geheilt worden war, machte er vor Freude Luftsprünge und
lobte Gott (Apg 3,1-10).

Alle wußten, daß dieser Mann von Geburt an behindert gewesen war, und bald hatte sich eine riesige Menschenmenge angesammelt. Auf diesen übernatürlichen Akt durch Gottes Macht
folgte die Verkündigung des Evangeliums. Die Leute wollten wissen, wie diese Heilung vor sich gegangen war. Petrus konnte ihnen erklären: »Das Vertrauen auf diesen Jesus hat den Mann, der
hier steht und den ihr alle kennt, gesund gemacht. Der Name Jesus hat in ihm Glauben geweckt und ihm die volle Gesundheit geschenkt, die ihr an ihm seht« (Apg 3,16). Im nächsten Kapitel
schauen wir uns dieses Thema genauer an, indem wir das Reich
Gottes und Heilung zueinander in Beziehung setzen.

Gebet

Den Stellenwert, den das Gebet im Leben Jesu einnahm, haben
wir schon betont. Während er das Evangelium verkündete und
durch sein Handeln sichtbar machte, verbrachte er auch Zeit im
Gebet (Mk 1,35-37). Auf Gebet können wir keinesfalls verzichten, wenn wir anderen die gute Nachricht von Jesus bringen wollen.

Wir müssen dafür beten, daß blinde Augen geöffnet werden.
Viele Menschen sind dem Evangelium gegenüber blind (2 Kor
4,4). Sie besitzen zwar ein rein optisches Sehvermögen, doch für
geistliche Dinge sind sie blind. Wir müssen beten, daß der Geist
Gottes die Augen der Blinden öffnet, damit sie die Wahrheit über
Jesus begreifen können.

Die meisten Menschen, die zum Glauben an Christus kommen,
stellen irgendwann fest, daß jemand für sie gebetet hat. Vielleicht
war dieser Jemand ein Verwandter, ein guter Freund oder ein
Patenonkel/eine Patentante. Ich bin mir sicher, daß es in den meisten Fällen einer Bekehrung jemand gibt, der für den Betreffenden gebetet hat, daß ihm die Augen für die Wahrheit geöffnet

würden. James Hudson Taylor, der Gründer der China Inland Mission, hat Millionen von Menschen für Jesus Christus gewonnen. Er verbrachte seine Kindheit in Yorkshire und wurde zu einem aufmüpfigen Teenager. Eines Tages, als seine Mutter verreist war und seine Schwester unterwegs war, nahm er sich ein christliches Buch in der Absicht, nur die Geschichte zu lesen und die moralische Anwendung zu überspringen. In der Scheune hinter dem Haus machte er es sich bequem und begann zu lesen.

Beim Lesen stolperte er über den Ausdruck »das vollendete Werk Christi«. Er hatte das Christentum immer für eine Art Sisyphusarbeit gehalten, für einen endlosen Kampf, in dem man unablässig seine Schulden durch Gutestun abtragen muß. Diesen Kampf hatte er persönlich längst aufgegeben. Seine Schulden waren einfach zu groß. Er wollte das Leben einfach nur auskosten, so gut es ging. Beim Lesen dieses Ausdrucks »das vollendete Werk Christi« fiel es ihm wie Schuppen von den Augen, daß Christus diese Schulden schon längst durch seinen Tod am Kreuz gelöscht hatte: »Und damit dämmerte mir die freudige Erkenntnis, als hätte der Heilige Geist meine Seele taghell erleuchtet, daß ich nun nur noch das eine tun mußte: auf die Knie fallen, um diesen Retter und seine Errettung anzunehmen, und ihn den Rest meines Lebens zu lobpreisen.« Kein Luther, kein Bunyan oder Wesley hatte die Befreiung von dieser immensen Last, das strahlende Licht in der Dunkelheit, die Wiedergeburt und die innige Freundschaft Christi bewußter erlebt als Hudson Taylor an diesem Juninachmittag 1849 im Alter von siebzehn Jahren.

Zehn Tage später kehrte seine Mutter nach Hause zurück. Er lief zur Tür, »um ihr zu sagen, daß ich ihr etwas Wunderbares zu berichten hätte.« Sie schloß ihn in die Arme und antwortete: »Ich weiß, mein Junge. Ich freue mich schon seit fast zwei Wochen über diese wunderbare Nachricht, die du für mich hast.« Hudson konnte nur staunen. Sie war achtzig Meilen weit weg gewesen, doch an dem Tag des Erlebnisses in der Scheune hatte sie ein so überwältigendes Bedürfnis danach verspürt, für Hudson zu beten, daß sie mehrere Stunden auf ihren Knien verbracht hatte, und als sie endlich wieder aufstand, geschah es mit der unerschütterlichen Gewißheit, daß ihre Gebete erhört worden waren. Sein Leben lang hat er die Bedeutung des Gebets nicht vergessen.[53]

Als mein Freund Ric Christ wurde, rief er einen seiner Freunde an, der schon längere Zeit Christ war, und erzählte ihm, was passiert war. Der Freund antwortete: »Seit vier Jahren bete ich jetzt schon für dich.« Daraufhin fing Ric an, für einen weiteren Freund zu beten, und innerhalb von zehn Wochen war auch dieser zum Glauben an Jesus gekommen.

Wir müssen für unsere Freunde beten. Wir müssen aber auch für uns selbst beten. Wenn wir mit anderen über Jesus sprechen, ernten wir manchmal eine abweisende Reaktion. In dem Moment ist die Versuchung groß, einfach die Flinte ins Korn zu werfen. Als Petrus und Johannes den behinderten Mann heilten und das Evangelium predigten, wurden sie festgenommen, und man verbot ihnen streng, ihre Aktivitäten fortzusetzen. Manchmal ernteten sie entschiedene Ablehnung, doch sie gaben nicht auf. Statt dessen beteten sie: nicht etwa um Bewahrung, sondern um Mut zur Verkündigung des Evangeliums und um weitere Wunder im Namen Jesu (Apg 4,29-31).

Als Christen müssen wir uns mit ganzer Kraft dafür einsetzen, anderen von Jesus zu erzählen. Wir sollen Salz und Licht sein, Argumente vortragen, Zubringerdienste leisten, selbst als Sprachrohr Gottes dienen, tatkräftige Hilfe durch Gottes Macht geben und beten. Wenn wir dies tun, werden wir viele Menschen lebensverändernd für Jesus beeinflussen.

Während des Krieges lag ein angeschossener Mann sterbend im Schützengraben. Ein Kamerad beugte sich über ihn und fragte: »Kann ich irgend etwas für dich tun?«

»Zu spät. Es geht zu Ende«, antwortete er.

»Gibt es irgend jemanden, dem ich eine Nachricht von dir ausrichten soll?«

»Ja. Du kannst diesem Mann hier an dieser Adresse etwas ausrichten. Sage ihm, daß das, was ich als Kind von ihm gelernt habe, mir in meinen letzten Minuten beim Sterben hilft.«

Der Mann war sein ehemaliger Sonntagsschullehrer. Als er die Nachricht erhielt, sagte er: »Gott sei mir gnädig. Vor Jahren habe ich die Sonntagsschule an den Nagel gehängt, weil ich dachte, es sei doch alles zwecklos. Ich hatte den Eindruck, niemandem geholfen zu haben.«

Es ist niemals zwecklos, anderen von Jesus zu erzählen. Paulus schreibt: »Zu dieser Guten Nachricht bekenne ich mich offen und ohne Furcht; denn in ihr wirkt Gottes Macht. Sie bringt allen Menschen Rettung, die ihr glauben« (Röm 1,16).

Kapitel 13

Heilt Gott auch heute noch Krankheiten?

Vor einigen Jahren wurden meine Frau und ich von einer jungen Japanerin gebeten, für die Heilung ihres Rückens zu beten. Wir legten ihr die Hände auf und baten Gott, sie zu heilen. Danach tat ich mein Bestes, um ihr aus dem Weg zu gehen, weil ich nicht wußte, wie ich ihr nur erklären sollte, weshalb sie nicht geheilt worden war. Eines Tages kam sie mir um eine Ecke entgegen, und es gab kein Ausweichen. Aus Höflichkeit stellte ich ihr die gefürchtete Frage: »Wie geht es Ihrem Rücken?«

»Meinem Rücken?« antwortete sie. »Oh, der ist vollkommen geheilt, seitdem Sie dafür gebetet hatten.« Ich weiß selbst nicht, warum ich so überrascht darüber war.

Als John Wimber mit einem Team von seiner Kirche (der Vineyard Christian Fellowship) bei uns war, predigte er am Sonntag über das Thema Heilung. Am Montag kam er zu einem Mitarbeitertreffen. Etwa sechzig bis siebzig Mitarbeiter waren anwesend, und er hielt uns einen weiteren Vortrag zum Thema Heilung. Wir hatten schon einiges an Vorträgen über Heilung gehört und waren sehr angetan von dem, was er zu sagen hatte. Aber dann kündigte er nach der Kaffeepause einen »Workshop« an. Nun befanden wir uns auf Neuland. John Wimber sagte uns, daß sein Team etwa zwölf »Worte der Weisheit« empfangen hatte, welche die Leute in diesem Raum betrafen. Er erklärte, daß er unter »Wort der Weisheit« (1 Kor 12,8) eine übernatürliche Information verstehe, die eine Person oder eine Situation betrifft und die nicht auf natürlichem Wege erfahrbar ist, sondern nur durch den Geist Gottes. Dabei kann es sich um ein Bild handeln, ein Wort, das man im Geist sieht oder hört, oder auch ein körperlich empfundenes Gefühl. Er hatte eine ganze Reihe von diesen Worten der Weisheit parat und kündigte an, daß er die Betreffenden nach vorn rufen würde, damit für sie gebetet würde. Ich für mein Teil war reichlich skeptisch bei der ganzen Sache.

Als sich aber dann einer nach dem anderen auf die recht ausführlichen Beschreibungen meldeten (meiner Erinnerung nach war eine davon »ein Mann, der mit vierzehn Jahren beim Holzspalten eine Rückenverletzung erlitt«), nahm die ganze Atmosphäre im Raum an Vertrauen zu. Auf jedes Wort der Weisheit meldete sich jemand. Eins davon betraf Unfruchtbarkeit. Wir kannten einander ziemlich gut und waren uns sicher, daß diese Beschreibung auf niemanden von uns zutraf. Aber dann ging eine junge Frau, die bisher kinderlos gewesen war, tapfer nach vorn. Jemand betete für sie, und genau neun Monate später brachte sie das erste von fünf Kindern zur Welt!

Meine Einstellung an diesem Abend war typisch für die Ängste und die Skepsis, die viele Menschen im zwanzigsten Jahrhundert dem Thema Heilungen durch Gebet entgegenbringen. Ich beschloß, die Bibel speziell auf das, was sie über Heilung sagt, durchzulesen. Je mehr ich mich informierte, desto mehr wurde ich davon überzeugt, daß wir auch heute noch Wunderheilungen von Gott erwarten sollten. Natürlich benutzt Gott auch Ärzte, Krankenschwestern und das gesamte Gebiet der Medizin dazu, Krankheiten zu heilen.

Heilung in der Bibel

Im Alten Testament verspricht Gott seinem Volk Heilung und Gesundheit, wenn es ihm gehorsam ist (vgl. Ex 23,25-26; Dtn 28; Ps 41). Es liegt sogar im Wesen Gottes, Krankheiten zu heilen, denn er sagt von sich selbst: »Ich, der Herr, bin euer Arzt« (Ex 15,26). Im Alten Testament lesen wir von mehreren Wunderheilungen (vgl. 1 Kön 13,6; 2 Kön 4,8-37; Jes 38).

Eines der herausragendsten Beispiele ist die Heilung Naamans, des Kommandanten der königlichen Armee von Aram. Er war an Aussatz erkrankt. Nachdem er – allerdings recht widerwillig – siebenmal im Jordan untergetaucht war, wurde er völlig gesund, »seine Haut wurde wieder so rein wie die eines Kindes« (2 Kön 5,14), und er erkannte den Gott Israels als den wahren Gott an. Elischa, der ihm die Anweisungen zur Heilung gegeben hatte, weigerte sich, die Bezahlung anzunehmen, die Naaman ihm anbot (obwohl sein Diener Gehasi kurz darauf den schwerwiegenden Fehler machte, sich das Geld heimlich selbst unter den Nagel zu reißen). Als erstes können wir von dieser Geschichte lernen, daß Heilung eine tiefgreifende Auswirkung auf das Leben des Betreffenden haben kann, und zwar nicht nur körperlich, sondern auch in bezug auf sein Verhältnis zu Gott. Heilung und Glaube können eng miteinander verknüpft sein. Zweitens sehen wir, daß eine übernatürliche Heilung ein Geschenk Gottes ist, für die keine Bezahlung entgegengenommen werden sollte. Und drittens: Wenn Gott im Alten Testament Menschen heilte, also zu einer Zeit, als das Reich Gottes und die Ausgießung des Heiligen Geistes nur bruchstückhaft zu sehen waren, dann können wir voller Zuversicht erwarten, daß er dies sogar im größeren Umfang heute tun wird, nachdem mit Jesus das Reich Gottes und das Zeitalter des Heiligen Geistes begonnen hat.

Die ersten schriftlich aufgezeichneten Worte Jesu im Markusevangelium lauten: »Es ist soweit: Jetzt will Gott seine Herrschaft aufrichten und sein Werk vollenden. Ändert euer Leben und glaubt diese gute Nachricht!« (Mk 1,15). Das Thema »Gottes Reich« nimmt eine zentrale Stellung im Wirken Jesu ein. Die Begriffe »Reich Gottes« und »Himmelreich« (beide werden häufig auch mit *Herrschaft Gottes* wiedergegeben; Anm. d. Übers.) kommen über zweiundachtzigmal vor, letzterer ausschließlich im Matthäusevangelium. Die beiden Begriffe sind bedeutungsgleich. Mit dem Begriff »Himmel« bezeichneten die Juden Gott, ohne dessen heiligen Namen aussprechen zu müssen. Die jüdische Prägung des Matthäusevangeliums, das sich deutlich von dem nichtjüdischen Unterton in den Evangelien des Lukas und Markus abhebt, liefert eine plausible Erklärung für diesen Unterschied.

Das griechische Wort für *Königreich*, »basileia«, ist eine Übersetzung des aramäischen Wortes »mulkuth«, das Jesus aller Wahrscheinlichkeit nach benutzt hat. Es bedeutet nicht nur *Königreich* im politischen oder geographischen Sinn, sondern enthält auch den Aspekt des Regierens und Herrschens. Daher beinhaltet »das Königreich Gottes« auch die Bedeutung *Regieren und Herrschaft Gottes.*

In den Lehren Jesu hat das Königreich Gottes ein zukünftiges Element, das erst durch ein einschneidendes Ereignis beim »Ende der Welt« (Mt 13,49) in Erfüllung gehen wird. Beispielsweise spricht er in einem der Himmelreich-Gleichnisse von einer zukünftigen Ernte am Ende des Zeitalters: »Der Menschensohn wird seine Engel aussenden, und sie werden aus seinem Herrschaftsgebiet alle einsammeln, die Gott ungehorsam waren ... Dann werden alle, die Gott gehorcht haben, in der neuen Welt Gottes, ihres Vaters, so hell strahlen wie die Sonne« (Mt 13,24-43). Das Ende der Welt fällt mit der Wiederkunft Jesu zusammen. Bei seinem ersten Erscheinen kam er in Schwachheit; wenn er wiederkommt, wird dies »mit göttlicher Macht und Herrlichkeit« (Mt 24,30) geschehen.

Die Weltgeschichte bewegt sich stetig auf diesen Höhepunkt der machtvollen Wiederkunft Jesu zu (Mt 25,31). Insgesamt ist an dreihundert Stellen des Neuen Testaments die Rede von dem zweiten Kommen Christi. Wenn er kommt, wird alle Welt ihn sehen. Die Weltgeschichte, wie wir sie kennen, wird enden. Die Toten werden auferstehen, und der Tag des Gerichts wird stattfinden. Für manche (jene, die das Evangelium abgelehnt haben) wird es ein Tag des Grauens werden (2 Thess 1,8-9), während andere an diesem Tag ihr Erbe am Königreich Gottes antreten werden (Mt 25,34). Ein neuer Himmel und eine neue Erde werden entstehen (2 Petr 3,13; Offb 21,1). Jesus selbst wird zugegen sein (Offb 21,22-23), und mit ihm alle, die ihn lieben und ihm gehorchen. Es wird ein Ort intensiver Freude sein, die niemals enden wird (1 Kor 2,9). Wir werden neue Körper haben, die unvergänglich und verherrlicht sind (1 Kor 15,42-43). Es wird kein Sterben mehr geben, keine Trauer, keine Tränen und keine Schmerzen (Offb 21,4). Alle Gläubigen werden an diesem Tag vollkommen geheilt sein.

Andererseits enthalten die Lehren und das Handeln Jesu auch eine gegenwärtige Seite des Königreiches Gottes. Wir sehen die Zeichen, das Dämmern, den Auftakt des nahenden Königreiches.

Jesus sagte den Pharisäern: »Denn schon jetzt richtet Gott mitten unter euch seine Herrschaft auf!« (Lk 17,21). In seinem Gleichnis von dem vergrabenen Schatz und der Perle (Mt 13,44-46) erklärt Jesus, daß das Königreich schon jetzt entdeckt und erlebt werden kann. Aus den Evangelien läßt sich deutlich herauslesen, daß Jesus in seinem Wirken die Erfüllung der alttestamentlichen Verheißungen sah. In der Synagoge von Nazaret las Jesus die Verheißung aus Jesaja Kapitel 61, Verse 1-2 vor und bestätigte den Zuhörern: »Dieses Wort ist heute für euch in Erfüllung gegangen, eben jetzt, als ihr es aus meinem Mund gehört habt« (Lk 4,21). Diese gegenwärtige Wirklichkeit des Königreichs wurde in allem sichtbar, was er während seines Dienstes tat, durch die Vergebung von Sünden, die Vertreibung des Bösen und das Heilen der Kranken.

Das Königreich ist sowohl schon da als auch angebrochen. Die Juden hatten die Erwartung, daß der Messias sofort ein vollkommenes Königreich errichten würde, wie das folgende Diagramm zeigt:

DIESES ZEITALTER   **DAS KOMMENDE ZEITALTER**

Doch Jesus lehrte eine andere Version dieser Erwartung:

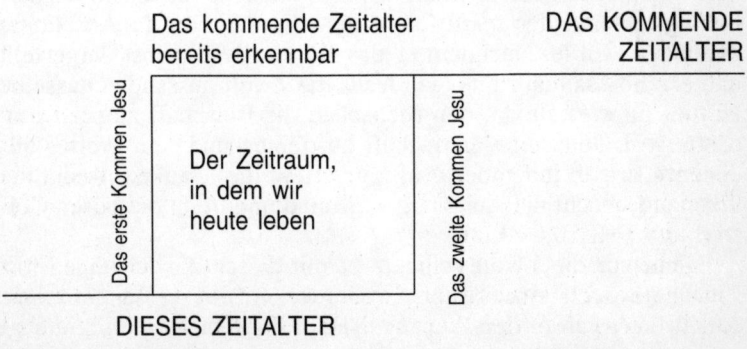

199

Wir leben im Überschneidungsraum dieser beiden Zeitalter; das zukünftige Zeitalter ist schon jetzt in Ansätzen da. Die alte Weltordnung besteht zwar noch, doch die Macht der neuen ist schon in sie vorgedrungen. Das zukünftige Königreich hat sich schon in der Geschichte der Menschheit manifestiert. Jesus predigte das Königreich Gottes. Er machte dessen Mächte sichtbar, indem er Kranke heilte, Tote auferweckte und Dämonen austrieb.

Die Evangelien handeln zu einem Viertel von Heilungen. Obwohl Jesus nicht ausnahmslos jeden Kranken in Judäa heilte, lesen wir oft, wie er Kranke entweder einzeln oder in Gruppen heilte (vgl. Mt 4,23; Mk 6,56; Lk 4,40; 6,19; 9,11). Heilungen waren etwas Normales im Reich Gottes.

Jesus führte nicht nur selbst Heilungen aus, sondern er wies auch seine Jünger an, dies zu tun. Zuerst schickte er die Zwölf los. Im Evangelium des Matthäus finden wir eine klare Darstellung davon. Matthäus schreibt: »Jesus zog durch ganz Galiläa. Er sprach in den Synagogen und verkündete die Gute Nachricht, daß Gott jetzt seine Herrschaft aufrichten und sein Werk vollenden werde. Er heilte alle Krankheiten und Leiden im Volk« (Mt 4,23). Danach folgt ein Teil der Lehren und Predigten Jesu in Matthäus 5-7 (die Bergpredigt) sowie neun Wunder (hauptsächlich Heilungen). Dieser Abschnitt schließt dann mit einer fast wörtlichen Wiederholung von Matthäus 4,23: »Jesus zog durch alle Städte und Dörfer. Er lehrte in den Synagogen und verkündete die Gute Nachricht, daß Gott jetzt seine Herrschaft aufrichten und sein Werk vollenden werde. Er heilte alle Krankheiten und Leiden« (Mt 9,35). Hier bedient Matthäus sich einer literarischen Wiederholungstechnik, der *Inklusion*, durch die der Text in Abschnitte gegliedert wurde. Nachdem er das Wirken Jesu selbst dargestellt hat, erzählt Matthäus uns, wie Jesus die Zwölf aussandte, dasselbe zu tun. Er wies sie an, den Menschen die Botschaft zu predigen: »Jetzt will Gott seine Herrschaft aufrichten und sein Werk vollenden!« Er gab ihnen den Auftrag: »Heilt die Kranken, weckt die Toten auf, macht die Aussätzigen gesund und treibt die bösen Geister aus« (Mt 10,6-8).

Nicht nur die Zwölf schickte er mit diesen Anweisungen los. Er sandte auch eine Gruppe von zweiundsiebzig Jüngern aus. Auch ihnen gab er den Auftrag: »Heilt die Kranken ... und sagt den Leuten: Gott richtet jetzt seine Herrschaft bei euch auf!« (Lk 10,8-9). Als die zweiundsiebzig Jünger zurückkehrten, berichteten sie voller Freude: »Herr, sogar die bösen Geister gehorchten uns, wenn wir sie in deinem Namen bedrohten!« (Vers 17).

Doch seine Anweisungen waren nicht einmal auf die Zwölf und die Zweiundsiebzig beschränkt. Jesus erwartete von *allen* seinen Nachfolgern, dasselbe zu tun. Er wies seine Jünger an: »Darum geht nun zu allen Völkern der Welt und macht die Menschen zu meinen Jüngern! ... und lehrt sie, *alles* zu befolgen, was ich euch aufgetragen habe« (Mt 28,19-20; Hervorhebung durch den Autor). Er sagte nicht etwa: »Jawohl, alles. Ausgenommen ist natürlich die Sache mit den Heilungen.«

Dasselbe finden wir in der etwas längeren Endpassage des Markusevangeliums (was Rückschlüsse auf das glasklare Verständnis der Urkirche bezüglich des Missionsbefehls zuläßt). Jesus sagte: »Geht nun in die ganze Welt und verkündet allen die Gute Nachricht! ... *Die Glaubenden* aber wird man an folgenden Zeichen erkennen: In meinem Namen können sie böse Geister austreiben und in unbekannten Sprachen reden ... und Kranke, denen sie die Hände auflegen, werden gesund ... Die Jünger aber gingen und verkündeten überall die Gute Nachricht. Der Herr half ihnen dabei und bestätigte ihre Worte durch die Wunder, die sie taten« (Mk 16,15-20; Hervorhebung durch den Autor). Mit den »*Glaubenden*« meinte er alle, die an ihn, Jesus Christus, glauben, also alle Christen.

Auch im Evangelium des Johannes finden wir dasselbe. Im Zusammenhang mit Wundern sagte Jesus: »Jeder, der mir vertraut, wird auch die Taten vollbringen, die ich tue. Ja, seine Taten werden meine noch übertreffen, denn ich gehe zum Vater« (Joh 14,12). Selbstverständlich hat niemand je Wunder von größerer Qualität als Jesus vollbracht, aber an Quantität übertreffen sie seine Wunder, da Jesus ja zum Vater zurückkehrte. Jesus hat nicht etwa aufgehört, Wunder zu tun, doch er benutzt nun schwache und unvollkommene Menschen, um Wunder zu vollbringen. Wieder gilt: »Jeder, der mir vertraut ...« Damit sind Sie und ich gemeint. Diese Anweisungen und Versprechen sind nirgends auf eine bestimmte Klasse von Christen beschränkt.

Jesus heilte Kranke; er wies seine Jünger an, dasselbe zu tun, und sie taten es. In der Apostelgeschichte sehen wir, wie der Missionsbefehl in die Tat umgesetzt wurde. Die Jünger predigten und lehrten weiterhin; sie heilten aber auch die Kranken, weckten die Toten auf und trieben böse Geister aus (Apg 3,1-10; 4,12; 5,12-16; 8,5-13; 9,32-43; 14,3.8-10; 19,11-12; 20,9-12; 28,8-9). Aus 2 Korinther 12 ist ersichtlich, daß Paulus keineswegs der Meinung war, diese Fähigkeiten seien nur den Aposteln gegeben. Ebenso sagt der Schreiber des Hebräerbriefes: »Gott selbst hat dazu seine Beglaubigung gegeben durch wunderbare Zeichen seiner Macht und durch die Gaben des heiligen Geistes, die er nach freiem Ermessen ausgeteilt hat« (Hebr 2,4).

An keiner Stelle sagt die Bibel aus, Heilungen seien auf eine bestimmte geschichtliche Ära beschränkt. Ganz im Gegenteil: Heilungen gehören zu den Zeichen des Himmelreichs, das mit Jesus Christus begann, und es gibt sie auch heute noch. Daher sollten wir durchaus von Gott erwarten, Kranke durch Gebet heilen zu können, weil dies ein Zeichen seiner Gottesherrschaft ist.

Heilung in der Kirchengeschichte

Evelyn Frost hat ein Buch geschrieben, in dem sie Texte früher Autoren wie Quadratus, Theophilus von Antiochien, Irenäus, Tertullian und Origines untersuchte. Sie kam zu dem Schluß, daß Heilungen in der Urkirche so gut wie an der Tagesordnung waren.

Irenäus (ca. 130 – ca. 200), Bischof von Lyon und einer der frühen Theologen, schrieb:

> *Jene, welche in Wahrheit seine Jünger sind, tun sie [Wunder] in seinem Namen durch die Gnade, die sie von ihm empfangen haben, um das Wohlergehen anderer zu fördern, gemäß der Befähigung, die ein jeder von ihm empfangen hat. Denn einige treiben gewißlich und wahrhaftig Teufel aus, so daß jene, die auf diese Weise von bösen Geistern gereinigt wurden, nicht nur [an Christus] glauben, sondern sich auch der Kirche anschließen. Andere haben Kenntnis der zukünftigen Dinge; sie sehen*

*Visionen und sprechen prophetische Worte. Wiederum
andere heilen Kranke durch Auflegen der Hände, und sie
werden gesund. Ja, mehr noch: Wie ich schon geschrieben habe, sind Tote auferweckt worden und leben noch
viele Jahre in unserer Mitte.*[54]

Origines (ca. 185 – ca. 254), ein anderer Theologe, Schriftge-
lehrter und Geschichtsschreiber der frühchristlichen Kirche, sagte
über die Christen: »Sie treiben böse Geister aus und heilen viele
Krankheiten und sagen bestimmte Ereignisse voraus ... der Name
Jesu ... kann Krankheiten wegnehmen.«

Auch zweihundert Jahre später bestand die Erwartung, daß
Gott Kranke durch sein direktes Eingreifen heilte. Augustinus von
Hippo (354-430 n. Chr.), der vielfach als der größte Theologe der
ersten vier Jahrhunderte bezeichnet wird, schreibt in seinem Buch
Der Gottesstaat: »Auch heute noch werden Wunder im Namen
Christi vollbracht.« Er nennt das Beispiel eines Blinden in Mai-
land, der das Augenlicht im Beisein von ihm selbst (Augustinus)
wiedergewann. Dann beschreibt er, wie ein Mann namens Innocentius, bei dem er zu Gast war, geheilt wurde. Innocentius war
wegen Fisteln behandelt worden, die »an komplizierter Stelle in
seinem Rektum lagen.« Eine äußerst schmerzhafte Operation hatte
er schon über sich ergehen lassen. Man hielt es für unwahrscheinlich, daß er eine zweite Operation überleben würde.
Während sie für ihn beteten, fiel er plötzlich zu Boden, als habe
ihn jemand gewaltsam gestoßen, und er stöhnte und schluchzte
und zitterte so heftig am ganzen Leib, daß er nicht sprechen
konnte. Der gefürchtete Tag seiner nächsten Operation kam. »Die
Ärzte sind zur Stelle ... die grauenerweckenden Instrumente werden hervorgeholt ... das Körperteil wird entblößt; mit dem Mes-
ser in der Hand sucht der Arzt voller Eifer nach dem eitrigen Ge-
webe, das herausgeschnitten werden soll; er sucht es mit seinen
Augen; er fühlt mit seinem Finger danach; er stellt genaueste Un-
tersuchungen an.« Was er vorfand, war eine vollkommen geheilte
Wunde. »Ich habe keine Worte, um zu beschreiben, welche
Freude, welches Lob, welcher Dank an den gnädigen, allmächtigen Gott über die Lippen aller strömte, mit Tränen und
Frohlocken. Möge der Leser sich den Moment selbst ausmalen!«

Als nächstes berichtete er die Heilung der Innocentia, einer gottesfürchtigen Frau in gehobener gesellschaftlicher Stellung, deren Krankheit von den Ärzten als unheilbarer Brustkrebs bezeichnet worden war. Der Doktor wollte wissen, wie diese Heilung vor sich gegangen sei. Als sie ihm erzählte, sie sei von Jesus geheilt worden, war er ungehalten und schimpfte: »Ich dachte, hier könnte ich eine große Entdeckung machen!« Seine Gleichgültigkeit entsetzte sie, und sie antwortete: »Welch ein geringes war es für Christus, eine Krebskrankheit zu heilen, hat er doch einen vom Tod auferweckt, der vier Tage lang tot war!«

Ferner berichtet er von einem Arzt, der »im Moment seiner Taufe« von seiner Gicht geheilt wurde, und von einem alten Hofnarr, der ebenfalls bei seiner Taufe geheilt wurde, und zwar nicht nur von seiner Lähmung, sondern auch von seinem Leistenbruch. Augustinus schreibt, er wisse von so vielen Wunderheilungen, daß er an einer Stelle fragt: »Was soll ich tun? Will ich dieses Werk je vollenden, so kann ich nicht alle Wunder, von denen ich weiß, niederschreiben ... auch jetzt noch werden viele Wunder vollbracht; derselbe Gott, der jene, von denen wir lesen, vollbrachte, tut sie auch weiterhin, durch wen und wie es ihm wohlgefällt.«

Während der gesamten Kirchengeschichte hat es Kranke gegeben, die durch Gottes direktes Eingreifen geheilt worden sind. Zu keiner Zeit waren Heilungen ausgestorben – bis zum heutigen Tag nicht.

Der englische Rationalist, Historiker und Geisteswissenschaftler Edward Gibbon, der besonders wegen seines im 18. Jahrhundert verfaßten Geschichtsbuchs über das Römische Reich bekannt wurde, führt fünf Grunde für die erstaunlich schnelle Verbreitung des Christentums an. Einer davon liegt in den »Wundermächten der Urkirche«. Er schreibt: »Die christliche Kirche hat, angefangen mit der Zeit der Apostel und der ersten Jünger, eine ununterbrochene Folge von übernatürlichen Mächten, die Gabe der Sprachengebete, Visionen und Prophezeiungen, die Macht der Geisteraustreibung, Krankenheilungen und Auferweckung von Toten besessen.« Gibbon macht darauf aufmerksam, wie inkonsequent es sei, daß unter seinen Zeitgenossen selbst bei den Frommsten eine verdeckte und sogar unfreiwillige Skepsis grassiere. Im Gegensatz zur christlichen Urgemeinde, so schreibt er, sei die Anerkennung des Übernatürlichen seitens seiner Zeitgenossen nicht so sehr eine aktive Überzeugung, sondern ein kalter, emotionsloser Gemeinplatz. »Nachdem wir lange Jahre darin geübt wurden, die unabänderliche Ordnung der Natur zu respektieren, ist unser Verstand oder zumindest unsere Vorstellungskraft nicht ausreichend darauf vorbereitet, die sichtbaren Akte Gottes als solche anzuerkennen.« Dasselbe könnte mit noch größerer Betonung von unserer Zeit gesagt werden.

Heilung heute

Auch heute noch heilt Gott Menschen. Es gibt so viele wunderbare Berichte davon, daß man kaum weiß, welche man als Beispiele heranziehen soll. Bei einer Tauf- und Konfirmationsfeier in unserer Gemeinde erzählte Ajay Gohill vor kurzem seine Geschichte. Er stammt aus Kenia und kam 1971 nach England. Er war als Hindu erzogen worden und arbeitete in der Zeitungshandlung der Familie in Neasden. Mit einundzwanzig bekam er erythrodermische Schuppenflechte, eine chronische Hautkrankheit. Sein Körpergewicht fiel von dreiundsiebzig auf achtundvierzig Kilo. Er suchte Ärzte auf der ganzen Welt auf, in den Vereinigten Staaten, Deutschland, der Schweiz, Israel und überall in England, einschließlich in der Harley Street. Achtzig Prozent seines Einkommens gab er bei der Suche nach einem Heilmittel aus. Er nahm starke Medikamente, deren Nebenwirkungen seine Leber beeinträchtigten. Er erreichte den Punkt, wo er seine Arbeit aufgeben mußte. Die Krankheit bedeckte seinen gesamten Körper. Sein Anblick war so grauenerregend, daß er nicht mehr schwimmen gehen konnte; nicht einmal in einem T-Shirt konnte er sich sehen lassen. Er hatte keine Freunde mehr. Seine Frau und sein Sohn verließen ihn. Am liebsten wäre er gestorben. Am 20. August 1987 saß er in einem Rollstuhl im St.-Thomas-Krankenhaus. Über sieben Wochen brachte er im Krankenhaus zu, wo man verschiedene Behandlungsmethoden an ihm ausprobierte. Am 14. Oktober lag er im Bett und wünschte sich nur noch den Tod. Er schrie: »Gott, wenn du dies hörst, dann laß mich doch sterben. Es tut mir leid, wenn ich je irgendwelche Sünden begangen habe.«

Beim Beten spürte er »eine Gegenwart«. Er sah in seinen Schrank und holte eine Gute-Nachricht-Bibel hervor. Diese schlug er wahllos auf und geriet an Psalm 38:

> »Herr, du bist zornig auf mich und strafst mich. Laß es genug sein, hör auf, mich zu peinigen! Deine Pfeile bohren sich in mich hinein, und deine Hand trifft mich mit schweren Schlägen. An meinem Körper ist nichts Heiles mehr zu sehen, und keines von meinen Gliedern ist gesund. Das ist deine Antwort auf meine Schuld; du zeigst mir damit, wie sehr du mir zürnst! Meine Schuld ist mir über den Kopf gewachsen; sie wiegt zu schwer, ich kann sie nicht mehr tragen. Ich war so töricht, dich nicht ernst zu nehmen. Darum eitern meine Wunden und riechen widerlich. Gebeugt von Schmerzen, zerschlagen und voll Kummer schleppe ich mich von einem Tag zum anderen. Tief in mir fühle ich das Fieber brennen, am ganzen Körper ist kein heiler Fleck. Mit meiner Kraft bin ich völlig am Ende, die Qual ist zu groß, ich kann nur noch schreien. Du weißt, wonach ich mich sehne, Herr! Du hast doch all mein Stöhnen gehört! Mein Herzschlag flattert, meine Kraft ist fort, selbst meine Augen versagen mir den Dienst. Die Freunde und Nachbarn meiden mich, sie fürchten sich vor meinem Unglück. Auch meine Nächsten sind nun fern von mir ... Herr, laß mich nicht im Stich, bleib nicht fern von mir, mein Gott! Komm, hilf mir bald, Herr, du mein Retter!« (Ps 38, 2-12; 22-23).

Jeder Vers war ihm wie aus der Seele gesprochen. Er betete zu Gott, ihn zu heilen, und fiel dann in einen tiefen Schlaf. Als er am nächsten Morgen aufwachte, erschien ihm alles neu. Er ging ins Badezimmer und nahm ein entspannendes Bad. Plötzlich sah er auf dem Badewasser Hautstücke schwimmen, die sich abgelöst hatten. Er rief die Pfleger und sagte ihnen, daß er soeben von Gott geheilt werde. Seine Haut war so rein und klar wie die eines Säuglings. Er war vollständig geheilt. Seitdem hat er wieder Kontakt zu seinem Sohn. Er sagt, die innere Heilung, die er erlebt hat, übersteige sogar die körperliche Heilung von seiner Krankheit. »Jeden Tag lebe ich für Jesus. Ich bin jetzt sein Diener.«

Gott ist ein Gott, der heilt. Das griechische Wort für *retten* bedeutet ebenfalls *heilen*. Gott ist nicht nur an unserer geistlichen Errettung interessiert, sondern auch an unserem gesamten Wohlergehen. Eines Tages werden wir einen perfekten Körper haben. In diesem Leben werden wir niemals Vollkommenheit erreichen. Wenn Gott jemanden durch ein Wunder heilt, ist dies ein bruchstückhaftes Bild der künftigen Unvergänglichkeit unserer Körper (Röm 8,23). Nicht jeder, für den wir beten, wird auch geheilt. Selbstverständlich kann kein Mensch dem Tod entgehen. Unsere Körper sind ständig im Verfall begriffen. Es gibt Situationen, wo es angebrachter ist, den Betreffenden auf sein Sterben vorzubereiten, anstatt für seine Heilung zu beten. Hier müssen wir uns vom Heiligen Geist leiten lassen.

Doch dies sollte uns nicht davon abhalten, um die Heilung von Kranken zu beten. Je mehr Menschen wir Gott im Gebet anbefehlen, desto mehr Heilungen werden wir erleben. Jene, die nicht geheilt werden, berichten häufig, wie gesegnet sie sich fühlen, weil andere für sie gebetet haben – vorausgesetzt, dies geschah mit Liebe und Einfühlungsvermögen. Ich erinnere mich, wie wir zu mehreren Studenten am theologischen College für einen Mann mit einer Rückenverletzung beteten. Ich glaube nicht, daß er geheilt wurde, aber er sagte mir später: »Dies ist das erste Mal, seitdem ich am theologischen College bin, daß ich den Eindruck hatte, jemand kümmert sich um mich.« Ein anderer Mann sagte mir neulich, daß er, obwohl er durch die Gebete anderer nicht geheilt worden sei, durch die ganze Situation eine lebensverändernde Begegnung mit dem Geist Gottes gehabt hätte.

Manche haben eine besondere Gabe des Heilens (1 Kor 12,9). Auch heute noch gibt es auf der ganzen Welt Beispiele dafür. Dies bedeutet jedoch keineswegs, daß wir das Gebet um Heilung diesen Menschen allein überlassen sollten. Die Aufforderung, Gottes Heilung weiterzugeben, betrifft uns alle. Genau wie wir nicht alle die Gabe des Predigens haben, aber dennoch dazu berufen sind, anderen von Jesus zu erzählen, so haben wir auch nicht alle die Gabe des Heilens, sind jedoch dazu angehalten, für die Kranken zu beten.

Wie stellen wir es nun praktisch an, für einen Kranken zu beten? Wir dürfen auf keinen Fall vergessen, daß es Gott ist, der heilt, nicht wir selbst. Es gibt keine bestimmte Methode oder Technik. Wir beten mit Liebe und Schlichtheit. Das Motiv Jesu war seine große Liebe zu den Menschen (Mk 1,41; Mt 9,36). Wenn wir einen Menschen lieben, behandeln wir ihn stets mit Respekt und Würde. Wenn wir überzeugt sind, daß Jesus derjenige ist, der heilt, dann beten wir mit Schlichtheit, denn es ist nicht unser Gebet, sondern die Macht Gottes, die die Heilung bewirkt.

Hier ein paar einfache Tips:

Wo drückt der Schuh?

Wir fragen die Betreffende oder den Betreffenden, die/der um Heilung durch Gebet bittet, welche Krankheit sie/er hat und was wir für sie/ihn erbitten sollen.

Was ist die Ursache des Leidens?

Ein gebrochenes Bein als Folge eines Autounfalls ist eine ziemlich eindeutige Sache, doch manchmal ist es nötig, daß wir Gott bitten, uns die tiefliegende Ursache des Problems zu zeigen. Eine Frau aus unserer Gemeinde litt an Rückenschmerzen sowie Schmerzen in der linken Hüfte, was ihre Nachtruhe, ihre Beweglichkeit und ihre Arbeit beeinträchtigte. Der Arzt verschrieb Medikamente für Arthritis. Eines Abends hatte sie den Wunsch, daß jemand für sie betete. Das junge Mädchen, das für sie betete, sagte, das Wort »Vergebung« sei ihr eindrücklich in den Sinn gekommen. Es fiel ihr zwar nicht leicht, doch schließlich brachte die Frau es fertig, jemandem zu verzeihen, der ihr lange Zeit das Leben schwergemacht hatte. Daraufhin wurde sie von einem Teil ihrer Beschwerden geheilt. Die vollständige Heilung erlebte sie in dem Moment, als sie einen versöhnlichen Brief an ihre Bekannte abschickte

Wie soll ich beten?

Im Neuen Testament finden sich verschiedene Beispiele, denen wir folgen können. Sie sind samt und sonders einfach gehalten. Manchmal beten wir, daß Gott die Betreffende/den Betreffenden im Namen Jesu heilt und daß der Heilige Geist über sie/ihn kommt, oder das Gebet geht mit einer Ölsalbung einher (Jak 5,14). Noch häufiger ist es von Handauflegen begleitet (Lk 4,40).

Wie fühlt sich die/der Betreffende jetzt?

Nachdem wir gebetet haben, erkundigen wir uns nach Veränderungen in dem Zustand der/des Betreffenden. Manchmal ist alles beim alten geblieben; in diesem Fall beten wir weiter. Manchmal fühlt sich die Betreffende/der Betreffende geheilt; dies wird sich allerdings erst über einen längeren Zeitraum hinweg erweisen. Manchmal fühlt sich die Betreffende/der Betreffende zwar besser, aber noch nicht vollkommen geheilt; in diesem Fall tun wir das, was Jesus mit dem Blinden tat (Mk 8,22-25): Wir beten weiter, bis wir das Gefühl haben, wir sollten aufhören.

Und wie geht's dann weiter?

Nachdem wir um Heilung gebetet haben, ist es wichtig, daß wir der/dem Kranken zu verstehen geben, daß Gott sie/ihn liebt, ob sie/er nun geheilt wurde oder nicht, und wir sollten ihr/ihm anbieten, jederzeit erneut für sie/ihn zu beten. Wir müssen darauf achten, daß wir ihr/ihm keine ungerechtfertigten Lasten aufbürden, indem wir ihr/ihm beispielsweise einreden, ihr/sein Mangel an Glaube habe die Heilung verhindert. Wir ermuntern unsere Kranken immer dazu, auch weiterhin zu beten und fest in der heilenden Gemeinschaft der Kirche verankert zu bleiben, die ja der Ort ist, wo langfristige Heilungen so häufig stattfinden.

Außerdem ist es wichtig, unbeirrt und beharrlich für die Kranke oder den Kranken weiterzubeten. Viel zu leicht verlieren wir den Mut, besonders wenn wir keine sofortigen, umwerfenden

Ergebnisse sehen. Wir beten weiter, weil wir dem Gebot Jesu Christi Gehorsam leisten wollen, denn er hat uns aufgetragen, das Königreich zu predigen und dessen Kommen unter anderem auch durch Krankenheilungen sichtbar zu machen. Wenn wir über Jahre hinweg darin treu sind, werden wir erleben, wie Gott Kranke heilt.

Ich wurde einmal gebeten, eine Frau im Krankenhaus von Brompton zu besuchen. Sie war etwa Mitte Dreißig, hatte drei Kinder und erwartete das vierte. Ihr Lebensgefährte hatte sie verlassen, und sie war alleinstehend. Ihr drittes Kind hatte Mongolismus und war wegen eines Lochs im Herzen operiert worden. Die Operation war fehlgeschlagen, und die Ärzte sprachen sich dafür aus, die Maschinen abzuschalten. Dreimal hatten sie die Mutter schon um ihr Einverständnis dazu gebeten, die Maschinen abzuschalten und das Kind sterben zu lassen. Sie hatte jedoch nein gesagt, weil sie noch einen letzten Versuch machen wollte. Sie wollte, daß jemand für den Kleinen betete. So kam ich also, und sie sagte mir gleich, daß sie nicht an Gott glaube, aber sie zeigte mir ihren Sohn. Er war überall an Schläuche angeschlossen, und sein Körper war aufgedunsen und voller blauer Flecke. Sie erzählte mir, der Doktor habe sie gewarnt, daß er, falls er irgendwie überleben sollte, einen bleibenden Gehirnschaden davontragen würde, weil sein Herz so lange stillgestanden habe.

»Würden Sie bitte für ihn beten?« sagte sie.

Also betete ich, daß Gott ihn im Namen Jesu heilen möge. Dann erklärte ich ihr, wie sie Jesus ihr Leben übergeben konnte, und dies tat sie auch. Ich ging, aber zwei Tage später kam ich wieder. Kaum hatte sie mich gesehen, da lief sie mir auch schon entgegen.

»Ich habe schon versucht, Sie zu erreichen«, sagte sie. »Etwas Wunderbares ist passiert. In der Nacht, nachdem Sie gebetet hatten, hat er eine totale Kehrtwende gemacht. Es geht ihm besser!«

Innerhalb von wenigen Tagen wurde er aus dem Krankenhaus entlassen. Ich versuchte, den Kontakt mit ihr aufrechtzuerhalten, wußte aber nicht, wo sie wohnte, obwohl sie mir mehrfach auf dem automatischen Anrufbeantworter eine Nachricht hinterließ. Etwa sechs Monate später war ich in dem Aufzug eines anderen Krankenhauses und sah eine Frau und ein Kind, die ich nicht gleich erkannte.

»Sie sind doch Nicky, nicht wahr?« sagte die Frau. Ich bejahte. »Das hier ist der kleine Junge, für den Sie gebetet haben«, sagte sie. »Es ist einfach erstaunlich. Er hat sich nicht nur von der Operation erholt, sondern sein Gehör, das vorher so schlecht war, hat sich gebessert. Er hat immer noch Mongolismus, aber es geht ihm viel besser als vorher.«

Seitdem habe ich zwei Beerdigungen für Todesfälle in ihrer Verwandtschaft gehalten. Bei jeder sind mehrere Menschen auf mich zugekommen, von denen niemand einer Kirche angehörte, und haben gesagt: »Sie sind doch der Mann, der für Craigs Heilung gebetet hat, und Gott hat ihn geheilt.« Sie sind alle felsenfest davon überzeugt, daß Gott es war, der ihn geheilt hat, denn sie hatten ja gewußt, wie nahe er dem Tod gewesen war. Auch die Veränderungen an Vivienne, der Mutter, haben sie sehr beeindruckt. Nachdem sie zum Glauben an Jesus gekommen war, hatte sie sich so tiefgreifend verändert, daß sie sich dazu entschloß, ihren Freund, mit dem sie ohne Trauschein zusammengelebt hatte, zu heiraten. Er war zu ihr zurückgekommen, als er die Veränderungen in ihrem Leben gesehen hatte. Inzwischen sind die beiden verheiratet, und sie ist ein völlig neuer Mensch. Bei dem zweiten Anlaß ging Vivienne unter ihren Verwandten und Freunden umher und erzählte ihnen, wie sie zum Glauben an Jesus gekommen war. Nicht lange danach kamen Craigs Onkel und Tante in die Kirche, setzten sich in die erste Reihe und übergaben Jesus Christus ihr Leben. Sie taten es, weil sie Gottes Macht in der Heilung erlebt hatten.

Kapitel 14

Welchen Stellenwert hat die Kirche?

Abraham Lincoln hat einmal gesagt: »Wenn alle, die sonntags morgens in der Kirche einschlafen, der Länge nach aneinandergereiht würden ... dann hätten sie's allesamt wesentlich bequemer!« Harte Bänke oder Stühle, unsingbare Melodien, bedrückende Stille und quälende Langeweile sind nur einige der vielen Zutaten des Meinungseintopfs, den viele sich vom sonntäglichen Gottesdienst kochen. Der Gottesdienst wird als notwendiges Übel betrachtet, das man mit zusammengebissenen Zähnen über sich ergehen läßt, bis der Duft von Bratensoße Erfreulicheres verspricht.

Manche assoziieren das Wort »Kirche« mit dem Berufsstand der Geistlichen. Jene, die sich diesen Beruf aussuchen, werden oft mit Mißtrauen betrachtet; man geht von der Annahme aus, daß sie absolut unfähig zu einem »richtigen« Beruf seien. Vor kurzem stand eine Anzeige in der kirchlichen Presse, die folgenden Wortlaut hatte: »Fünfundvierzig und beruflich in der Sackgasse? Wie wär's mit einem neuen Start im Dienst der Kirche?« Das Image, in dem Geistliche bei manchen Leuten stehen, läßt sich auf die Formel bringen: »Sechs Tage unsichtbar, einen Tag unverstehbar.«

Andere assoziieren das Wort »Kirche« mit einer bestimmten Glaubensgemeinschaft, beispielsweise mit der katholischen, der evangelischen, der anglikanischen, der methodistischen oder den Baptisten. Wieder andere denken bei dem Wort »Kirche« an ein Kirchengebäude. Sie gehen von der Annahme aus, daß ein Geistlicher sich automatisch für Kirchenarchitektur zu interessieren hat, und wenn er in Urlaub fährt, schickt er seinem Vikar als erstes eine Postkarte von der Kirche am Ort. Ich war einmal dabei, wie ein Pfarrer seine Gemeinde anflehte, ihm doch bitte keine Postkarten von Kirchen mehr zu schicken, denn er interessiere sich absolut nicht für Architektur!

Bei manchen steht das Wort »Kirche« auf der Liste der alljährlichen Pflichten, irgendwo zwischen dem Besuch bei Großtante Edna und dem Kuchen für das Straßenfest. Wiederum andere haben eine Einstellung zur Kirche, die sich mit folgendem Vierzeiler beschreiben läßt:

> *An allzu öden Feiertagen*
> *laß ich mich dort mal blicken.*
> *Werd' ich im Sarg dann reingetragen,*
> *kehrt Gott mir nicht den Rücken.*

Vielleicht steckt in einigen dieser Sichtweisen ein Körnchen Wahrheit. Viele Christen täten jedoch nichts lieber, als dieses Image der Kirche ein für alle Male zu begraben, weil es so völlig unzutreffend für das Bild der Kirche ist, das wir im Neuen Testament finden. Es gibt heute viele Kirchen, die eine herzliche, aus sich herausgehende Familiengemeinschaft darstellen, was dem biblischen Bild viel eher entspricht. Im Neuen Testament finden sich über einhundert Bilder und Vergleiche für die Kirche, und in diesem Kapitel möchte ich fünf davon herausgreifen, die zum Verständnis der Kirche wesentlich sind.

Das Volk Gottes

Die Kirche besteht aus Menschen. Das griechische Wort für *Kirche*, »ekklesia«, bedeutet *Versammlung* oder *Zusammenkunft von Menschen*. Manchmal spricht das Neue Testament von der allgemeinen Kirche (vgl. Eph 3,10.21; 5,23.25.27.29.32). Die allgemeine Kirche besteht weltweit aus allen Menschen, die sich zu Jesus Christus bekennen.

Die Taufe ist ein sichtbares Zeichen der Zugehörigkeit zu der Kirche. Ebenso ist sie ein sichtbares Zeichen des christlichen Lebenswandels. Sie symbolisiert die Reinigung von Sünde (1 Kor 6,11), das Mitsterben und die Mitauferstehung mit Christus zu einem neuen Leben (Röm 6,3-5; Kol 2,12) und das Wasser des Lebens, mit dem der Heilige Geist uns erfüllt (1 Kor 12,13). Jesus selbst hat seine Nachfolger ausgesandt, um andere zu Jüngern zu machen und sie zu taufen (Mt 28,19).

Die allgemeine, weltweite Kirche ist immens groß. Der *Encyclopaedia Britannica* zufolge hat sie 1 700 000 000 Mitglieder in zweihundertvierundfünfzig Ländern und macht 32,9 % der Weltbevölkerung aus. In vielen Teilen der Welt, da, wo extremistische und unterdrückende Regimes das Land beherrschen, ist die Kirche Verfolgungen ausgesetzt. In solchen Situationen besteht die Kirche zumeist im Untergrund, ist aber den Berichten zufolge sehr stark. In der Dritten Welt ist ihr Wachstum atemberaubend. In einigen Ländern, beispielsweise in Kenia, bezeichnen sich inzwischen schätzungsweise 80 % der Bevölkerung als Christen. In der westlichen Welt hat die Kirche dagegen Mitglieder in großer Zahl verloren. In *The British Christian Handbook* heißt es, die christlichen Kirchen in Großbritannien hätten in den ersten fünf Jahren der achtziger Jahre eine halbe Million Mitglieder eingebüßt. Es gab Zeiten, als der Westen Missionare in die Dritte Welt entsandte. Während meiner Zeit in Cambridge kamen jedoch drei Missionare aus Uganda, um das Evangelium bei uns zu predigen. Ich weiß noch, wie ich kopfschüttelnd darüber nachdachte, wie sehr sich die Welt in den letzten einhundertfünfzig Jahren verändert hat; heutzutage werden Missionare genauso dringend in England wie überall sonst gebraucht.

Im Neuen Testament spricht Paulus von einzelnen Ortsge-

meinden, beispielsweise von denen »in Galatien« (1 Kor 16,1),
denen in »der Provinz Asien« (1 Kor 16,9) und allen »christlichen
Gemeinden« (Röm 16,16). Diese Ortsgemeinden scheinen sich sogar noch in kleinere Untergruppen zu gliedern, die in den Woh-
nungen der Mitglieder Zusammenkünfte abhalten (Röm 16,5;
1 Kor 16,19).

Im großen und ganzen erwähnt das Neue Testament drei Arten der Versammlung: die große, die mittlere und die kleine. In
der Literatur über Gemeindewachstum ist zuweilen die Rede von
einer dreiteiligen Struktur, bestehend aus Feier, Gemeinde und
Zelle. Alle drei sind von Bedeutung und ergänzen einander.

Die Feier ist eine große Zusammenkunft von Christen. Diese
kann in großen Kirchen jeden Sonntag stattfinden, oder zu besonderen Anlässen, wenn mehrere kleinere Gemeinden zu einem
überregionalen Gottesdienst zusammenkommen. Im Alten Testament versammelte sich Gottes Volk zu besonderen Feiertagen, beispielsweise zum Passafest, zu Pfingsten oder zum Neujahrsfest. In
der heutigen Zeit bringen große Zusammenkünfte von Christen
eine Atmosphäre der begeisterten Anbetung Gottes hervor. Sie
läßt uns etwas von der anbetungswürdigen Größe Gottes ahnen.
Diese Zusammenkünfte von mehreren hundert Christen können
jene, die sich bislang isoliert gefühlt haben, in ein neues wech-
selseitiges Vertrauen führen und ein sichtbares Zeichen für die Gegenwart der Kirche innerhalb der Gesellschaft setzen. Doch solche Feiern reichen nicht aus. Sie bilden keine Umgebung, in der
Freundschaften unter Christen entstehen können.

Die Gemeinde ist in diesem Modell eine Versammlung mittle-
rer Größenordnung. Diese Größe ermöglicht es dem einzelnen
Mitglied, fast alle anderen persönlich zu kennen und von ihnen
gekannt zu sein. Hier können sich dauerhafte Freundschaften unter Christen entwickeln. Hier können die Gaben des Geistes in einer Atmosphäre der gegenseitigen Liebe und Annahme ausgeübt
werden. Hier gesteht man dem anderen die Freiheit zu, auch einmal Fehler zu machen. In unserer Gemeinde treffen sich wochentags Gruppen mit zwölf bis achtzig Teilnehmern, beispielsweise um zu lernen, wie man einen Vortrag hält, wie man einen
Gottesdienst leitet, wie man für Kranke betet, die Gabe der Prophetie entwickelt oder gemeinsam mit anderen betet.

Die dritte Ebene ist die Zelle, die kleinste Gruppe. Zellen bestehen aus zwei bis zwölf Mitgliedern, die sich zum Bibellesen und gemeinsamen Gebet treffen. Innerhalb der Zelle entstehen die Freundschaften mit dem größten Tiefgang innerhalb der Kirche. Hier herrscht eine Atmosphäre der *Vertraulichkeit* (wir können ganz offen miteinander reden, ohne zu befürchten, daß das Gesagte an Dritte weitergegeben wird), der *Vertrautheit* (wir können ohne Vorbehalte über die Dinge reden, auf die es uns am meisten ankommt) sowie der *wechselseitigen Verantwortlichkeit* (wir sind bereit, den anderen zuzuhören und voneinander zu lernen).

Gottes Familie

Wenn wir Jesus Christus als unseren Herrn annehmen, werden wir Kinder Gottes (Joh 1,12). Hier liegt der Grund für die Einheit und Einigkeit innerhalb der Kirche. Wir haben Gott zum Vater, Jesus Christus als unseren Retter und den Heiligen Geist als verinnerlichte Gegenwart. Wir gehören derselben Familie an. Auch wenn es in einer Familie manchmal Streit zwischen Geschwistern gibt und man sich vielleicht eine Zeitlang aus dem Weg geht, ändert dies nichts an der Tatsache, daß sie nach wie vor Geschwister sind. Nichts kann dieses Familienverhältnis auslöschen. Genauso ist es auch mit der Kirche. Sie stellt eine Einheit dar, auch wenn sie oft einen in sich zerteilten Eindruck macht.

Das soll keineswegs bedeuten, daß wir Uneinigkeit einfach hinnehmen und uns damit zufriedengeben sollten. Jesus betete für seine Nachfolger: »Heiliger Vater, beschütze sie durch deine göttliche Macht, damit sie eins werden« (Joh 17,11). Paulus mahnt: »Bemüht euch darum, die Einheit zu wahren, die der Geist Gottes euch geschenkt hat« (Eph 4,3). Wie eine Familie, die sich auseinandergelebt hat, sollten wir stets um Versöhnung bemüht sein. Die Menschwerdung Jesu verlangt nach einem sichtbaren Ausdruck unserer unsichtbaren Einheit. Es versteht sich, daß diese Einheit niemals auf Kosten der Wahrheit erreicht werden sollte, sondern so, wie es Rupertus Meldenius, ein Schriftsteller des Mittelalters, gesagt hat: »Bei den grundlegenden Punkten: Einheit. Bei den nebensächlichen Punkten: Toleranz. Bei allem: Liebe.«

Auf allen Ebenen sollten wir Einheit zum Ziel haben, sowohl in der kleinen Gruppe als auch in der Gemeinde und beim Fest; sowohl innerhalb unserer Glaubensgemeinschaft als auch unter den verschiedenen Glaubensgemeinschaften. Diese Einheit wird erreicht, indem Theologen und Gemeindeleiter im Dialog miteinander verbleiben und Unterschiede in der theologischen Lehrmeinung so lange von allen Seiten beleuchten, bis das Gemeinsame immer deutlicher wird. Oft wird das jedoch weit wirkungsvoller erreicht, wenn Christen als Laien zusammenkommen, um Gott gemeinsam anzubeten und eine gute Zusammenarbeit zu entwickeln. Je näher wir Christus kommen, desto mehr nähern wir uns auch einander. David Watson hat sich eine glänzende Illustration dazu einfallen lassen. Er schreibt:

> *Wenn man eine Flugreise macht und die Maschine abhebt, verlieren die Mauern und Hecken, die vom Boden aus so bedrohlich wirkten, plötzlich an Bedeutung. Genauso ist es auch, wenn die Macht des Heiligen Geistes uns gemeinsam in die bewußte Erkenntnis der Gegenwart Jesu hochhebt: Die Barrieren zwischen uns werden unwichtig. Von oben aus, von unserem Platz an der Seite Jesu aus können uns die Unterschiede zwischen den Christen oft nebensächlich und oberflächlich erscheinen.*[55]

Da wir alle denselben Vater haben, sind wir Brüder und Schwestern, und wir sind dazu angehalten, einander zu lieben. Johannes drückt sich hier sehr klar aus:

> »Wenn einer behauptet: ›Ich liebe Gott‹, und dabei seinen Bruder haßt, dann lügt er. Wenn er seinen Bruder, den er sieht, nicht liebt, dann kann er Gott, den er nicht sieht, erst recht nicht lieben. Christus gab uns dieses Gebot: Wer Gott liebt, der muß auch seinen Bruder lieben. Wer glaubt, daß Jesus der versprochene Retter ist, der ist ein Kind Gottes. Wer nun den Vater liebt, der liebt auch dessen Kind« (1 Joh 4,20-5,1).

Der Prediger des Papstes, Pater Raniero Cantalamessa, sagte einmal folgendes vor Tausenden von Menschen aus vielen verschiedenen Glaubensgemeinschaften: »Wenn Christen untereinander zerstritten sind, sagen wir damit zu Gott: ›Entweder die anderen oder wir. Entscheide dich!‹ Aber der Vater liebt doch *alle* seine Kinder. Vielmehr sollten wir sagen: ›Wir nehmen alle als unsere Brüder und Schwestern an, die du als deine Kinder angenommen hast.‹«

Wir sind dazu angehalten, Gemeinschaft miteinander zu pflegen. Das griechische Wort »koinonia« bedeutet *Gemeinsamkeit* oder *Teilhaben*. Es ist das Wort, das auch die Ehegemeinschaft bezeichnet, also die innigste Verbindung zweier Menschen. Wir haben Gemeinschaft mit Gott (Vater, Sohn und Heiliger Geist – 1 Joh 1,3; 2 Kor 13,14) und miteinander (1 Joh 1,7). Die Gemeinschaft unter Christen sprengt alle Grenzen von Rasse, Hautfarbe, Bildungsgrad, Herkunft und sonstigen gesellschaftlichen Einteilungen. Innerhalb der Kirche ist ein Tiefgang der Freundschaft möglich, den ich sonst nirgendwo erlebt habe.

John Wesley sagte: »Das Neue Testament kennt kein Christsein als Einzelgänger.« Wir sind dazu aufgerufen, miteinander Gemeinschaft zu pflegen. Das ist keineswegs etwas, was wir uns aussuchen können, sondern eine verbindliche Anweisung. Es gibt zwei Dinge, die wir nicht allein tun können: Wir können nicht allein heiraten, und wir können nicht allein Christ sein. Professor C. E. B. Cranfield sagte es einmal so: »Der Einzelgänger-Christ, der zwar Christ sein will, aber der über die sichtbare Kirchengemeinschaft der Erde in einer ihrer diversen Formen erhaben ist, ist schlicht und einfach ein Widerspruch in sich selbst.«

Der Schreiber des Hebräerbriefes ermahnt seine Leser: »Einer soll sich um den anderen kümmern und ihn zur Liebe und zu guten Taten anspornen. Einige haben sich angewöhnt, den Gemeindeversammlungen fernzubleiben. Das ist nicht gut; vielmehr müßt ihr einander Mut machen. Ihr seht doch, daß der Tag näherrückt, an dem der Herr kommt« (Hebr 10,24-25). Häufig verlieren Christen ihre Liebe zum Herrn und ihren Enthusiasmus für ihren Glauben, weil sie die Gemeinschaft vernachlässigt haben.

Ein Mann, der in dieser Situation war, wurde von einem weisen älteren Christen besucht. Sie saßen in der Stube vor dem Kohlenfeuer. Der alte Mann sagte kein Wort, sondern ging an das Kohlenfeuer, nahm eine rotglühende Kohle aus dem Feuer und legte sie auf den Herd. Noch immer schwieg er. Innerhalb von wenigen Minuten hatte die Kohle ihre Glut verloren. Dann nahm der Mann sie und legte sie ins Feuer zurück. Nach kurzer Zeit glühte sie wieder. Noch immer hatte der alte Mann kein einziges Wort gesagt, doch als er aufstand, um wieder zu gehen, wußte der andere Mann genau, warum seine Leidenschaft für den Glauben so abgeflaut war: Ein Christ, der sich von der Gemeinschaft anderer Christen abgesondert hat, ist wie eine Kohle, die aus dem Feuer genommen wurde. Martin Luther schrieb einmal in sein Tagebuch, daß in seinem Haus keine Wärme, keine Kraft sei, doch in der Kirche, wo sich viele versammeln, entzünde sich ein Feuer in seinem Herzen, das hell lodere.

Der Leib Christi

Paulus, der damals noch Saulus hieß, hatte die christliche Kirche mit grausamen Mitteln zu unterdrücken versucht, doch auf dem Weg nach Damaskus begegnete ihm Jesus Christus plötzlich. Jesus sagte zu ihm: »Saul, Saul, warum verfolgst du *mich?*« (Apg 9,4; Hervorhebung durch den Autor). Paulus hatte Jesus noch nie im Leben gesehen; Jesus gab ihm durch seine Worte zu verstehen, daß er, indem er die Christen verfolgt hatte, Jesus selbst verfolgt hatte. Es ist durchaus möglich, daß dieses Erlebnis Paulus dazu brachte, die Kirche als den Leib Christi zu sehen. »Er nennt die Kirche Christus«, schrieb Calvin, der Reformator des 16. Jahrhunderts. Wir Christen sind nichts anderes als Christus für die Welt.

In 1 Korinther 12 arbeitet Paulus das Gleichnis vom Leib Christi aus. Der Leib ist eine Einheit (Vers 12), doch Einheit bedeutet nicht etwa Gleichförmigkeit. C. S. Lewis beschreibt diese ungleichförmige Einheit mit folgenden Worten: »Jene, die untereinander Mitglieder sind, werden so verschieden voneinander wie die Hand und das Ohr. Hier liegt auch der Grund, weshalb sich die Weltlinge so sehr zum Verwechseln ähnlich sehen, verglichen mit der nahezu phantastischen Vielfalt unter den Heiligen. Gehorsam ist der Weg zur Freiheit, Demut der Weg zur Lebensfreude, Einheit der Weg zur Persönlichkeitsentfaltung.«[56] In diesem Leib Christi gibt es viele Glieder, viele verschiedene Aufgaben und viele verschiedene Befähigungen (Verse 4-6).

Mit welcher Einstellung sollten wir dann den anderen Gliedern im Leib Christi begegnen?

Paulus erklärt uns zuerst einmal anhand von zwei Beispielen, wie wir es *nicht* machen sollen. Zum einen spricht er von jenen, die sich minderwertig fühlen und meinen, nichts beitragen zu können. Beispielsweise, so sagt Paulus, könnte der Fuß sich für weniger wertvoll als die Hand halten, oder das Ohr für weniger wertvoll als das Auge (Verse 14-19). Chrysostomus, ein Kirchenlehrer des 4. Jahrhunderts, machte eine gute Beobachtung, als er sagte: »Wir neigen alle zum Neid.« Die Gefahr ist groß, daß wir uns in der Kirche umsehen und uns minderwertig und daher überflüssig vorkommen. Die Folge ist, daß wir untätig herumsitzen. Dabei werden wir *alle* gebraucht. Gott hat »jedem einzelnen« (Vers 7) Gaben gegeben. Dieser klare Gedanke »Jeder hat einen Auftrag« zieht sich wie ein roter Faden durch 1 Korinther 12. Jedes Mitglied hat mindestens eine Gabe, die für das optimale Funktionieren des Leibes unabdingbar ist. Nur wenn wir alle den Auftrag erfüllen, den Gott uns gibt, kann die Kirche mit einem Höchstmaß an Effektivität funktionieren.

In den darauffolgenden Versen spricht Paulus dann von jenen, die sich über andere erhaben fühlen und meinen, ohne sie auskommen zu können (Verse 21-25). Auch hier stellt Paulus klar, wie unvernünftig eine solche Haltung ist. Ein Körper ohne Fuß büßt viel von seinen Möglichkeiten ein (Vers 21). Oft haben gerade die Teile, die den Blicken normalerweise verborgen bleiben, eine größere Wichtigkeit als die Körperteile, die zu den augenfälligeren Merkmalen gehören.

Die einzig richtige Einstellung ist jene, welche die Kirche als einen Organismus betrachtet, in dem jeder denselben Stellenwert hat. Wir gehören alle zum Team, und jeder hat Einfluß auf den Organismus als Ganzen. Seit Plato bezeichnet das »Ich« die Person, die den Körper in sich vereint. Wir sagen nicht etwa: »Mein Kopf leidet Schmerzen«, sondern: »*Ich* habe Kopfschmerzen.« So ist es auch mit dem Leib Christi. »Wenn irgendein Teil des Körpers leidet, dann leiden alle anderen mit ihm. Und wenn irgendein Teil geehrt wird, freuen sich alle anderen mit« (Vers 26).

Jeder Christ gehört der Kirche an. John Wimber wurde einmal von einem Mann aus der Gemeinde aufgesucht, der von einem Obdachlosen angesprochen worden war. Nach dem Sonntagsgottesdienst machte der Mann John Wimber gegenüber seinem Ärger Luft. »Dieser Mann brauchte ein Bett, Essen und finanzielle Unterstützung, bis er sich aufgerappelt hat und eine Arbeit gefunden hat«, sagte er. »Mir reicht's! Ich habe versucht, beim Sekretariat der Kirche anzurufen, aber da hatte keiner Zeit. Zum guten Schluß habe ich ihn selbst eine Woche bei mir wohnen lassen. Man sollte doch meinen, solchen Leuten sollte die Kirche helfen!« John Wimber überlegte einen Moment und sagte dann: »Mir scheint, das hat sie in diesem Fall auch getan.«

Wie wir schon in Kapitel 8 gesehen haben, hat die Kirche lange Jahre darunter gelitten, daß sich je nach der jeweiligen Tradition entweder alles um die Kanzel oder um den Altar gedreht hat. In beiden Fällen hat entweder der Pfarrer oder der Priester die vorherrschende Rolle gespielt. Michael Green hat über die enorm weitläufige Verbreitung der charismatischen Kirchen in Südamerika folgendes gesagt: »Dies hat mehrere Ursachen, doch nicht zuletzt diese, daß sie in erster Linie eine Laienkirche ist.«[57]

Ein heiliger Tempel

Das einzige Kirchengebäude, von dem im Neuen Testament die Rede ist, ist ein Gebäude aus Menschen. An die Christen in Ephesus schreibt Paulus: »Durch die Verbindung mit ihm [Jesus] seid auch ihr in diesen Tempel eingefügt, der sich durch den Geist Gottes aufbaut« (Eph 2,22). Jesus ist der Schlußstein dieses Gebäudes. Er ist derjenige, der die Kirche gegründet hat und in dem die Kirche verankert ist. Das Fundament besteht aus den Aposteln und Propheten (Vers 20), und das Gebäude als Ganzes stellt einen heiligen Tempel dar, der aus lebendigen Bausteinen besteht.

Im Alten Testament waren die Stiftshütte (das heilige Zelt) und später der Tempel der zentrale Ort der Anbetung Gottes für das Volk Israel. Hierhin kamen die Israeliten, um eine Begegnung mit

Gott zu haben. Zu bestimmten Zeiten erfüllte seine Gegenwart den Tempel (1 Kön 8,11), besonders das Allerheiligste. Der Zugang zu seiner Gegenwart unterlag strengen Beschränkungen (vgl. Hebr 9).

Durch seinen stellvertretenden Tod am Kreuz für uns hat Jesus den Zugang zum Vater für die Gläubigen aller Zeiten ermöglicht. Gottes Gegenwart ist nun nicht mehr an einen physisch faßbaren Tempel gebunden; in der Form seines Geistes ist er in allen Gläubigen gegenwärtig. Seine Gegenwart ist besonders deutlich spürbar, wenn Christen sich versammeln (Mt 18,20). Sein neuer Tempel ist die Kirche, ein Tempel, »der sich durch den Geist Gottes aufbaut.«

Unter dem Alten Bündnis, also in der Zeit vor Jesus, hatte man durch einen Priester (griechisch: »hiereus«) Zugang zu Gott; dieser Priester fungierte als Stellvertreter des Volkes und brachte Gott als solcher die Opfer seitens des Volkes dar. Nun hat Jesus, unser großer Hohepriester (griechisch: »archiereus«; Hebr 4,14), das größte Opfer aller Zeiten dargebracht, indem er sich selbst als Opfer für unsere Sünden darbrachte. Damit hat er alle weiteren Opfergaben und alle weiteren Priester überflüssig gemacht. Eine andere Stelle, an der eine Form des Wortes »hiereus« (nämlich »hierateuma«) im Neuen Testament erwähnt wird, ist 1 Petrus 2,9, wo alle Christen als königliches Priestertum bezeichnet werden. Die Reformatoren nannten dies das Priestertum aller Gläubigen. Alle Christen sind nun Priester, denn sie alle haben nun Zugang zu Gott. Wir alle können für andere Menschen vor Gott eintreten, indem wir für andere beten; wir alle können andere Menschen zu Gott hinführen, indem wir seine Botschaft in die Welt hinaustragen.

Das Wort »Priester« hat aber auch noch eine andere Bedeutung. Das griechische Wort »presbyteros« mit der Bedeutung *Ältester* ist das Stammwort des althochdeutschen Wortes »prestar« (von dem sich »Priester« ableitet), das seinerseits durch romanische Vermittlung von dem kirchenlateinischen »presbyter« abstammt. Ein Priester in diesem Sinn ist nicht ein opferbringender Priester wie der des Alten Testaments, sondern ein Gemeindeleiter. Auch heute noch gibt es solche Priester (»presbyteroi«). Jeder Christ ist ein Priester im Sinn von »hiereus«, und jeder Priester im Sinn von »presbyteros« ist ein Laienpriester in der Hinsicht, daß er wie wir alle ein Mitglied des Volkes Gottes ist.

Heute besteht keine Notwendigkeit mehr für einen opferbringenden Priester, weil die Opfer selbst überflüssig geworden sind. Der Schreiber des Hebräerbriefes sagt über Jesus: »Statt dessen erschien er jetzt, am Ende der Zeiten, um ein für allemal die Sünde dadurch zu beseitigen, daß er sich selbst opferte« (Hebr 9,26). Wir brauchen keine Opfer mehr für unsere Sünden darzubringen; dies ist uns nicht einmal möglich. Statt dessen besinnen wir uns ständig auf sein Opfer an unserer Statt. Wenn wir das Heilige Abendmahl feiern (das auch manchmal als Brotbrechen oder Eucharistie bezeichnet wird), denken wir mit Dankbarkeit an sein Opfer und nehmen die Freiheit von unserer Schuld für uns in Anspruch.

Während wir Brot und Wein in Empfang nehmen, schauen wir in vier Richtungen:

1. Wir schauen dankbar zurück.
Das Brot und der Wein erinnern uns an den gebrochenen Leib und das vergossene Blut Jesu Christi am Kreuz. Während wir das Abendmahl nehmen, schauen wir mit Dankbarkeit auf das Kreuz zurück, wo er für uns starb, damit unsere Sünden vergeben werden konnten und wir von unserer Schuld befreit wurden (Mt 26,26-28).

2. Wir schauen in froher Erwartung nach vorn.
Jesus hätte uns irgendein anderes Zeremoniell zur Erinnerung an seinen Tod hinterlassen können, doch er hinterließ uns ein gemeinsames Mahl. Mit einem Essen feiern wir oft größere Anlässe. Eines Tages werden wir »das Hochzeitsmahl« Jesu Christi in der Ewigkeit des Himmels feiern (Offb 19,9). Das Brot und der Wein sind ein Vorgeschmack dessen (Lk 22,16; 1 Kor 11,26).

3. Wir schauen auf die christliche Familie um uns her.
Das Trinken aus einem Becher und das Essen von einem Brot symbolisiert unsere Einheit in Christus: »Es ist nur ein einziges Brot. Darum bilden wir alle, auch wenn wir viele sind, einen einzigen Leib, denn wir essen alle von dem einen Brot« (1 Kor

10,17). Dies ist der Grund, weshalb wir das Brot und den Wein nicht allein essen und trinken. Das gemeinsame Essen und Trinken sollte uns nicht nur an unsere Einheit erinnern, sondern diese Einheit auch stärken, wenn wir unsere Brüder und Schwestern um uns her sehen, für die Christus ja genau wie für uns selbst starb.

4. Wir schauen als Gesegnete nach oben.
Das Brot und der Wein stellen den Leib und das Blut Jesu dar. Jesus versprach, nach seinem Tod durch seinen Geist bei uns zu sein, und besonders da, wo Christen sich versammeln: »Denn wo zwei oder drei in meinem Namen zusammenkommen, da bin ich selbst in ihrer Mitte« (Mt 18,20). Während wir also das Abendmahl nehmen, schauen wir als Gesegnete zu Jesus nach oben. Bei diesen Gelegenheiten haben wir manchmal Bekehrungen, Heilungen und eindrückliche Begegnungen mit Christus erlebt.

Die Braut Christi

Dies ist eine der schönsten Bilder für die Kirche im Neuen Testament. Paulus schreibt im Zusammenhang der Ehe als Zweierbeziehung: »In diesem Wort [dem Zitat aus Gen 2,24 in Vers 32; Anm. d. Übers] liegt ein tiefes Geheimnis. Ich beziehe es auf Christus und seine Gemeinde« (Eph 5,32). Wie das Alte Testament Gott als Ehemann Israels erwähnt (Jes 54,1-8), so bezeichnet Paulus im Neuen Testament Christus als Bräutigam der Kirche und Vorbild aller menschlichen Ehebeziehungen. Aus dieser bildhaften Darstellung heraus weist er die Männer an: »Ihr Männer, liebt eure Frauen so, wie Christus seine Gemeinde geliebt hat! Er hat sein Leben für sie gegeben, um sie zu seinem Volk zu machen. Er hat sie durch das Wasser der Taufe und das die Taufe begleitende Wort gereinigt. Denn er wollte sie als seine Braut in makelloser Schönheit vor sich stellen, ohne Flecken und Falten oder einen anderen Fehler. Sie sollte heilig und vollkommen sein« (Eph 5,25-27).

Dieses Bild einer heiligen und makellosen Kirche mag vielleicht nicht völlig zu dem gegenwärtigen Zustand der Kirche passen, doch wir sehen hier bruchstückhaft, welche Pläne Jesus für

seine Kirche hat. Eines Tages wird Jesus in Herrlichkeit zurückkehren. Im Buch der Offenbarung sieht Johannes in einer Vision,
»wie die Heilige Stadt, das neue Jerusalem, von Gott aus dem
Himmel herabkam. Sie war festlich geschmückt wie eine Braut,
die auf den Bräutigam wartet« (Offb 21,2). Heute ist die Kirche
noch klein und schwach. Eines Tages werden wir sie so erleben,
wie sie der Absicht Jesu entspricht. In der Zwischenzeit müssen
wir mit ganzer Kraft danach streben, dem Idealbild der Kirche im
Neuen Testament gerecht zu werden.

Die Liebe Christi sollten wir aus ganzem Herzen erwidern. Wir
bringen unsere Liebe zu ihm dadurch zum Ausdruck, daß wir ein
heiliges und reines Leben führen – wir wollen ihm eine Braut sein,
die seiner würdig ist und die es verstanden hat, auf seine Anlie-
gen einzugehen.

Nicht nur das: »Er hat euch aus der Dunkelheit in sein wunderbares Licht gerufen, damit ihr seine machtvollen Taten verkündet« (1 Petr 2,9). Wir sollen ihn preisen und loben. Dies beinhaltet sowohl Anbetung als auch das Bezeugen seiner Taten vor
anderen. Unsere Anbetung ist der Ausdruck unserer Liebe und
Ehrfurcht vor Gott, und an ihr sind wir mit unserem gesamten Wesen beteiligt: mit Seele, Verstand und Leib. Zu diesem Zweck
wurden wir erschaffen. Der Katechismus von Westminster sagt es
so: »Der Hauptzweck des Menschen ist es, Gott zu verherrlichen
und sich auf ewig an ihm zu erfreuen.«

Mit unserem Leben erwidern wir Gottes Liebe und bezeugen
sie auf diese Weise unseren Mitmenschen. Gott hat uns dazu berufen, die gute Nachricht an andere weiterzugeben und diese in
seine Kirche einzuladen: Wir sollen sein liebevolles Wirken den
Menschen um uns her näherbringen. Dabei ist es mehr als sinnvoll, wenn wir uns bemühen, unsere Ausdrucksformen unserer
Zeit anzupassen. Das meint unseren Gottesdienststil ebenso wie
die Wortwahl bei der »Verkündigung ewiger Wahrheiten«. Sowohl
in unserer Anbetung als auch in unserem Mitteilen der Taten
Gottes müssen wir zeitgenössische Formen für die ewigen Aussagen finden. Gott ändert sich nicht; ebensowenig das Evangelium. Wir dürfen unsere Lehre oder unsere Botschaft keineswegs
verändern, um sie einem vergänglichen Trend anzupassen. Die Art
und Weise unserer Anbetung jedoch, die Form, in der wir das

Evangelium an andere weitergeben, muß eine Resonanz in unseren Mitmenschen auslösen können. In vielen Fällen bedeutet dies ein moderner Musikstil und eine Ausdrucksweise, die der heutigen Zeit entspricht.

Wenn die Kirche geisterfüllter und damit der jungen Kirche ähnlicher wäre, dann würden auch unsere Gottesdienste alles andere als eintönig und langweilig sein. Mit Sicherheit wären sie mitreißend – na, und manchmal sind sie es auch heute schon ...

Die Kirche besteht aus Menschen, die zu Gott gehören, die als Familie miteinander in Liebe verbunden sind, die Christus vor der Welt repräsentieren, in deren Mitte er selbst gegenwärtig ist, die ihren Herrn mit der Liebe einer Braut zu ihrem Bräutigam lieben und die von ihm mit der Liebe eines Bräutigams zu seiner Braut geliebt werden. Welch ein phänomenaler Verein! Ein Stück Himmel auf Erden, so sollte es sein.

Ein junges Ehepaar, das vor nicht allzulanger Zeit zum Glauben an Jesus kam, schrieb folgende Zeilen:

Wir kommen seit einem Jahr zur Gemeinde, und wir fühlen uns jetzt schon richtig heimisch hier. Eine solche Atmosphäre von Nächstenliebe, Freundschaft und Begeisterung findet man nirgendwo sonst. Die Zusammenkünfte dort geben uns mehr als jeder Abend im Pub, auf einer Party oder in einem Restaurant ... wie ich zu meinem eigenen Erstaunen feststellte (obwohl wir alles das auch weiterhin genießen). Der Gottesdienst am Sonntag und das Treffen am Mittwoch abend sind für uns beide ein echter Lichtblick in der Woche. Manchmal kommen wir uns vor, als tauchten wir hier zum Luftholen auf, besonders weil man bis mittwochs oft das Gefühl hat, im Arbeitsalltag zu ertrinken! Wenn wir einmal eins der beiden verpaßt haben, fühlen wir uns irgendwie »verwässert«. Natürlich können wir auch allein und zu zweit mit Gott sprechen, aber ich finde, das Zusammenkommen als Gemeinde ist der Blasebalg, der die Flammen unseres Glaubens immerzu anfacht.

Kapitel 15

Wie führe ich als Christ ein optimales Leben?

Wir haben nur ein Leben. Vielleicht wünschten wir uns mehr. D. H. Lawrence sagte einmal: »Wenn ich doch nur zwei Leben zu leben hätte! Das erste wäre dazu da, um Fehler zu machen ... und das zweite, um aus den Fehlern zu lernen.« Aber es gibt keine Generalproben für das Leben; wir stehen gleich von Anfang an auf der Bühne.

Selbst wenn wir in der Vergangenheit Fehler gemacht haben, ist es möglich, mit Gottes Hilfe aus dem, was uns geblieben ist, etwas Positives zu machen. Paulus erklärt uns in Römer 12,1-2, wie wir dies tun können:

> »Brüder, weil Gott so viel Erbarmen mit uns hatte, rufe ich euch zu: Stellt euer ganzes Leben Gott zur Verfügung! Bringt ihm euch selbst als lebendiges Opfer dar, an dem er Freude hat! So vollzieht ihr den Gottesdienst, der Gott wirklich gemäß ist. Paßt euch nicht den Maßstäben dieser Welt an. Laßt euch vielmehr im Innersten von Gott umwandeln. Laßt euch eine neue Gesinnung schenken. Dann könnt ihr erkennen, was Gott von euch will. Ihr wißt dann, was gut und vollkommen ist und was Gott gefällt.«

»Paßt euch nicht den Maßstäben dieser Welt an«

Als Christen haben wir den Auftrag, anders als die Welt um uns her zu sein. Wenn Paulus schreibt: »Paßt euch nicht den Maßstäben dieser Welt an«, dann meint er damit eine Welt, die Gott den Rücken gekehrt hat. Diese Nichtanpassung ist gar nicht so einfach; wir stehen unter Anpassungsdruck; von uns wird erwartet, so wie alle anderen zu sein. Gegen den Strom zu schwimmen ist schwer.

Ein junger Polizist legte seine Abschlußprüfung beim Hendon Police College im Norden Londons ab. Eine der Fragen lautete:

Sie fahren in einem Außenbezirk von London Streife, als plötzlich eine Gasleitung in der Nähe explodiert. Beim näheren Hinschauen sehen Sie, daß die Explosion ein großes Loch in den Asphalt gerissen hat und daneben ein umgestürzter Kleinbus liegt. In dem Kleinbus stellen Sie einen deutlichen Alkoholgeruch fest. Beide Insassen

– ein Mann und eine Frau – sind verletzt. Die Frau er-
kennen Sie als Ehefrau Ihres Dienststellenleiters, der zur
Zeit auf Reisen in den Vereinigten Staaten ist. Ein Auto-
fahrer hält an, um seine Hilfe anzubieten, Sie erkennen
in ihm einen Mann, der schon lange wegen eines be-
waffneten Raubüberfalls gesucht wird. Da kommt ein
Mann aus einem Haus in der Nähe gelaufen und ruft,
daß der Schock der Explosion bei seiner hochschwan-
geren Frau die Wehen ausgelöst habe und das Kind
jeden Moment kommen könne. Nun hören Sie auch noch
die Schreie eines Mannes, den der Explosionsdruck in
einen Kanal geschleudert hat und der nicht schwimmen
kann.

Beschreiben Sie unter Berücksichtigung des »Mental
Health Act«, wie Sie in dieser Situation vorgehen wür-
den.

Der Prüfling überlegte einen Moment lang, nahm seinen Kugel-
schreiber und schrieb: »Ich würde meine Uniform ablegen und
mich unter die Zuschauer mischen.«

Für diese Antwort haben wir viel Verständnis. Als Christ
würde man oft am liebsten die Uniform ablegen und sich unter
das Volk mischen. Wir haben jedoch den Auftrag, charakteristisch
anders zu sein und unsere christliche Identität zu wahren, wo und
in welcher Situation wir auch sein mögen.

Als Christen haben wir den Auftrag, Schmetterlingspuppen zu
sein, keine Chamäleons. Eine Schmetterlingspuppe ist ein Ent-
wicklungsstadium, das einen wunderschönen Schmetterling her-
vorbringt. Ein Chamäleon ist eine Echse, die ihre Farbe dem Untergrund angleichen kann; viele haben verschiedene Schattierun-
gen von Grün, Gelb, Cremefarben und Dunkelbraun im
Repertoire. Wie ein Chamäleon sich dem Untergrund angleicht,
so gehen Chamäleon-Christen in ihrer Umgebung unter; in der
Gegenwart anderer Christen geben sie sich mit Freuden als Christ
zu erkennen, doch in einer nichtchristlichen Umgebung sind sie
dazu bereit, ihr Verhalten den gängigen Trends anzupassen. Einer
Legende zufolge wurde folgendes Experiment mit einem
Chamäleon durchgeführt: Man setzte es auf einen karierten Schot-

tenstoff, und es explodierte! Der Chamäleon-Christ ist nahezu unerträglichen Spannungen ausgesetzt und erreicht seine vollen Möglichkeiten im Gegensatz zum Schmetterlingspuppen-Christen nie.

Christen sind nicht dazu berufen, sich ihrer Umgebung anzugleichen, sondern anders zu sein. Anderssein hat nichts mit Absonderlichkeit zu tun. Wir sind nicht dazu berufen, eigenartige Kleidung zu tragen oder eine sonderbare religiöse Sprache zu sprechen. Wir dürfen normal sein! Jede Absonderlichkeit, die manche für einen notwendigen Bestandteil des Christseins halten, ist absoluter Unsinn. Ganz im Gegenteil: Eine Beziehung zu Gott durch Jesus hat eher eine persönlichkeitsstärkende Wirkung: wir können auf so manche Extravaganzen verzichten! Je mehr wir wie Jesus werden, desto »normaler« werden wir – in dem Sinn, daß wir unser Menschsein voller entfalten.

Wenn wir Christus nachfolgen, haben wir die Freiheit, Verhaltensmuster und Angewohnheiten abzulegen, die uns selbst und andere belasten. Beispielsweise sollten wir jetzt keinen Rufmord hinter dem Rücken anderer begehen. Christsein bedeutet, daß wir unsere Zeit nicht mehr mit Nörgeln und Meckern vertun sollten (falls dies vorher unsere Lieblingsbeschäftigung war). Es bedeutet, daß wir uns von jetzt an nicht mehr nach den sexuellen Wertvorstellungen der Welt richten. Dies mag sich alles furchtbar negativ anhören, aber das ist es ganz und gar nicht. Anstatt schlecht über andere herzuziehen, sollten wir ihnen Mut machen und aus Liebe zu ihnen unablässig an ihrem Wohl interessiert sein. Anstatt zu nörgeln und zu meckern, sollten wir von Dankbarkeit und Freude erfüllt sein. Anstatt uns sexuell freizügig zu verhalten, sollten wir die Segnungen Gottes vorweisen können, die er allen schenkt, die sich nach seinen Kriterien richten.

Dieses letztere Beispiel ist ein Gebiet, auf dem Christen zum Anderssein berufen sind, was aber vielen schwerfällt. Wenn ich über den christlichen Glauben spreche, werden mir immer wieder Fragen zu dem Thema der biblischen Sexualethik gestellt. Die Fragen, die ich am häufigsten höre, sind diese: »Ist Sex außerhalb der Ehe verboten? Wo steht das in der Bibel? Warum ist es verboten?«

Wie überall sonst ist Gottes Plan auch hier bei weitem besser als alle anderen Pläne. Gott ist der Erfinder der Ehe. Auch den Sex hat er erfunden. Er schaut nicht etwa fassungslos auf die Menschen herab und fragt sich kopfschüttelnd: »Liebe Güte, was geht da nur vor sich?« C. S. Lewis hat darauf hingewiesen, daß Genuß eine Erfindung Gottes ist, nicht des Teufels. Die Bibel bestätigt unsere Sexualität. Gott hat uns als sexuelle Wesen erschaffen und unsere Sexualorgane zu unserem Genuß entworfen. Die Bibel verleiht unserer innigen sexuellen Ehebeziehung einen hohen Stellenwert. Im Hohelied Salomos sehen wir die Freude, Harmonie und Befriedigung, die sie mit sich bringt.

Gott hat den Sex nicht nur erfunden, sondern er sagt uns auch, wie wir optimalerweise damit umgehen sollten. Der biblische Kontext, in dem Geschlechtsverkehr stattfindet, ist die lebenslang gültige, verbindliche Gemeinschaft der Ehe zwischen einem Mann und einer Frau. Die christliche Lehre ist in Genesis 2,24 festgelegt und wird von Jesus in Markus 10,7-8 zitiert: »Deshalb verläßt ein Mann Vater und Mutter, um mit seiner Frau zu leben. Die zwei sind dann eins, mit Leib und Seele. Sie sind also nicht mehr zwei, sondern eins.« Zur Ehe gehört, daß man offiziell seine Eltern verläßt und ein verbindliches Versprechen gibt, das ein ganzes Leben lang gültig ist. Zur Ehe gehört, daß man mit dem Ehepartner »eins wird« – das hebräische Wort bedeutet buchstäblich *zusammenkleben* –, und zwar nicht nur physisch und biologisch, sondern auch seelisch, psychologisch, geistlich und sozial. Dies ist der christliche Kontext der geschlechtlichen »Einswerdung«. Die biblische Lehre der Ehe ist die beste, begeisterndste und positivste Sichtweise der Ehe, die es nur geben kann. Sie legt uns Gottes vollkommenen Plan dar.

Gott warnt uns vor der Gefahr, die uns droht, wenn wir seine Grenzen überschreiten. Konsequenzenloser Gelegenheitssex ist etwas, was nicht existiert. Jeder Geschlechtsverkehr hat Konsequenzen auf die »einsgewordene« Ehegemeinschaft (1 Kor 6,13-20). Wenn diese Gemeinschaft gebrochen wird, gehen Menschenleben in die Brüche. Kleben Sie einmal zwei Pappstreifen zusammen und reißen Sie sie anschließend auseinander. Sie können das Reißen hören, und auf jedem Pappstreifen sehen Sie Fetzen des anderen, die darauf zurückgeblieben sind. Wo zwei Menschen eins werden und dann auseinandergerissen werden, bleiben

Wunden und Narben zurück. Ein Teil von uns selbst bleibt an dem anderen haften, wenn eine Beziehung zerbricht. Überall um uns her können wir beobachten, was passiert, wenn Gottes Maßstäbe ignoriert werden. Wir sehen zerrüttete Ehen, gebrochene Herzen, verletzte Kinderseelen, Geschlechtskrankheiten und Menschenleben, von denen nur noch Trümmer und Scherben übrig sind. Andererseits sehen wir in christlichen Ehen, wo Gottes Maßstäbe befolgt werden, welch einen Segen Gott für den ganzen Bereich Ehe und Sexualität bereithält. Dafür ist es natürlich nie zu spät. Durch Jesus kann Gottes Liebe Vergebung bringen, Wunden heilen und Menschen, die auseinandergerissen wurden, wieder zu einer Einheit zusammenfügen. Es ist jedoch weitaus besser, von vornherein die Notwendigkeit zu diesen Reparaturmaßnahmen zu vermeiden.

Wir wollen uns nicht in das Schema der Welt pressen lassen. Statt dessen wollen wir der Welt etwas viel, viel Besseres zeigen. Wo ein helles Licht ist, da werden andere von dem Schein angezogen.

»Laßt euch umwandeln«

Paulus sagt, daß wir uns im Innersten von Gott umwandeln lassen sollen (Röm 12,2). Anders ausgedrückt, sollen wir der Schmetterlingspuppe gleichen, aus dem ein hübscher Schmetterling wird. Viele haben Angst vor Umwandlung: Zwei Raupen sitzen auf einem Blatt und sehen einen Schmetterling vorbeiflattern. Sagt die eine zur anderen: »So was lasse ich nicht mit mir machen, darauf kannst du Gift nehmen!« So groß ist unsere Angst davor, Neuland zu betreten.

Gott verlangt nicht von uns, Dinge abzulegen, die gut sind. Vielmehr möchte er, daß wir unseren Unrat loswerden. Erst wenn wir den Müll unseres Lebens ablegen, können wir die schönen Dinge genießen, die Gott für uns bereithält. In der Nachbarschaft unserer Kirche gab es eine Frau, die nachts auf der Straße schlief und sich tagsüber in unserem Gemeindebezirk herumtrieb. Sie sprach Passanten an und bettelte um Geld, und wer ihr kein Geld gab, den beschimpfte sie wütend. Jahrelang trieb sie sich mit zahllosen Plastiktüten im Schlepptau auf den Straßen herum. Als sie starb, übernahm ich die Beerdigung. Ich hatte nicht damit gerechnet, daß überhaupt jemand kam, doch an der Trauerfeier nahmen mehrere gutgekleidete Leute teil. Später erfuhr ich, daß diese Frau eine große Geldsumme geerbt hatte. Sie hatte eine Luxuswohnung und viele wertvolle Gemälde erworben, doch sie zog es vor, auch weiterhin mit ihren Plastiktüten voller Unrat auf der Straße zu leben. Sie hatte es nicht fertiggebracht, ihr Straßendasein an den Nagel zu hängen, und sie war nie in den Genuß ihres Erbes gekommen.

Als Christen haben wir ein viel größeres Erbe: alle Reichtümer Christi. Um diese Reichtümer genießen zu können, müssen wir den Müll unseres Lebens ausmustern. Paulus fordert uns auf: »Verabscheut das Böse« (Vers 9). Dies ist der Unrat, von dem wir uns trennen müssen.

In den darauffolgenden Versen (Röm 12,9-21) gibt Paulus uns einen kleinen Einblick in die Schätze, die auf uns warten:

»Eure Liebe muß aufrichtig sein. Verabscheut das Böse, tut mit ganzer Hingabe das Gute! In der Gemeinde soll einer den anderen als Bruder herzlich lieben und ihn höher stellen als sich selbst. Werdet nicht nachlässig, sondern laßt euch von Gottes Geist durchdringen und dient bereitwillig dem Herrn. Seid fröhlich in der Hoffnung, standhaft in aller Bedrängnis, unermüdlich im Gebet. Sorgt für die Brüder und Schwestern, die es nötig haben, und wetteifert in der Gastfreundschaft.

Wünscht denen, die euch verfolgen, Gutes. Bittet Gott für sie, statt seine Strafe auf sie herabzurufen. Freut euch mit den Fröhlichen und weint mit den Traurigen. Haltet in Einigkeit zusammen. Strebt nicht nach Ehre und Ansehen, sondern wendet euch den Geringen und Unterdrückten zu. Bildet euch nichts auf eure Erkenntnisse ein.

Wenn euch jemand Unrecht tut, dann zahlt es ihm nicht mit gleicher Münze heim. Nehmt euch vor, allen Menschen Gutes zu erweisen. Soweit es an euch liegt, tut alles, um mit jedermann in Frieden zu leben. Verschafft euch nicht selbst euer Recht, liebe Freunde, sondern überlaßt das dem Strafgericht Gottes. Denn es heißt: ›Ich, der Herr, habe mir die Vergeltung vorbehalten, ich selbst werde sie bestrafen.‹ Handelt nach dem Wort in den heiligen Schriften: ›Wenn dein Feind hungrig ist, dann gib ihm zu essen, und wenn er Durst hat, gib ihm zu trinken. Damit wirst du ihn beschämen.‹ Laß dich vom Bösen nicht besiegen, sondern überwinde es durch das Gute.«

Das griechische Wort für *aufrichtig* bedeutet *ohne Heuchelei* oder im ursprünglichen Wortsinn *ohne sich zu verstellen* oder *ohne Maske*. Oft sind Beziehungen in der nichtchristlichen Gesellschaft recht oberflächlich. Wir neigen dazu, uns hinter einer Maske zu verschanzen. Das war mit Sicherheit der Fall bei mir, bevor ich Christ wurde (und in einem gewissen Maß auch noch eine Zeitlang danach, leider!). Es war, als sagte ich mir: »Ich kann mich so, wie ich bin, nicht ausstehen. Also tue ich so, als wäre ich ein anderer.«

Wenn unser Gegenüber dasselbe tut, dann haben wir eine Begegnung zweier Masken oder Fassaden. Die echten Personen kennen einander nicht. Dies ist das Gegenteil von »aufrichtiger Liebe«. Aufrichtige Liebe bedeutet, daß man die Fassade abbaut und riskiert, das wahre Ich zu zeigen. Wenn wir begriffen haben, daß Gott uns so liebt, wie wir sind, haben wir die Freiheit, unsere Maske abzunehmen. Dadurch bekommen unsere zwischenmenschlichen Beziehungen einen völlig neuen Tiefgang.

Enthusiasmus für den Herrn (Vers 11)

Manche haben eine zynische Einstellung, was Enthusiasmus angeht; dabei ist Enthusiasmus eine durchaus positive Sache. Wer vom Geist durchdrungen ist (Vers 11), der besitzt eine Freude und eine mitreißende Begeisterung, die seiner Beziehung zu Gott entspringen. Diese Zeichen einer gerade begonnenen Freundschaft mit Christus sind dauerhafter Natur; sie sollten keineswegs im Laufe der Zeit verblassen. Paulus sagt: »Werdet nicht nachlässig, sondern laßt euch vom Geist durchdringen und dient bereitwillig dem Herrn.« Je länger wir schon Christ sind, desto enthusiastischer sollten wir sein.

Harmonische Beziehungen zu anderen (Verse 13-21)

Paulus ermahnt die Christen, in Harmonie miteinander zu leben und freigebig (Vers 13) zu sein, Gastfreundschaft zu üben (Vers 13), anderen bereitwillig zu verzeihen (Vers 14), mitfühlend zu sein (Vers 15) und mit anderen in Frieden zusammenzuleben (Vers 18). Dies ist ein großartiges Bild der christlichen Familie, in die Gott uns ruft: Hier herrschen Liebe, Freude, Geduld, Treue, Freigebigkeit, Gastfreundschaft, Segen, Harmonie, Demut und Frieden; hier wird Gutes nicht vom Bösen überwältigt, sondern Böses wird durch das Gute überwunden. Dies sind die Schätze, die uns erwarten, wenn wir den Unrat zurücklassen.

»Stellt euer ganzes Leben Gott zur Verfügung«

Dies erfordert einen Willensakt. Paulus fordert uns dazu auf, in Anbetracht der großen Gnade Gottes unser ganzes Leben als ein lebendiges, Gott wohlgefälliges Opfer darzubringen (Röm 1,1). Gott möchte, daß wir ihm unser gesamtes Ich, unser gesamtes Leben zur Verfügung stellen.

Erstens stellen wir ihm unsere Zeit zur Verfügung. Unsere Zeit ist unser kostbarstes Gut. Wir müssen sie ihm restlos zur Verfügung stellen. Dies bedeutet nicht etwa, daß wir pausenlos beten oder in der Bibel lesen müßten, sondern daß wir Gottes Prioritäten in unserer Zeitplanung befolgen.

Es kann leicht passieren, daß man falsche Prioritäten setzt. In einer Zeitung erschien folgende Anzeige: »Farmer sucht nette Sie mit Traktor zwecks Geselligkeit und eventuell Heirat. Bitte Foto vom Traktor zusenden.« Die Prioritäten dieses Farmers waren etwas durcheinandergeraten, scheint mir. Unsere Prioritäten sollten wir so setzen, daß unsere Beziehungen Vorrang haben, und die weitaus wichtigste davon ist unsere Beziehung zu Gott. Wir müssen Zeit für ihn ganz allein reservieren. Wir müssen auch Zeit für das Zusammensein mit anderen Christen reservieren: sonntags und vielleicht auch während der Woche, wo wir die Treffen in der Gemeinde dazu nutzen, einander zu ermutigen und zu bestärken.

Zweitens müssen wir dem Herrn unsere Ziele zur Verfügung stellen und zu ihm sagen: »Herr, ich vertraue dir; ich will, daß du bestimmst, was ich von jetzt an anstrebe.« Er bittet uns, sein Reich und seine Gerechtigkeit an allererste Stelle zu setzen; dann verspricht er, uns mit allem zu versorgen, was wir brauchen (Mt 6,33). Dies bedeutet nicht unbedingt, daß unsere früheren Ziele vollkommen aus unserem Blickfeld verschwinden müßten; vielleicht werden sie aber zu zweitrangigen Zielen, indem sie hinter die Ziele Christi gestellt werden. Der Wunsch nach Erfolg im Beruf ist an sich nichts Schlechtes, vorausgesetzt, daß unser Hauptmotiv bei allem Gottes Herrschaft und Gerechtigkeit ist und daß wir das, was wir haben, zu seiner Ehre einsetzen.

Drittens müssen wir ihm unseren Besitz und unser Geld zur Verfügung stellen. Das Neue Testament verbietet uns an keiner Stelle, Privatbesitz zu haben, Geld zu verdienen, Geld zu sparen oder sogar die angenehmen Dinge des Lebens zu genießen. Verboten ist es dagegen, aus Selbstsucht heraus Güter anzusammeln, ein ungesundes Interesse an materiellen Dingen zu pflegen und unser gesamtes Vertrauen auf Reichtum zu setzen. Das, was Sicherheit verspricht, führt zu fortwährender Unsicherheit und entreißt uns aus der Nähe Gottes (Mt 7,9-24). Freigebige Spenden sind eine angebrachte Form der Reaktion auf Gottes Großzügigkeit und auf die Nöte anderer. Sie stellen auch den besten Ausweg aus der Abhängigkeit von materiellen Dingen dar.

Viertens müssen wir ihm unsere Ohren zur Verfügung stellen. Beispielsweise müssen wir bereit sein, uns von jetzt an weder Geschwätz noch Schlechtmacherei mehr anzuhören. Statt dessen müssen wir ein feines Gehör für das entwickeln, was Gott uns durch die Bibel, durch Gebet, durch Bücher und Kassetten usw. sagen will. Wir stellen ihm unsere Augen und das, was wir sehen, zur Verfügung. Auch hier gibt es Dinge, die uns schaden, indem sie Neid, Lüsternheit oder eine sonstige Sünde hervorrufen. Andere Dinge können uns näher zu Gott führen. Anstatt Menschen, denen wir begegnen, zu kritisieren, sollten wir sie mit den Augen

Gottes betrachten und uns fragen: »Wie kann ich zum Segen für diese Menschen werden?«

Dann müssen wir ihm unseren Mund zur Verfügung stellen. Der Apostel Jakobus erinnert uns daran, welch ein einflußreiches Körperteil die Zunge ist (Jak 3,1-12). Wir können unsere Zunge dazu benutzen, zu zerstören, zu betrügen, zu fluchen, zu tratschen oder uns selbst übermäßig in Szene zu setzen. Wir können unsere Zunge aber auch dazu gebrauchen, Gott anzubeten und andere zu ermuntern. Des weiteren stellen wir ihm unsere Hände zur Verfügung. Mit unseren Händen können wir entweder auf den eigenen Vorteil hinarbeiten oder andere durch praktische Hilfsdienste beschenken. Letztens, aber nicht zuletzt stellen wir ihm unsere Sexualität zur Verfügung. Wir können unsere Sexualität entweder ausschließlich zu unserer eigenen Befriedigung einsetzen oder sie für den Vorteil und Genuß unseres Ehepartners wahren.

Wir können uns nichts herauspicken. Wenn Paulus schreibt: »Stellt euer ganzes Leben Gott zur Verfügung«, meint er damit alle Aspekte in ihrer Gesamtheit. Paradoxerweise finden wir erst echte Freiheit, wenn wir ihm alle Gebiete unseres Lebens übergeben haben. Nur für uns selbst zu leben ist Sklaverei; erst im Dienst Gottes finden wir vollkommene Freiheit.

»... als lebendiges Opfer«

Diese Dinge haben alle einen Preis. Es wird womöglich nicht ohne Opfer abgehen. Der Kommentator William Barclay sagte: »Jesus kam nicht, um das Leben bequemer zu machen, sondern um Menschen zu wahrer Größe zu führen.« Wir müssen bereit sein, Gottes Wege zu gehen, nicht unsere eigenen. Wir müssen bereit sein, die Dinge, von denen wir wissen, daß sie ungut sind, an den Nagel zu hängen; Konflikte zu bereinigen und unrechtmäßig in Anspruch Genommenes zurückzuerstatten; Gottes Flagge in einer Welt zu hissen, die dem christlichen Glauben gegenüber zuweilen feindlich gesinnt ist.

In vielen Teilen der Welt bedeutet Christsein, mit Verfolgung rechnen zu müssen. In diesem Jahrhundert sind mehr Christen wegen ihres Glaubens zu Tode gekommen als jedem Jahrhundert zuvor. Andere sitzen in Gefängnissen und werden gefoltert. Wir in der freien Welt haben das Vorrecht, in einer Gesellschaft zu leben, wo Christen nicht verfolgt werden. Die Kritik und der Spott, mit dem man uns manchmal begegnet, sind nicht der Rede wert, verglichen mit dem Elend der Urgemeinde und der verfolgten Kirche der Gegenwart.

Dennoch kann unser Glaube mit Opfern verbunden sein. Beispielsweise habe ich einen Freund, der von seinen Eltern enterbt wurde, als er Christ wurde. Ich kenne zwei Eheleute, die ihr Haus verkaufen mußten, weil sie als Christen nun der Steuerbehörde bekannt haben, jahrelang bei der Steuererklärung gemogelt zu haben.

Ich hatte einen guten Freund, der mit seiner Freundin schlief, bevor er Christ wurde. Als er den christlichen Glauben in Erwägung zog, wurde ihm klar, daß er dies ändern mußte, wenn er wirklich Christus nachfolgen wollte. Mehrere Monate lang kämpfte er mit sich. Schließlich entschieden sowohl er als auch seine Freundin sich für Jesus und beschlossen, von diesem Moment an nicht mehr miteinander zu schlafen. Aus mehreren Gründen war es ihnen die nächsten zweieinhalb Jahre lang nicht möglich zu heiraten. Ihre Entscheidung für den Glauben war mit einem Opfer verbunden, wenn sie dies auch nicht als solches betrachteten. Gott hat die beiden dann später mit einer glücklichen Ehe und vier lieben Kindern reich gesegnet. Doch zu Anfang war ein Preis zu zahlen gewesen.

»Gut und vollkommen«

Gott liebt uns und möchte nur das Beste für uns. Er möchte, daß wir ihm unser Leben anvertrauen, damit wir erkennen können, »was Gott von euch will. Ihr wißt dann, was gut und vollkommen ist und was Gott gefällt« (Röm 12,1).

Manchmal denke ich, das Hauptziel des Teufels besteht darin, den Menschen ein falsches Bild von Gott vorzuspiegeln. Das hebräische Wort für »Satan« bedeutet »Verleumder«. Er verleumdet Gott und will uns einreden, man könne Gott nicht vertrauen. Er will uns glauben machen, Gott sei ein Spielverderber, der es nur auf unseren Ruin abgesehen habe.

Oft glauben wir diese Lügen. Wir meinen, wenn wir unserem himmlischen Vater unser Leben übergeben, sei dies das Ende aller Lebensfreude. Stellen Sie sich einmal einen solchen menschlichen Vater vor. Angenommen, einer meiner Söhne käme zu mir und sagte: »Papa, ich möchte dir meinen Tag schenken. Mach heute mal mit meiner Zeit, was du willst.« Das letzte, was ich darauf antworten würde, wäre: »Das hat mir gerade noch gefehlt! Komm her, ich sperre dich den ganzen Tag in den Schrank ein.«

Die Vorstellung, Gott würde uns schlechter als ein menschlicher Vater behandeln, ist einfach absurd. Er liebt uns mehr als alle menschlichen Väter der Welt und möchte das Beste für uns. Sein Vorhaben mit uns ist *gut*; er will nur das Allerbeste (wie jeder gute Vater). Sein Ziel für uns *gefällt* ihm und wird sich auf lange Sicht als absolut verläßlich erweisen. Sein Wille ist *vollkommen*; es ist ein Ding der Unmöglichkeit, irgendwelche Verbesserungen daran anzubringen.

Leider meinen manche, sie könnten an Gottes Vorhaben herumdoktern und es verbessern. Sie sagen sich: »Ich kann's besser als Gott. Gott ist nicht ganz auf dem laufenden. Er versteht nichts von der modernen Welt und weiß nicht, was uns heute Spaß macht. Ich glaube, ich nehme die Zügel lieber selbst in die Hand und lasse Gott aus dem Spiel.« Aber wir können es nie besser als Gott machen, und manchmal richten wir mit unserer Dickköpfigkeit ein entsetzliches Unheil an.

Einer meiner Söhne hatte als Hausaufgabe ein Werbeplakat für einen römischen Sklavenmarkt herzustellen. Er verbrachte den größten Teil des Wochenendes mit diesem Projekt. Als die Zeichnung und alle Inschriften fertig waren, wollte er dem Papier ein antikes Aussehen verleihen. Er hatte gehört, daß man dies erreicht, indem man das Papier über eine Flamme hält, bis es sich braun verfärbt, wodurch es uralt wirkt. Dies ist für einen Neunjährigen nicht einfach, so daß meine Frau Pippa ihm ihre Hilfe anbot, mehrfach sogar, doch er ließ sich nicht überzeugen. Er bestand darauf, es selbst zu tun. Die Folge war, daß das Werbeplakat zu Asche verbrannte, und es gab Tränen der Enttäuschung und des verletzten Stolzes.

Manche Menschen bestehen darauf, ihr Leben selbst in die Hand zu nehmen. Sie wollen keine Hilfe, sie vertrauen Gott nicht, und oft endet alles in Tränen. Doch Gott gibt uns eine zweite Chance. Mein Sohn zeichnete ein neues Poster, und diesmal vertraute er Pippa das schwierige Ansengen des Papiers an. Wenn wir Gott unser Leben anvertrauen, dann wird er uns zeigen, was sein Wille ist, sein guter, vollkommener und Gott wohlgefälliger Wille.

»Weil Gott so viel Erbarmen mit uns hatte«

Die kleinen Opfer, die Gott sich von uns erbittet, sind verschwindend gering im Vergleich zu dem Opfer, das er für uns gebracht hat. C. T. Studd, der englische Kricketkapitän des 19. Jahrhunderts, der Reichtum und Luxus (und Kricket!) aufgab, um Gott in China zu dienen, sagte einmal: »Wenn Jesus Christus wirklich Gott ist und für mich gestorben ist, dann gibt es nichts, was mir für ihn zu schade ist.« C. T. Studd hatte sein Augenmerk auf Jesus gerichtet. Der Schreiber des Hebräerbriefes fordert uns auf: »Wir wollen durchhalten in dem Lauf, zu dem wir angetreten sind. Dabei wollen wir Jesus nicht aus den Augen lassen. Er ist uns auf dem Weg des Vertrauens vorausgegangen und bringt uns auch ans

Ziel. Er hat das Kreuz auf sich genommen und sich nichts aus diesem schändlichen Tod gemacht, weil eine so große Freude auf ihn wartete. Jetzt hat er seinen Platz auf dem Thron an der rechten Seite Gottes eingenommen« (Hebr 12,1-2).

Wenn wir Jesus anschauen, Gottes einzigen Sohn, der »das Kreuz auf sich genommen« hat, dann sehen wir, wie sehr Gott uns liebt. Es ist absurd, ihm nicht zu vertrauen. Wenn Gott uns so sehr liebt, können wir davon ausgehen, daß er uns nichts Kostbares vorenthalten wird. Paulus schrieb: »Er verschonte nicht einmal seinen eigenen Sohn, sondern ließ ihn für uns alle sterben. Wird er uns dann mit ihm nicht alles schenken?« (Röm 8,32). Unser Motiv für das Leben als Christ ist die Liebe des Vaters. Unser Vorbild ist das Beispiel des Sohnes. Die Befähigung zu diesem Leben als Christ ist die Macht des Heiligen Geistes.

Wie groß Gott doch ist! Und welch ein Vorrecht es ist, mit ihm als unserem Freund durchs Leben gehen zu dürfen, uns von ihm geliebt zu wissen und ihm unser Leben lang zu dienen! Eine bessere, lohnendere, erfülltere, befriedigendere Lebensweise gibt es nicht. Die Antworten auf die großen Fragezeichen des Lebens finden wir nur hier.

ANMERKUNGEN

1. Ronald Brown (Hrsg.): *Bishop's Brew*, Arthur James Ltd, 1989.
2. Mit freundlicher Genehmigung von Bernard Levin.
3. Ebd.
4. C. S. Lewis: *Timeless at Heart*, Christian Apologetics, Fount.
5. C. S. Lewis: *Surprised by Joy*, Fontana, 1955.
6. Bishop Michael Marshall: *Church of England Newspaper*, 9. Aug. 1991.
7. John Martyn: *Church of England Newspaper*, 2. Nov. 1990.
8. Josephus: *Altertümer, XVIII*. Selbst wenn der Text, wie verschiedentlich behauptet wird, defekt ist, bestätigt das Zeugnis des Josephus dennoch die historische Existenz Jesu.
9. F. J. A. Hort: *The New Testament in the Original Greek, Vol. I*, Macmillan, New York, S. 561.
10. Sir Frederic Kenyon: *The Bible and Archaeology*, Harper and Row, 1940.
11. Wenn Sie sich weiter mit der Historizität der Evangelien beschäftigen möchten, verweise ich auf R. T. France: *The Evidence for Jesus* aus der *Jesus Library*, Hodder & Stoughton, 1986.
12. C. S. Lewis: *Mere Christianity*, Fount, 1952.
13. Ebd.
14. Bernard Ramm: *Protestant Christian Evidence*, Moody Press.
15. Mit freundlicher Genehmigung von Bernard Levin.
16. Lord Hailsham: *The Door Wherein I Went*, Fount/Collins, 1975.
17. Wilbur Smith: *The Incomparable Book*, Beacon Publications, 1961.
18. Josh MacDowell: *The Resurrection Factor*, Here's Life Publishers.
19. Michael Green: *Evangelism through the Local Church*, Hodder & Stoughton, 1990.
21. C. S. Lewis: *Surprised by Joy*, Fontana, 1955.
22. Bishop J. C. Ryle: *Expository Thoughts on The Gospel, Vol. III, John 1:1-John 10:30*, Evangelical Press, 1977.
23. *The Journal of Lawyers' Christian Fellowship.*
24. John Wimber: *Equipping the Saints, Vol.2, No 2*, Spring 1988, Vineyard Ministries Int.

25. C. S. Lewis: *The Last Battle*, HarperCollins, 1956.
26. John W. Wenham: *Christ and the Bible*, Tyndale: USA, 1972.
27. John Pollock: *Billy Graham: The Authorised Biography*, Hodder & Stoughton, 1966.
28. Bishop Stephen Neill: *The Supremacy of Jesus*, Hodder & Stoughton, 1984.
29. *Family Magazine.*
30. John Stott: *Christian Counter-Culture*, InterVarsity Press, 1978.
31. Zitat aus: John Stott: *Christian Counter-Culture*, InterVarsity Press, 1978.
32. John Eddison: *A Study in Spiritual Power*, Highland, 1982.
33. Ebd.
34. F. W. Bourne: *Billy Bray: The King's Son*, Epworth Press, 1937.
35. Malcolm Muggeridge: *Conversion*, Collins, 1988.
36. Richard Wurmbrand: *In God's Underground*, Hodder & Stoughton.
37. Eddie Gibbs: *I Believe in Church Growth*, Hodder & Stoughton.
38. David Watson: *One In The Spirit*, Hodder & Stoughton.
39. Murray Watts: *Rolling in the Aisles*, Monarch Publications, 1987.
40. In den letzten Jahren hat es einiges an Diskussion darüber gegeben, welcher Begriff für dieses Erlebnis mit dem Heiligen Geist verwendet werden sollte: »Geistestaufe«, »Erfüllung«, »Befreiung«, »Ermächtigung« oder ein noch anderer. Zu diesem Thema ist viel gesagt und geschrieben worden, doch meiner Ansicht nach ist aus dem Neuen Testament nicht direkt ersichtlich, welcher Begriff der richtige ist. Was dagegen eindeutig feststeht, ist die Tatsache, daß wir die Macht des Heiligen Geistes dringend brauchen. Ich persönlich meine, daß »die Erfüllung durch den/mit dem/vom Heiligen Geist« am angebrachtesten ist, und verwende diese Begriffskonstellationen in diesem Kapitel.
41. Martyn Lloyd-Jones: *Romans, Vol. VIII*, Banner of Truth, 1974.
42. Wimber & Springer (Hrsg.): *Riding the Third Wave*, Marshall Pickering.
43. Alan MacDonald: *Films in Close Up*, Frameworks, 1991.
44. Michael Green: *I Believe in Satan's Downfall*, Hodder & Stoughton, 1981.
45. Jean-Baptiste Vianney, der »Pfarrer von Ars«
46. C. S. Lewis: *The Screwtape Letters*, Fount, 1942.
47. Michael Green: *I Believe in Satan's Downfall*, Hodder & Stoughton, 1981.
48. C. S. Lewis: *The Great Divorce*, Fount, 1973.
49. J. I. Packer: *Knowing God*, Hodder & Stoughton, 1973.
50. Der Begriff *Heiliger* (griechisch »hagios«) bezeichnet im Neuen Testament jeden, der Christ geworden ist (vgl. Phil 1,1 im Urtext).

51. Michael Bourdeaux: *Risen Indeed*, Darton, Longman Todd, 1983.
52. Keith Miller: *The Taste of New Wine*, Word, UK, 1965.
53. J. C. Pollock: *Hudson Taylor and Maria*, Hodder & Stoughton, 1978.
54. Irenäus: *Schriften gegen die Ketzereien, II Kap. XXXII.*
55. David Watson: *I Believe in the Church*, Hodder & Stoughton, 1978.
56. C. S. Lewis: *Fern Seeds and Elephants*, Fontana, 1975.
57. Michael Green: *Called to Serve*, Hodder & Stoughton, 1964.

Der Alpha-Kurs

Was vor wenigen Jahren in einer Londoner Gemeinde begann, gehört heute zu den hoffnungsvollsten und erfolgreichsten Möglichkeiten, Menschen, die dem Glauben völlig entfremdet sind, mit der Botschaft Jesu zu erreichen. Weltweit ist die Zahl der Gemeinden, die diesen lebensbezogenen Glaubenskurs durchführen, nicht mehr zu überschauen. Dabei überzeugt nicht nur die Vielfalt der Kirchen und Gemeinden, die den Alpha-Kurs durchführen, sondern auch die Anpassungsfähigkeit des Kursmaterials an jede Gemeindesituation.

**Der Alpha-Kurs
Leiterheft**
Gh., 46 Seiten
Bestell-Nr. 657 134

**Der Alpha-Kurs
Teilnehmerheft**
Gh., 80 Seiten
Bestell-Nr. 657 133